朱九江講義

（外三種）

〔清〕朱次琦 講解
許起山 點校

齊魯書社
·濟南·

圖書在版編目（CIP）數據

朱九江講義（外三種）/(清) 朱次琦講解；許起山點校.
濟南：齊魯書社, 2024. 6. -- ISBN 978-7-5333-4911
-0

Ⅰ. K825.1

中國國家版本館CIP數據核字第20244EW341號

責任編輯　劉　强
裝幀設計　亓旭欣

朱九江講義（外三種）
ZHU JIUJIANG JIANGYI WAI SAN ZHONG
〔清〕朱次琦 講解　許起山 點校

主管單位	山東出版傳媒股份有限公司
出版發行	齊魯書社
社　　址	濟南市市中區舜耕路517號
郵　　編	250003
網　　址	www.qlss.com.cn
電子郵箱	qilupress@126.com
營銷中心	（0531）82098521　82098519　82098517
印　　刷	山東臨沂新華印刷物流集團有限責任公司
開　　本	880mm × 1230mm　1/32
印　　張	11.5
插　　頁	5
字　　數	282千
版　　次	2024年6月第1版
印　　次	2024年6月第1次印刷
標準書號	ISBN 978-7-5333-4911-0
定　　價	78.00圓

廣東省哲學社會科學規劃項目『《朱九江講義》整理與研究』（GD19LN07）
廣東省高水平大學建設經費資助出版
中央高校基本科研業務費專項資金資助（23JNQN39）

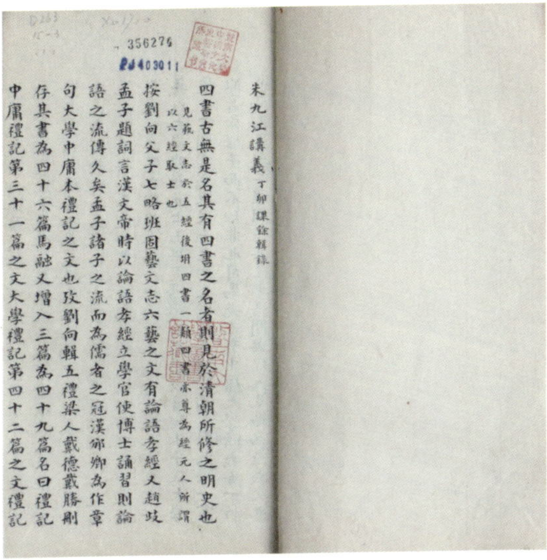

朱九江講義 丁卯課館輯錄
四書古無是名其有四書之名者則見於清朝所修之明史也
見藝文志於五經後坿四書一類四書亦尊為經元人所謂以六經取士也
按劉向父子七略班固藝文志六藝之文有論語孝經又趙歧
孟子題詞言漢文帝時以論語孝經立學官使博士誦習則論
語之流傳久矣孟子諸子之流而為儒者之冠漢邠卿為作章
句大學中庸本禮記之文也攷劉向輯五禮梁人戴德戴勝刪
存其書為四十六篇馬融又增入三篇為四十九篇名曰禮記
中庸禮記第三十一篇之文大學禮記第四十二篇之文禮記

《朱九江講義》書影一
暨南大學圖書館藏

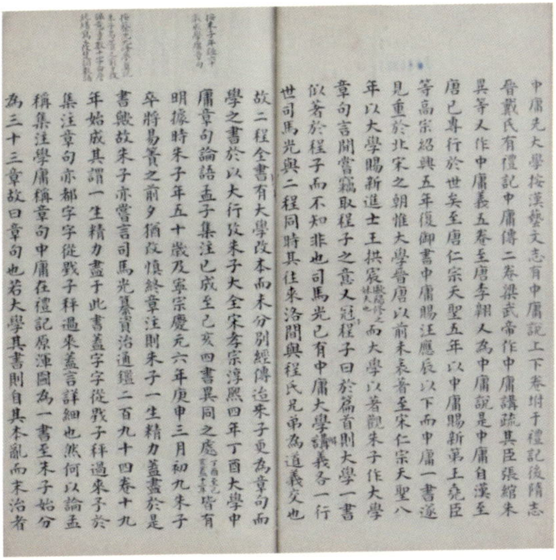

中庸先大學按漢藝文志有中庸說上下卷坿于禮記後隋志
晉戴氏有禮記中庸傳二卷梁武帝作中庸講疏其臣張綰朱
異等人作中庸義五卷至唐李翺人為中庸說是中庸自漢至
唐已專行於世矣至唐仁宗天聖五年以中庸賜新第王堯臣
等高宗紹興五年復御書中庸賜汪應辰以下而中庸一書遂
見重於北宋之朝惟大學晉唐以前未表著至宋仁宗天聖八
年以大學賜新進士王拱宸而大學以著觀朱子作大學
章句言聞嘗竊取程子之意又冠程子曰於篇首則大學一書
似著於程子而不知非也司馬光已有中庸大學講義各一行
世司馬光與二程同時其往來洛間與程氏兄弟為道義交也
故二程全書有大學改本而未分別經傳迨朱子更為章句而
學之書於以大行攷朱子大全宋孝宗淳熙四年丁酉大學中
庸章句論語孟子集注已成至己亥四書異同之處皆有
明據時朱子年五十歲及寧宗慶元六年庚申三月初九朱子
卒將易簀之前夕猶改慎終章注則朱子一生精力盡於是
書歟故朱子亦嘗言司馬光纂資治通鑑二百九十四卷十九
年始成其謂一生精力盡于此書蓋字字從戥子秤過來子於
集注章句亦都字字從戥子秤過來蓋言詳細也然何以論孟
稱集注學庸稱章句中庸在禮記原渾圇為一書至朱子始分
為三十三章故曰章句也若大學其書則自其本亂而末治者

《朱九江講義》書影二
暨南大學圖書館藏

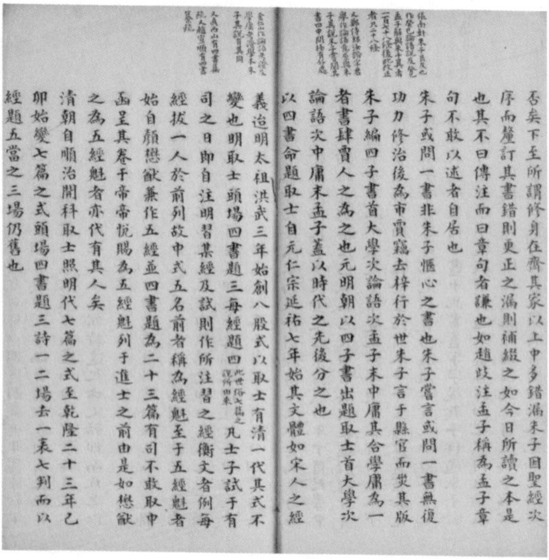
吞矣下至所謂修身在齊其家以上中多錯漏朱子固聖經次
序而釐訂其書錯則更正之漏則補綴之如今日所讀之本是
也其不曰傳注而曰章句者謙也如趙歧注孟子稱為孟子章
句不敢以述者自居也
朱子或問一書非朱子愜心之書也朱子嘗言或問一書無復
功力修治後為市賈竊去梓行於世朱子言于縣官而毀其版
朱子編四子書首大學次論語次孟子末中庸其合學庸為一
者書肆賈人之為之也元明朝以四子書出題取士首大學次
論語次中庸末孟子蓋以時代之先後分之也
以四書命題取士自元仁宗延祐七年始其文體如宋人之經
義迨明太祖洪武三年始創八股式以取士有清一代其式不
變也明取士頭場四書題三每經題四凡士子試于有
司之日即自注明習某經及試則作所注習之經衡文者例每
經拔一人於前列故中式五名前者稱為經魁至于五經魁者
始自顏懋猷兼作五經並四書題為二十三篇有司不敢取中
函呈其卷于帝帝悅賜為五經魁列于進士之前由是如懋猷
之為五經魁者亦代有其人矣
清朝自順治開科取士照明代七篇之式至乾隆二十三年乙
卯始變七篇之式頭場四書題三詩一二場去一表七判而以
經題五當之三場仍舊也

《朱九江講義》書影三
暨南大學圖書館藏

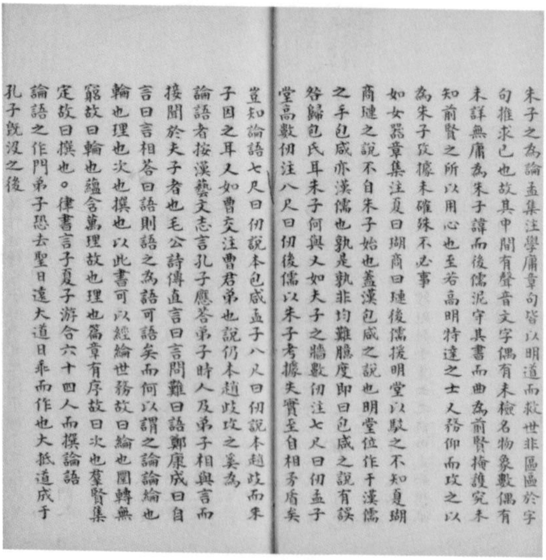
朱子之為論孟集注學庸章句皆以明道而救世非區區於字
句推求已也故其中間有聲音文字偶有未檢名物象數偶有
未詳無庸為朱子諱而後儒泥守其書而曲為前賢掩護究未
知前賢之所以用心也至若高明特達之士人務仰而攻之以
為朱子考據未確殊不必事
如女器章集注夏曰瑚商曰璉後儒援明堂以駁之不知夏瑚
商璉之說不自朱子始也蓋漢包咸之說也明堂位作于漢儒
之手包咸亦漢儒也孰是孰非均難臆度即曰包咸之說有誤
咎歸包氏耳朱子何與又如夫子之牆數仞注七尺曰仞孟子
堂高數仞注八尺曰仞後儒以朱子考據失實至自相矛盾矣
豈知論語七尺曰仞說本包咸孟子八尺曰仞說本趙歧而朱
子因之耳又如曹交注曹君弟也說仍本趙歧攻之奚為
論語者按漢藝文志言孔子應荅弟子時人及弟子相與言而
接聞於夫子者也毛公詩傳直言曰言問難曰語鄭康成曰自
言曰言相荅曰語則語之為語可語矣而何以謂之論論綸也
輪也理也次也撰也以此書可以經綸世務故曰綸也圓轉無
窮故曰輪也蘊含萬理故也理也篇章有序故曰次也羣賢集
定故曰撰也。律書言子夏子游合六十四人而撰論語
論語之作門弟子恐去聖日遠大道日乖而作也大抵道成于
孔子既沒之後

《朱九江講義》書影四
暨南大學圖書館藏

整理前言

朱次琦（一八〇七—一八八二），字子襄，初字效虔，號稚圭，廣東南海縣九江鄉（今屬廣東省佛山市南海區九江鎮）人。清道光二十七年（一八四七）進士，後任山西襄陵知縣，治績遠播。咸豐五年（一八五五）回廣東，在南海縣尊經閣講學，後移講壇於九江鄉禮山下，學者稱『九江先生』。九江先生爲一代大儒，學識淵博，修養深厚，提倡實學，其學説對當時學界影響很大。九江先生培養了許多優秀學生，如晚清狀元梁耀樞，一代碩儒簡朝亮，近代風雲人物康有爲等。《清史稿·儒林傳》《清史列傳·循吏傳》《清儒學案·九江學案》《碑傳集補·理學》等對九江先生的學問、經世、人品皆有介紹和評價，可供參考。九江弟子簡朝亮編有《朱九江先生年譜》，概述了九江先生的主要生平事迹。

九江先生在晚清學術史中占有重要地位。《清儒學案》評價九江先生：『粤東自阮文達建學海堂，學者如林，多從事漢學考證。九江獨泯門户之見，崇尚氣節，志在經世，規模閎大，可謂特立之士。』[一] 康有爲言：『先生神明絶人，强識群書，而能綜古今沿革損益之故，悉折之於經義；才氣雄邁而能變化，節度其性質，而納之於禮矩，浸潤凝孰，馴之於自然，通達闔辟，冥合於無間。』[二] 熊十力言：『朱九江先生涵養深厚，德性純懿，潛不遺世，清不絶物，真醇儒也。生平著述，多未卒業，臨没悉取焚之。康有爲雖嘗稱其師，顧其智實不足以窺師門之藴也。吾頃讀九江書牘，想見其胸懷潔净，意思深遠。』[三] 觀此類評語，想見其人。斯人已逝，想見其書。可惜，在九江先生去世前，他將生前力作全部焚毀，不禁令人慨嘆！

據《清史稿·朱次琦傳》載，九江先生生前撰成《國朝名臣言行録》《五史實徵録》《晋乘》《國朝逸民傳》《性學源流》《蒙古聞見》等書，皆未刊印，『疾革，盡焚之』。[四] 所編《朱氏傳芳集》《南海九江朱氏家譜》等書，因早已刊印，流傳較廣，幸能留存。二書皆

[一] 徐世昌等編纂：《清儒學案》卷一七一，北京：中華書局，二〇〇八年，第六五七七頁。

[二] 康有爲撰，姜義華、張榮華編校：《康有爲全集》（增訂本）第一集《南海朱先生墓表》，北京：中國人民大學出版社，二〇二〇年，第一頁。

[三] 蕭萐父主編：《熊十力全集》第二卷《與燕大明》，武漢：湖北教育出版社，二〇〇一年，第二九三—二九四頁。

[四] 趙爾巽等：《清史稿》卷四八〇《儒林列傳一·朱次琦》，北京：中華書局，一九七七年，第一三一六〇—一三一六一頁。

是九江先生爲朱氏家族所編，書中衹有序例等内容屬於九江先生親撰，不能準確反映其學術水準。史學家錢穆言：『觀其書目，其學蓋本性理以通之史，而尤要在人物。即其所標修身讀書之實也。』[一] 也衹能根據書名來推測九江先生的學術旨趣。九江先生去世後，門人搜集先生生前詩文，編成《朱九江先生集》十卷。九江先生的學問博大精深，他的生前專著皆已焚毁，學界研究九江先生的學術思想僅靠此集，時時陷入無米可炊、無水可飲的境地。錢穆先生所處的時代距九江先生較近，舊學修養和師友傳承皆是今人所不能比擬的，因此我們僅僅『觀其書目』是不能深入瞭解九江先生學術的。故而，九江先生遺留下來的片言隻字就顯得彌足珍貴。

《朱九江講義》，共三册，綫裝，抄本，每半葉十行，行二十四字，小字雙行。天頭有小字批注，行間有夾注。字體清秀，當是根據九江某位及門弟子昔日聽課時所作筆記謄録而成。觀文中有『清季』『有清一代』等詞句及『仍待考訂』小注，九江先生授課時定不會使用此類言語，可以推測謄録時間在清亡之後，謄録時對原書部分内容有所修改。小字注語，大都出自九江先生，也有一部分屬於弟子之補充。《朱九江講義》各册首頁有『暨南大學圖書館藏書』『暨南大學中國文化史籍研究所藏書』兩枚藏書印，知該書先由暨南大學文學院

[一] 錢穆：《中國學術思想史論叢》（八），北京：生活·讀書·新知三聯書店，二〇〇九年，第三六七頁。

中國文化史籍研究所（又名古籍研究所）收藏，後移交給本校圖書館特藏部。中國文化史籍研究所創辦伊始，陳樂素、常紹温、張其凡等先生先後赴北京、上海、杭州、蘇州等地購買許多綫裝古籍，并在廣州及周邊地域努力訪書，以供該所師生教學、科研之用，《朱九江講義》便是其中之一。

《朱九江講義》第一册首葉有『朱九江講義』書名，書名下有小注『丁卯課餘輯録』。按，丁卯年爲同治六年（一八六七），當時九江先生六十一歲，簡朝亮（一八五一—一九三三）十七歲，尚未拜九江先生門下，康有爲（一八五八—一九二七）僅十歲，也未成爲九江先生弟子。據簡朝亮編《朱九江先生年譜》，同治六年條下僅提到九江先生荅應爲廖南邨撰寫墓志銘，并引用了志中文字，没有談及與講學有關的事宜。[一]翻閲晚清以來的私家收藏書籍目録和國内外各圖書館近年來編撰的藏書目録，以及《中國古籍總目》等大型目録書，皆未著録《朱九江講義》。由此推知，暨南大學圖書館藏《朱九江講義》屬海内外孤本。

《朱九江講義》第一册共七十二葉，開篇即講『四書』，先介紹『四書』名稱由來，類似指導學生閲讀《四書》的提要，或可稱之爲『導讀』，教育學生先端正態度，再瞭解每字

[一] 簡朝亮：《朱九江先生年譜》，《朱九江先生集》卷首之二，《續修四庫全書》第一五三五册，上海：上海古籍出版社，二〇〇二年，第二一頁。

每句的意思，最終從古人那裏學會如何做人處事。九江先生告訴學生，如果衹想應付科舉，稽考故實，僅參考前人的五六種研究成果就可以了；但要想做到正心誠意，開物成務，繼承先王之道，不做俗官庸吏，還要從『四書』中學習博大精深的道理，再三揣摩前賢的微言大義。九江先生講『四書』中的《論語》，先對此書的來龍去脉做簡單介紹，告訴學生閲讀《論語》的參考書目，説明研讀《論語》的目的，隨後便分章講解《論語》。《論語》内容共六十三葉，是《朱九江講義》中講解最詳細的一部書。學界一般認爲《論語》在『十三經』中最爲淺顯易懂，有人將其視爲蒙學之類的讀物，但在《朱九江講義》中所占比例最大，内容最詳，這與九江先生對《論語》的格外重視不無關係。九江先生的弟子朱法盧曾回憶：『先生每登講壇，例先置《論語》一册於案上，非講《論語》也，蓋視之爲木鐸耳。』〔二〕木鐸是起源於夏商時期的一種響器，相當於個頭較大的鈴鐺。金口木舌爲木鐸，金口金舌爲金鐸。木鐸用於文教，金鐸用於武事。鄭玄對木鐸的注釋是：『古者將有新令，必奮木鐸以警衆，使明聽也。』〔三〕九江先生希望以《論語》作爲木鐸來警醒學生重視文教，他

〔二〕朱傑勤斠録：《朱九江先生經説·序》，《語言文學專刊》一九三六年第二期，第四二四頁。

〔三〕鄭玄注，賈公彦疏：《周禮注疏》卷三，阮元校刻《十三經注疏》，北京：中華書局，一九八〇年，第六五五頁。

努力發揚孔子教育學生的思想，因材施教，有教無類，學思并重，尤其注重修身養性。九江先生雖然對《論語》如此尊崇，但并没有誇大《論語》的政治作用，而是教導學生深深體會其中的修身處事之道，爲學先學會做人。《論語》講義後，便是對《大學》的講解。九江先生分別對『知止』等節做簡單介紹，不到兩葉内容，但其中不乏精闢之論。《中庸》講義，也不到兩葉，九江先生對每節的解釋皆較爲簡單，要麽引前人之説，要麽點出某字某句應從某人説，要麽介紹某項制度之流變。《孟子》講義，九江先生分別對『王曰』『宿晝』『東山』『曾晳牧皮』『莊暴』『孟子自齊』『五尺之童』『堯舜之道，孝弟而已矣』等章、句做了釋讀，共兩葉半内容。九江先生對『堯舜之道，孝弟而已矣』做了較多討論，教導學生注重孝義。

《朱九江講義》第二册共四十四葉，所講内容有經有史，還牽涉到集部、子部，内容稍嫌繁雜。先用一葉篇幅講解自孔子到清朝兩千多年學術史，大體上道出了自孔子之後至明朝各個時期的學術思想變化。接下來對清朝的學術做了較爲詳細的討論，認爲當時一些人推崇的漢學過於矯枉過正，他們反而對宋學的批評過於激烈，學者們要根據社會發展概況來研究漢學或宋學。從而教導弟子汲取教訓，争做醇儒，努力追求實學，即經學、史學、掌故之學、性理之學、詞章之學。九江先生認爲當時研讀漢學者有立心不正之嫌，刻意强調漢學、宋學之分，反而把儒學複雜化了，不利於儒學的發展。接下來九江先生没有解釋五種實學，而是提到《朱九江學規》，即『敦行孝弟、崇尚名節、變化氣質、檢攝威儀』。每條下皆引用前人之事舉例説明，再結合自己的見解，進行細微解釋。四項學規後，又附上朱熹《白鹿洞學規》。可以發現，九江先生是在《白鹿洞學規》的基礎上提煉出九江師門學規的，接下來對經學、史學、掌故之學、性理之學、詞章之學做了闡釋，突出『五學』的重要性。此後，九江先生又開始講解經學，先後順序爲《易經》《書經》《詩經》《春秋》《周禮》《儀禮》《禮記》《孝經》《爾雅》，此部分内容共十八葉。按照九江先生對儒家經典的重視程度，這部分講解不當如此簡單，當是聽課者記録時有所簡化。講完經學，開始講史學。先總體論述史學發展過程，即我們今天所説的史學史。其中對史書體裁紀傳體、編年體有所辨析，又提到『四史』『七史』『十三史』『二十四史』等不同説法的由來。九江先生并没有詳細講解每部正史，而是留在後面再一部部介紹。又用十一葉篇幅講詞章之學。九江先生的古詩、古文造詣很高，觀《朱九江先生集》收録的遺文便可窺知一二。他對古代文體非常熟悉，告誡學生，若要學習撰寫古文，應該先學習司馬遷《史記》、班固《漢書》的撰文方法和用筆風格，『然後及於諸家，以遍觀博覽』，不要先看歐陽修、曾鞏等人的文章。九江先生認爲『自秦漢至於今二千餘年，文之高下，唐宋界畫鴻溝。唐文根本盛大，其出不窮，宋文未免卑淺』。世人習慣稱韓愈、歐陽修等八人爲『唐宋八大家』，其實他們的文章是有明顯高低之分的。講完古文，九江先生又指導學生如何作詩，他特別强調學習寫詩一定要從《詩經》中汲取豐富的營養。因爲《詩經》中自一字詩到九字詩皆有，後人寫詩之法，《詩經》早已畢備，像杜甫、韓愈的詩，處處都有模仿《詩經》語句的痕迹。稍後又講解李白、杜甫、韓愈、白居易、蘇軾、陸游等人作詩的特點，認爲此六家詩爲上等，值得後人學習。再用數葉講如何練習書法。九江先生一一指導學生如何握筆、運腕、用墨、寫字。他認爲學習古人的優秀書法要有方法，王羲之父子的書法高妙，但不容易學到其真諦。從而建議學生學習唐人書法，尤其是歐陽詢、顔真卿兩家。此後又講解楷書、行書、草書、隸書、篆書、章草等字體的不同與練習方法，順便講解了歷代書法家，即書法發展史。

《朱九江講義》第三册共六十四葉，全部講史學，講解順序依次爲《史記》《前漢書》《後漢書》《三國志》《晋書》《宋書》《南齊書》《梁書》《陳書》《魏書》《北齊書》《後周書》《南史》《北史》《隋書》《舊唐書》《新唐書》《舊五代史》《新五代史》《宋史》《遼史》《金史》《元史》《明史》《資治通鑑》《通鑑綱目》，其實即二十四部正史和《資治通鑑》。九江先生雖然是經學家，但對史學非常重視，認爲『自古無史，史亦經也』。

總之，《朱九江講義》内容豐富，尤以經部、史部最詳。經部之中，又以《論語》所占比重最大。需要指出的是，《朱九江講義》中的某些部分較爲簡單，歸因於筆録者的省略。如《朱九江學規》中『敦行孝弟』條，即作『引《韓詩外傳》……又引《大戴禮》……又引唐李勣……又引蘇東坡……』，筆録者僅標出提綱而已。

《朱九江講義》是一八六七年九江先生的授課内容，成書較現存其他六種筆記即《朱九江先生經説》《朱九江先生談詩》《朱九江先生論書》《朱九江先生講學記》《朱子襄先生講義》《朱九江先生論史口説》都早。與《朱九江先生經説》相比，同講經部，内容大不相同，互有詳略。總體來講，《朱九江先生經説》詳於《朱九江講義》，但也有例外，如有關《尚書》的内容，《朱九江先生經説》便不及《朱九江講義》豐富。對《尚書》中的《金縢》篇，《朱九江講義》《朱九江先生經説》皆有講述，《朱九江講義》有約二百字内容，而《朱九江先生經説》不足八十字。《朱九江先生經説》僅講『我之弗辟』句，《朱九江講義》除講解此句外，又講了『罪人斯得』句。《朱子襄先生講義》主要記録了九江先生對『敦行孝弟、崇尚名節、變化氣質、檢攝威儀』的解説，與《朱九江講義》對照，相關内容頗不相同，可以互相補充。《朱九江先生論史口説》僅記録了九江先生對《前漢書》《後漢書》《三國志》三部史書的講解，顯然没有《朱九江講義》所録二十四史、《資治通鑑》、《通鑑綱目》全面。兩種講義即使皆有《前漢書》《後漢書》《三國志》的内容，但經過對比發現，差别甚大。《朱九江講義》所録九江先生講解詞章之學，用了不小篇幅討論古文、楚辭、賦、詩、詞等，講詩部分也與《朱九江先生談詩》内容不同。《朱九江先生論書》一文所録九江先生討論書法的語句，與《朱九江講義》有明顯差别。九江先生精通書法，《朱九江講義》對書學方面的論述，具有很高的理論價值與實踐價值，亦可作中國古代書法史來讀。《朱九江講義》成書時，清朝經歷了兩次鴉片戰爭、太平天國運動等，内憂外患，形勢岌岌可危。九江先生作爲傳統的讀書人，在動亂時期仍能保持人格獨立，堅守自己的道德信仰，在這部《講義》中，屢見其教育弟子修身養性之語，這對今天各級學生的人格教育無疑是很有用處的。同時，九江先生制定的學規和授課内容，對指導各級學生讀經學史，弘揚我國優秀傳統文化，具有重要參考價值。

《朱九江講義》是朱次琦六十一歲時的講課内容，他經歷過科舉考試、地方任官、公私學校講學等，人生閱歷豐富，此時身體健康，精神抖擻，可以認爲是其一生著書立説的巔峰時期。因此，《朱九江講義》是九江先生學術思想、教育思想的結晶。《朱九江講義》的許多觀點，對我們深入研究九江先生的思想及九江學術的形成與發展自然十分有用，對研究康有爲維新變法思想源頭也大有幫助。〔二〕《朱九江講義》的不少内容，屬於九江先生個人的學術創新，對經學、史學、文學、書法、教育等的研究，具有很高的學術價值。《朱九江講義》雖已影印出版，但學術界關注不够。二〇二二年十一月由廣東人民出版社出版的《朱九江評

〔二〕日本學者别府淳夫《朱次琦和康有爲——晚清的朱子學研究》一文可供參考，載《孔子研究》一九八七年第二期，第一一五—一二一頁。

傳》，并没有引用《朱九江講義》中的内容。

《朱九江講義》是九江先生講課時，弟子按照聽課時間早晚記録的課堂筆記。這種以毛筆書寫、依賴追憶或迅速記録下來老師講解内容的筆記，當然不能完整記録九江先生所講每一句話，故而在《朱九江講義》中出現一些概括性的語言，詳細内容則没有完整筆録。又因記録者不可能將九江先生講課時神態、舉止的變化與語速的快慢、音調的高低呈現在後來的文字中，九江先生的思想便不能從簡單的幾句話中體悟出來。九江先生授課時使用南海方言，偶爾會有口誤發生；弟子邊聽邊記邊思考，難免出現筆誤。九江先生講課貫通經史子集，古典今語信手拈來，筆録者知識儲備有限，有時候會出現不懂九江先生所講爲何人何事的情況，衹能盲目記録，便會出現錯誤的文字，甚至無意中更改了九江先生的觀點。再加上後來在謄寫過程中出現的一些問題，給今人閲讀《朱九江講義》帶來諸多麻煩。因此，《朱九江講義》雖然能大致反映九江先生的學術旨趣和教書育人的方法，但畢竟不是他努力完成的著作，書中的個別觀點受到當時講課環境、生源情況、抄録失當等方面的影響，并不能完全代表九江先生的學術偏好和學術水平。

二〇一三年，本人在暨南大學圖書館古籍部訪書期間，偶然發現《朱九江講義》一部，特向該部負責人羅志歡先生介紹該書的價值，該書後被收入《暨南大學圖書館藏珍貴古籍圖録》，并由國家圖書館出版社影印出版。〔二〕雖然後來的研究方向和學習單位有所變化，但本人一直没有減少對《朱九江講義》的關注，衹是考慮到學識有限，尚不敢對該書進行系統整理。二〇一九年六月，本人從華東師範大學古籍研究所畢業，入職暨南大學古籍研究所。重回故地，有關《朱九江講義》一書的整理事宜又縈繞於心。本人爲研究生、本科生開設中國目録學史、嶺南文化概論等課程，其間向學生們多次提到昔日在暨南大學圖書館的訪書經歷，以及與《朱九江講義》的因緣，并在嶺南文化概論課程中專設兩個課時介紹九江先生的學術和《朱九江講義》，在師友的鼓勵下，最終確定整理《朱九江講義》。

在本書的整理過程中，多次向張超人兄、于英宏兄求教，齊魯書社劉强、向群兩位老師盡心盡力編輯本書，在此表示感謝！本人學識有限，加之缺少其他版本作校勘，整理時會出現一些誤校或失校的地方，請博雅君子不吝指教。

〔二〕詳見史小軍、羅志歡主編：《中國古籍珍本叢刊·暨南大學圖書館卷》第三四册，北京：國家圖書館出版社，二〇一八年。

凡例

一、《朱九江講義》屬於孤本，現藏暨南大學圖書館，二〇一八年由國家圖書館出版社影印出版。本次整理，以影印本作底本。

二、《朱九江講義》并未經九江先生過目，弟子記録時可能出現增減字句、理解或記憶失誤、叙述重複及轉承無據等情況，一些内容并非九江先生授課時原語，此類情況校勘無據，且從底本。

三、因記録或謄録時産生的明顯錯誤，影響閲讀，在不改變原意的情況下，整理時據他書進行改正，出校勘記説明。

四、异體字大多數改爲通用字，避諱字不改，少數字如『棄』『倖』『異』『詠』『誌』『鑑』等，因涉及底本等情況比較複雜，故有所保留，必要時出校記説明。

五、古人引書，未必與原文完全一致，《朱九江講義》又是九江先生口授，弟子倉促記録，若不影響閲讀和理解，此類一般不會根據原書改動。

六、爲方便閲讀，此次整理，將原本天頭批注移入相應的正文之中，且加『【天頭批

注】』以注明。

七、凡遇到漫漶不清之處，用□表示。

八、原文有的地方用空格表示闕字，現大多難以推斷所闕内容和字數，此次整理不保留空格，并加注説明。

九、本書原無目録，今根據各部分主要内容，編製簡單目録。

十、爲方便讀者研究，特將《朱九江先生講學記》《朱子襄先生講義》《朱九江先生論史口説》等幾種講義附在本書之後。《朱九江先生講學記》以清光緒二十三年讀書草堂刻本爲底本，《朱子襄先生講義》以清光緒十一年劉熽芬校録本爲底本，《朱九江先生論史口説》以清光緒二十六年粤東學院前寳經閣刻本爲底本。《朱九江先生經説》《朱九江先生談詩》《朱九江先生論書》亦爲弟子記録的九江先生講義，原屬一書，但原本已毁，現今所能見到的三篇乃是朱傑勤先生校録本，已公開發表，讀者不難查找，此次不再收録。

目録

講課雜録……九一

朱九江講義

丁卯課餘輯録

四書〔一〕

『四書』古無是名，其有『四書』之名者，則見於清朝所修之《明史》也。見《藝文志》，於『五經』後附『四書』一類。『四書』亦尊爲經，元人所謂『以六經取士』也。

按，劉向父子《七略》、班固《藝文志》『六藝』之文有《論語》《孝經》。又趙岐《孟子題詞》言漢文帝時以《論語》《孝經》立學官〔二〕，使博士誦習，則《論語》之流傳久矣。《孟子》，諸子之流而爲儒者之冠，漢邠卿爲作《章句》。《大學》《中庸》，本《禮記》之文也。考劉向輯五禮，梁人戴德、戴聖刪存其書爲四十六篇〔三〕，馬融又增入三篇，爲四十九篇，名曰《禮記》。《中庸》，《禮記》第三十一篇之文。《大學》，《禮

〔一〕按，此標題原闕，據後文内容補。

〔二〕又趙岐孟子題詞言漢文帝時以論語孝經立學官　『岐』原作『歧』，據《四庫全書總目》卷三五改。後同。

〔三〕梁人戴德戴聖刪存其書爲四十六篇　『戴聖』原作『戴勝』，據文意改。

記》第四十二篇之文。《禮記》，《中庸》先《大學》。按，《漢・藝文志》有《中庸説》上下卷，附于《禮記》後。《隋志》，晋戴氏有《禮記中庸傳》二卷。梁武帝作《中庸講疏》，其臣張綰、朱异等又作《中庸義》五卷〔二〕。至唐李翱又爲《中庸説》〔三〕。是《中庸》自漢至唐，已專行於世矣。至宋仁宗天聖五年〔三〕，以《中庸》賜新第王堯臣等。高宗紹興五年，復御書《中庸》賜汪應辰以下，而《中庸》一書，遂見重於北宋之朝〔四〕。惟《大學》，晋、唐以前未表著，至宋仁宗天聖八年，以《大學》賜新進士王拱辰〔五〕，歐陽修之妹夫也。而《大學》以著。觀朱子作《大學章句》，言『間嘗竊取程子之意』，又冠『子程子

〔二〕其臣張綰朱异等又作中庸義五卷　『朱异』原作『朱異』，據《梁書》卷三八《朱异傳》改。

〔三〕至唐李翱又爲中庸説　按，此句或有字誤。

〔三〕至宋仁宗天聖五年　『宋』原誤作『唐』。按，唐無仁宗廟号，『天聖』乃宋仁宗年號，據《玉海》卷三四《聖文》記載：『天聖五年四月辛卯，賜進士王堯臣等聞喜宴于瓊林苑，中使賜御詩，又人賜御書《中庸》篇各一軸。自後遂以爲常。』故改。

〔四〕遂見重於北宋之朝　按，前言『高宗紹興五年』，已屬南宋之事，故此處『北宋』二字不確。

〔五〕以大學賜新進士王拱辰　『王拱辰』原作『王拱宸』，據《宋史》卷三一八《王拱辰傳》改。

曰』於篇首，則《大學》一書似著於程子，而不知非也。司馬光已有《中庸》《大學解義》各一行世，司馬光與二程同時，其往來洛間，與程氏兄弟爲道義交也。故《二程全書》有《大學改本》而未分別經傳，迨朱子更爲《章句》，而《大學》之書於以大行[一]。考《朱子大全》，宋孝宗淳熙四年丁酉《大學中庸章句》《論語孟子集注》已成。【天頭批注】按《朱子年譜》，六十歲成《學庸章句》。至己亥，『四書』異同之處丁酉至己亥，蓋十二年[二]。皆有明據。時朱子年五十歲。及寧宗慶元六年庚申三月初九朱子卒，將易簀之前夕，猶改『慎終』章注。則朱子一生精力，蓋盡於是書歟！【天頭批注】按蔡沈九峰《夢奠記》，朱子易簀之前夕，改『誠意』章數十字，命詹淳繕寫。又改《楚辭》數語[三]。故朱子亦嘗言：『司馬光纂《資治通鑑》二百九十四卷，十九年始成，其謂一生精力盡于此書。蓋字字從戥子秤過來。予於《集注》《章句》，亦都字字從戥子秤過來。』蓋言詳細也。然何以《論》《孟》稱『集注』，《學》《庸》稱

[一] 而大學之書於以大行 『大學』原闕一『大』字，今據前後文意補。

[二] 丁酉至己亥蓋十二年 按，據干支計算，丁酉至己亥共二年，後又言『時朱子年五十歲』，朱熹生於宋高宗建炎四年庚戌（一一三〇年），至宋孝宗淳熙六年己亥（一一七九年），恰爲五十歲。疑此句衍一『十』字。

[三] 命詹淳繕寫又改楚辭數語 『詹淳』原作『詹純』，『楚辭』原作『楚詞』，據蔡沈《九峰公集》所收《朱文公夢奠記》、王懋竑《朱子年譜》卷四改。

『章句』？《中庸》在《禮記》原渾圇爲一書，至朱子始分爲三十三章，故曰『章句』也。若《大學》，其書則自『其本亂而末治者否矣』，下至『所謂修身在齊其家』，以上中多錯漏。朱子因聖經次序而釐訂其書，錯則更正之，漏則補綴之，如今日所讀之本是也。其不曰『傳注』而曰『章句』者，謙也。如趙岐注《孟子》稱爲《孟子章句》，不敢以述者自居也。

朱子《或問》一書，非朱子愜心之書也。朱子嘗言《或問》一書，無復功力修治，後爲市賈竊去梓行於世，朱子言于縣官而焚其版。朱子編四子書，首《大學》，次《論語》，次《孟子》，末《中庸》。其合《學》《庸》爲一者，書肆賈人之爲之也。元、明朝以四子書出題取士，首《大學》，次《論語》，次《中庸》，末《孟子》，蓋以時代之先後分之也。【天頭批注】張南軒，朱子良友也，作《癸巳論語説》及《癸巳孟子解》，與朱子異者一百七十八條，後此改正者衹二十八條。又鄭侍郎汝諧字舜舉〔二〕，作《論語意原》，與朱子異説，朱子嘗閲其書，曰：『中間極有好處。』金仁山作《論語考證》及《學庸考證》，學本朱子，其説有異同。又真西山有《四書集疏》。又趙宣順有《四書纂疏》。

〔二〕又鄭侍郎汝諧字舜舉　『舜舉』原作『君舉』，據馮椅《厚齋易學》附録一《先儒著述上》、徐象梅《兩浙名賢録》卷三九《才望》改。

以『四書』命題取士，自元仁宗延祐七年始，其文體如宋人之經義。迨明太祖洪武三年始創八股式以取士，有清一代，其式不變也。明取士，頭場『四書』題三，每經題四。此世俗七篇之説所由來。凡士子試于有司之日，即自注明習某經，及試，則作所注習之經。衡文者例每經拔一人於前列，故中式五名，前者稱爲經魁。至于『五經』魁者，始自顔茂猷〔二〕，兼作『五經』并『四書』，題爲二十三篇。有司不敢取中，函呈其卷于帝，帝悦，賜爲『五經』魁，列于進士之前。由是如茂猷之爲『五經』魁者，亦代有其人矣。

清朝自順治開科取士，照明代七篇之式。至乾隆二十三年己卯〔三〕，始變七篇之式，頭場『四書』題三，詩一。二場去一表七判，而以經題五當之。三場仍舊也。

朱子之爲《論孟集注》《學庸章句》，皆以明道而救世，非區區於字句推求已也。故其中間有聲音文字偶有未檢，名物象數偶有未詳，無庸爲朱子諱。而後儒泥守其書，而曲爲前

〔二〕始自顔茂猷　『茂猷』原作『懋猷』，據黄景昉《國史唯疑》卷二、王世德《崇禎遺録》改。後同。

〔三〕至乾隆二十三年己卯　按，乾隆二十三年干支爲戊寅，二十四年爲己卯。根據所叙内容，當是乾隆二十三年事。

賢掩護，究未知前賢之所以用心也。至若高明特達之士，又務仰而攻之，以爲朱子考據未確，殊不必事。

如『女器』章，《集注》：『夏曰瑚，商曰璉。』後儒援《明堂位》以駁之〔二〕，不知『夏瑚商璉』之説不自朱子始也，蓋漢包咸之説也。《明堂位》作于漢儒之手，包咸亦漢儒也，孰是孰非，均難臆度。即曰包咸之説有誤，咎歸包氏耳，朱子何與？又如『夫子之墻數仞』，注：『七尺曰仞。』《孟子》『堂高數仞』，注：『八尺曰仞。』後儒以朱子考據失實，至自相矛盾矣。豈知《論語》『七尺曰仞』説本包咸，《孟子》『八尺曰仞』説本趙岐，而朱子因之耳。又如『曹交』，注：『曹君弟也。』説仍本趙岐，攻之奚爲？

《論語》者，按《漢·藝文志》言，孔子應答弟子、時人及弟子相與言而接聞於夫子者也。毛公《詩傳》：『直言曰言，問難曰語。』鄭康成曰：『自言曰言，相答曰語。』則語之爲語可語矣，而何以謂之『論』？論，綸也，輪也，理也，次也，撰也。以此書可以經綸世務，故曰綸也。圜轉無窮，故曰輪也。藴含萬理，故曰理也〔三〕。篇章有序，故曰次也。群賢集定，故曰撰也。《律書》言子夏、子游合六十四人而撰《論語》。

〔二〕後儒援明堂位以駁之　『位』字原闕，據後文及《四庫全書總目》卷三五補。
〔三〕故曰理也　『曰』原作『也』，據前後句式改。

《論語》之作，門弟子恐去聖日遠、大道日乖而作也。大抵道成于孔子既没之後。漢鄭康成言《論語》作自仲弓、子游、子夏之倫。唐柳宗元此程子説。謂爲曾子、有子門人所作。朱子《或問》又言：『《論語》次章即述有子之言，而有子、曾子獨以「子」稱，何也？曰：程子謂書成于有子、曾子之門人也。』據《荀子》『曾子七十而向學』〔二〕。【天頭批注】元儒謂閔子所作，以『閔子侍側』章及『孝哉閔子騫』作證，説辨甚的。要之，《論語》一書，類成于閔子、曾子、有子與子夏之門人。

按，孔子卒于哀公十六年。廿七年，公薨于有山氏，子甯立，是爲悼公，即位三十七年而薨，已去孔子卒歲四十八年矣。據《檀弓》，『悼公之喪，季昭子問於孟敬子曰：「爲君何食？」敬子曰：「食粥，天下之達禮也。」』云云，則今《論語》懿子、武伯、敬子均有謚，則《論語》之成，可知在悼公之後矣。

《論語》固諸弟子會聚一堂而成書者，然其中有朋友代記者，如『子謂顔淵』『子謂仲弓』是也。有同是一人，有自記者，有代記者。如『陳子禽問於子貢』，代記也。如『陳亢問於伯魚』，自記也。如『冉求曰非不説子之道』『宰予晝寢』『憲問恥』，自記也。如『冉

〔二〕據荀子曾子七十而向學　翻檢《荀子》，無此内容。南北朝時顔之推所作《顔氏家訓》『勉學』篇有：『曾子七十乃學，名聞天下。荀卿五十始來游學，猶爲碩儒。』

有僕』『原思爲之宰』，及『哀公問社於宰我』，代記也。何以知之？古人稱友則稱字，敬其名也。至自稱，則必稱名。故孔子與門弟子語，亦多自稱名，如『丘之門』是也。

《論語》經秦火而尚存者，蓋弟子撰次成書，諸儒口相傳授，熟誦無忘，故毀而不毀也。漢興，傳《論語》者三家，魯人所傳述爲《魯論》，齊人傳述爲《齊論》，《古論語》則出自孔壁，其裔孫孔安國爲訓解，而世不行。《魯論》，常山都尉龔奮、長信少府夏侯勝、丞相韋賢及子玄成、魯太子太傅夏侯建、前將軍蕭望之五人傳之，各有名家，凡篇二十，今所編次是也。《齊論》有『問王』『知道』二篇章句，多于《魯論》四百餘字。昌邑中尉王吉、膠東庸生、少府宋畸、瑯琊王卿、御史大夫貢禹、尚書令五鹿充宗等傳之，唯王吉名家。

宋王伯厚《困學紀聞》載《説文》『玉』字部引《逸論語》『玉粲粲瑟兮，其慄之猛也〔一〕』。又『瑩』字注脚引《逸論語》『如玉之瑩』，可想『問玉』，『問王』之誤。是亦獨標一説，不必其確然也。

《古論語》二十一篇，分《堯曰》下章『子張』爲一篇，篇次亦與《魯論》不同。據梁皇侃《義疏》言《古論》首《學而》，次《雍也》，三《鄉黨》，然此無關書旨，但好古多聞之士不厭其講求耳。

〔一〕玉粲粲瑟兮其慄之猛也　按，《困學紀聞》卷六引《逸論語》曰：『玉粲之璱兮，其瑧猛也。』

今所讀《論語》，漢成帝時安昌侯張禹所删定者也。禹字子文，嘗受《魯論》於夏侯建，又從庸生、王吉問，故其合三家之書以爲之。故一經删定，而誦者遍天下。而《齊論》《古論》遂莫之問津焉。然亦爲利禄使然也，觀當時『欲爲《論》，思張文』之語可見〔一〕。其後包、周二子爲章句，號爲《張侯論》。包，包咸也，周亡其名，故第以氏傳也。至漢末，大司農鄭玄就《魯論》篇章，考之《齊》《古》，以爲之注。

按《經典釋文》『傳不習』作『專』，『崔子』作『高子』，『五十以學《易》』作『亦』，『坦蕩蕩』作『湯湯』，『冕衣裳』作『免』，『問邦内』作『封内』，『車中不内顧』無『不』字，『未嘗無誨』作『悔』，『仍舊貫』，『仍』作『仁』，『古之矜也廉』作『褊』，『謂之躁』，『躁』作『傲』，『瓜祭』作『必』，則亦雜以齊、古之《論》。漢包咸本當時三家之説爲之注，至魏何晏爲集解，宋邢昺爲疏。集解本孔安國、包咸、周生、馬融、陳群、王肅、周生烈八家之説也〔二〕。梁朝皇侃本十三家箋注爲義疏。至南宋時，其書遂亡。迄清乾隆末年，浙賈人汪翼滄者〔三〕，

〔一〕欲爲論思張文　《漢書》卷八一《張禹傳》作『欲爲《論》，念張文』。

〔二〕集解本孔安國包咸周生馬融陳群王肅周生烈八家之説也　『周生烈』原作『周烈生』，據《經典釋文》卷二四《論語音義》改。

〔三〕浙賈人汪翼滄者　『汪翼滄』原作『汪奕蒼』，據《知不足齋叢書》本《論語義疏》所附乾隆五十三年盧文弨《皇侃論語義疏序》改。

賈游日本，購得其書。初傳於浙右，繼傳於江南，而後大府某公梓行于世。十三家，衛瓘、繆播、欒肇、郭象、蔡謨、袁宏、江淳、蔡系、李充、孫綽、周懷、范甯、王瑉〔二〕，加江熙一人，爲十四家。

宋趙中令普讀《魯論語》于家〔三〕，適太宗幸其宅，曰：『卿今何復誦此？』普曰：『臣以半部《論語》佐太祖定天下，以半部《論語》佐陛下致太平。』此真大言以欺人者，惜太宗學淺，不反而問之耳。若使太宗折言其以何者定天下，實究其以何者致太平，諒普亦啞然莫對矣。讀《論語》，惟李文靖沆庶有得乎，當時目爲聖相。乃沆往往語人：『《論語》無論全書不能學，即「敬事而信，節用而愛人」，此四事〔三〕，予之爲相有愧。』此洵至言哉！

〔二〕衛瓘繆播欒肇郭象蔡謨袁宏江淳蔡系李充孫綽周懷范甯王瑉　『欒肇』原作『欒紹』，據中華書局校點本《論語義疏》所收皇侃《論語義疏自序》改。『蔡系』，一作『蔡奚』。『孫綽』原作『孫焯』，據中華書局校點本《論語義疏》所收皇侃《論語義疏自序》改。『周懷』，亦作『周壞』『周瓌』。『王瑉』原作『王珉』，據中華書局校點本《論語義疏》所收皇侃《論語義疏自序》改。

〔三〕宋趙中令普讀魯論語于家　『論語』原作『語論』，據文意改。

〔三〕即敬事而信節用而愛人此四事　關於李沆讀《論語》事，引文『敬事而信，節用而愛人』，宋人一般記作『節用而愛人，使民以時』。

『四書』包含宏大，冒極天下之理。凡往哲之微言，先儒之緒論，不厭博考旁搜以爲曲證，方能貫通。若但求簡要，爲試於有司之用，則當世通行之本得三二本足矣，如任鈞臺《約旨》、王罕皆《滙參》、張惕庵《翼注》。更參以稽考故實之書，如毛西河《論語稽求》《四書證疑》、曹寅谷《四書摭餘》、查爲仁《四書考實》〔二〕。得此數種以考討人物亦足矣，不必多求也。

『四子書』非古人所有，自朱子薈萃爲之。其意無非欲明先王之道以教人也。内而正心修身，外而開物成務，胥在是矣。

學必有師，非聖無法，人皆可學，其孔子之道乎？

朱子創爲此書，固分合孔、曾、思、孟，如聚于一堂，然則讀是書，非書自書、我自我也。程子曰：『未讀此書，不過是此一人。既讀此書，依然是此一人。』其爲人可知也。

以『四書』命題，自元延祐七年迄清季〔三〕，幾六百餘年。康熙朝嘗改去八股，以策論試

〔二〕查爲仁四書考實　按，查爲仁似無此著，疑此句有誤。

〔三〕自元延祐七年迄清季　『七』原作『十七』。按，元朝科舉取士以『四書』命題發生在延祐七年，且延祐年號僅用七年，故删去『十』字。『清季』二字當是謄録講義者所改，原文定不如此。

士，僅行兩科，卒復其舊。蓋亦使中材之士少而習焉，長而安焉，不見異而思遷焉，皆有所範圍而不敢或過。此亦御天下之微權也。

顧亭林曰：『八股盛而六經微，十八房興而廿一史廢。』又曰：『古之清言言老莊，今之清言言孔孟。』總爲作八股之文，人皆挾其空疏無具之學，以博取科名也。借三五百庸腐之文，博人間科第，以全軀保妻子，此誠俗學也。今時爲俗學，異時得志，得不爲俗吏？古人所謂『股肱惰而萬事荒，爪牙亡而四國亂』，蓋有慨乎言之也〔二〕。

《論語》〔三〕

學而第一

『學而』章　《論語》開宗明義，以此爲第一，即全書之綱領，亦通部之指歸。要

〔二〕根據前後文意，疑從『四書包含宏大冒極天下之理』至『蓋有慨乎言之也』，當在總論《論語》的内容之前。

〔三〕按，此標題原無，據下文内容補。

而言之，不外一『學』字。學也者，學爲聖賢也，不可一日而至也。日進不已，不難與聖賢同歸矣。所以朱注解『不亦説乎』，作不了語曰：『其日進，自不能已矣。』云善足以及人，故有朋自遠方來，是人之知也。即使人之不見知，如時會不可知，命運不可知，庸有『晦盲否塞』之會？所謂『天地閉，賢人隱』也，而處之泰然，亦惟歸於『天竟何如，命竟何如』已耳。

晉顔含曰：『修己而天不與者，命也。守道而人不知者，性也。自有性命，何勞著龜？』道理固如是，我輩之修爲亦當如是。蓋至是而後能無悶也。

任翼聖謂此章爲《論語》之冠，便賅得孔子一生。首節是學而不厭，次節是教人不倦，末節是下學上達，知我其天。蓋即其生平所歷甘苦指點出來。所謂獨嘗者，因以共嘗也。

至通章由己説到人，由順説到逆，一步闊一步，一層高一層，皆夫子本身教以爲言教也。三『不亦』字，指點神情。前兩『不亦』，所謂個中有味。後一『不亦』，爲一座高懸。

首節，朱子解『學』字，謂『人性皆善而覺有先後』，蓋爲『學』字補腦也。李厚庵嘗作此節題文以示友人，友人以爲未善，後復改之，友人仍以爲未善。厚庵曰：『何如？』友曰：『篇内字圓句妥，但未補出「性」字。』厚庵乃憬然自悟。

『時習』字，講家恒義，謂以時習之、時時習之，惟此二義。惟注疏梁皇侃《義疏》主三義，謂有身中之時，有歲中之時，有日中之時。身中之時，如《内則》：六年教之數與方名，八年始教之讓，九年教之數日〔二〕，十年學書計，十有三年學樂、誦《詩》、舞《勺》，十五成童舞《象》，二十弱冠始學禮，三十壯有室，博學無方，孫友視志。又如《學記》：一年視離經辨志，三年視敬業樂群，五年視博習親師，七年視論學取友，九年知類通達，强立而不反。是謂身中之時。歲中之時，如《王制》：春秋教以《禮》《樂》，冬夏教以《詩》《書》。又如《文王世子》：春誦夏絃，秋學《禮》而冬學《書》之類。日中之時，即『藏焉、修焉、游焉、息焉』之謂也。

次節，非樹門墻、誇聲氣。君子之修道也，非私於一己，以我能治人不能，以我明通人不明。注：『以善及人，而信從者衆。』所謂盡其性以盡人之性也。如《孟子》『三樂』章注：『斯道之傳，得之者衆。』爲薪傳而火續之計也。

陸氏《釋文》『有朋』之『有』或作『友』，非亦想見古書多作『友朋』傳者？考《白虎通德論》『友朋自遠方來』〔三〕，又鄭元舊注『同門曰朋，同志曰友』，又《文選・樂府》陸士衡《挽歌行》亦作『友朋自遠方來』，可知古本亦有作『友朋』之『友』者，即李注亦引《論語》作『友朋自遠方來』。自張侯擇善而從之，後概作『有無』之『有』。然此無關

〔二〕九年教之數日　『日』原作『目』，據《禮記正義》卷二八《内則》改。
〔三〕考白虎通德論友朋自遠方來　『遠方』原作『遠友』，當是筆誤，徑改。

宏旨，第博學多聞者所不廢耳。

末節「人不知」二句，須從真學問看出真性情，從真性情看出真人品。若説向知希我貴，便異端老氏之學，聖賢道理相去益遠矣。學在己，自與人不相涉。但信不篤，養不厚，守不固，到不知時，即不覺裏面稍稍動耳。惟君子識見高，知其無損于我。涵養定，故自然不動於心，憑他知不知，全然漠不相關。「慍」字要寫得細，「而」字要看得自然方合。

《條辨》曰：「心有一點慍，學便有一息間。此中消息，真個細入微茫。」

「不慍」，古注及皇侃《義疏》都分兩解：一他人有所不知，君子不慍也。古之學者爲己，君子亦爲己，故不慍人也。一君子與人不求備，其有鈍根而不解釋者，君子有以教之而不慍也。按《後漢書》引《魏略》曰〔一〕：「樂詳字文載〔二〕，黄初中徵博士十餘人，所學皆褊，又不能熟識，惟詳五業并授。其或有質難不解〔三〕，以杖畫地，牽譬曲引〔四〕，未有慍也。」

〔一〕按後漢書引魏略曰　「魏略」原作「魏書」，據《後漢書》卷七九下《儒林列傳·謝該》改。

〔二〕樂詳字文載　「樂詳」原作「樂祥」，據《後漢書》卷七九下《儒林列傳·謝該》改。後同。

〔三〕其或有質難不解　「質難」原作「難質」，據《後漢書》卷七九下《儒林列傳·謝該》改。

〔四〕牽譬曲引　「牽」原作「罕」，據《後漢書》卷七九下《儒林列傳·謝該》改。

蓋即後解之義。

『子曰』字，馬氏注曰：『子者，男子之通稱，謂孔子也。』既爲通稱，何以獨屬之孔子？蓋自以『子』係孔子，則後儒莫之敢稱也。《公羊傳》『子沈子』句，何休注：『子，男子之美稱。其冠子于氏者，著其爲師也。其不冠子于氏上者，他師也。不稱「子曰」者，避孔子也。』按《傳》中有『子公羊子』桓六年、宣五年，又『子沈子』隱十一年，『子司馬子』莊十年，『子女子』莊三十年，『子北宮子』閔元年，何後師之多歟？然則此《傳》不盡出于公羊子也明矣。又《國語》王孫雄呼范蠡爲『子范子』。

又清初，常熟某公與人論學，曰：『讀書某不敢言，即如初學入門，莫過于《大學》。而首則曰「子程子」，何以不曰「程子」而曰「子程子」？且程子有二，其爲明道乎？爲伊川乎？』在座者皆不能答。不知于答是也何有？援何休注《公羊傳》『子沈子』之文可以答之矣。且援《朱子大全》可答其不分別明道、伊川之難矣。

按朱子初著書，引明道語則曰『明道』，引伊川語則曰『伊川』，後見其兄弟學術之同，言辭之合，盡去『明道』『伊川』字面，總一『程子曰』。迄今讀《近思録》，可見《大學》『入德』之言語出伊川先生也。按何休注『子沈子』句，冠『子』于氏上者，著其爲本師也，想仍是錯。考《公羊傳》『子某子』正夥，顧亭林疑其傳非盡出公羊子之手〔一〕。及讀《國語》，又有『子范子』，范蠡固未嘗爲經師也。考此『子』字，是同時同輩而親之之詞，猶稱『子大夫』之類。王孫雄惟有求於范蠡，故親蠡而稱之耳。

『有子』章　『學而』章次以孝弟，蓋學也者，所以明人倫也。此章無非教孝弟之詞，然錯解實多，皆因『其爲仁之本與』句生出枝節。細思此章，何嘗論『仁』？『仁』字不過作一墊子，如文家烘雲托月之法。其好底以『仁』作一墊，其不好底以『犯上』『作亂』作一墊耳。

第一章勸學是終身之事，此章明是學之本。本者何？孝弟是也，所謂『堯舜之道，孝弟而已』是也。其根本在孝弟，特分兩路夾出，上之以好邊講，下之以不好邊講，中間提起，首句高唱而入。見得人不能孝弟，不消講；若能孝弟，萬禍之原皆由此弭，萬福之基皆由此起。然何以不作兩平說？爲不足動聽也。故不得不作起伏之勢、開合之情，使文勢一振也。《論語》雖主于理，而天下之大文，後世之至文，無不從此而出。

『本』字不過懸其說，無專指也。『爲仁之本』，專重『爲』字。如任翼聖所謂皆有本，

〔一〕顧亭林疑其傳非盡出公羊子之手　『林』字原闕。顧亭林《日知録》卷四『子沈子』條言：『然則此傳不盡出於公羊子也明矣。』此處『顧亭』當指顧亭林，據補。

譬如欲足食以耕稼爲本，欲讀書以孝弟爲本是也。然則孝弟爲仁之本，無非勸孝弟之詞。

末節白文甚分曉，後人紛紛注解，衹滑口讀，所以粘皮帶骨，説多蒙混。即程子注，『謂之爲行仁之本則可，謂是仁之本則不可』，未免詞鋒剽滑。至如『性中衹有個仁義禮智四者而已，曷嘗有孝弟來』？更不免粘皮帶骨之弊。白文不曰『仁之本』，而曰『其爲仁之本』，重讀『爲』字，自了然矣。

夫仁者，心之德，愛之理。愛莫先於愛親。愛親者，不敢慢於人；敬親者，不敢忤於人。故孝可移於君，順可移於長。凡此仁民愛物、德澤宏敷者，即『本立道生』之説也。按《後漢書·延篤傳》『仁孝先後』論：『仁人之有孝，猶四體之有心腹，枝葉之有本根也。』故曰：『孝弟也者，其爲仁之本歟！』故《翼注》亦引此。

孝弟包合『仁』字裏底來，是仁生孝弟。若語行仁，則莫先於愛親，是孝係第一坎流出的；莫重於敬長，是弟係第二坎流出的。此孝弟所以爲仁之本也。『本』字如《孟子》『仁之實』，『實』字相似。先儒注『實』，木之實也，謂木之句萌達出，滋長敷榮，至于參天蔽日，負海蟠山，皆自一『本』始。《説文》『一在木下爲本』，即此之謂。張氏『救時』之論，亦甚警切，以爲有子目擊春秋時犯上作亂之人，靡國蔑有，其後至于刃君親、倒逆天明者，皆自不孝不弟來也，故曰『其爲人也孝弟』云云。『人』字從下兩者取來，『其』字懸空設想。『孝弟』注『其心和順』，正對下『犯上作亂』立議。落下節須承上説，下當云『一孝弟而犯亂俱泯』。若是者何也？木漸于上，水漸于下，有本者如是。君子知之，乃確然得所先務矣。

《石渠意見》與《捫蝨新語》謂『「其爲仁之本」，「仁」字即「其爲人也」之「人」，如「觀過知仁」及「井有仁焉」之「仁」，皆當作「仁」。如此則文從字順，自不費解』云云。然不可爲訓。又清朝新孝廉赴都會試，路過鄒魯間，夢人引至一處，棟宇巍巍，上書『有子廟』三字。俄召入賜坐，問曰：『汝曉《論語》第二章「孝弟也者，其爲仁之本」與？』孝廉某以常解對。有子曰：『非也。古「仁」與「人」通，漢宋諸儒不識「仁」字即「人」字，將孝弟放在仁外，反添枝節。汝到世間爲我曉示諸生也。』説見潮陽陳蕃《經史辨疑》，愈不足爲訓。

『巧令』章　戒巧令之詞也。上章講『仁』，言愛之理。此章講『仁』，言心之德。下章『巧令』，是粗的對『耻』字説。此章『巧令』，是細的對『仁』字説。須講人心之德方合〔二〕。巧言似論篤，令色似色莊，是此章『巧令』。仁不仁，祇争心之在不在耳。心在内則仁，心在外則不仁。巧令者，心馳於外矣，故曰『鮮矣仁』。

仁者之言色皆動以天，巧令者言色祇徇乎人。動以天則誠，徇乎人則僞。心與形役，世故深則天機淺矣。天人誠僞之間，仁不仁所以判也。

〔二〕 須講人心之德方合　『人』原作『入』，據文意及《朱子語類》卷二〇改。

任翼聖曰：『仁如穀種，乃精華收斂者成，故越收斂越綻足，到得綻足之時，自然有精華發出來。若巧令的人務飾于外，便是不會收花，那穀子便是秕的。』説甚精切，可從。

《約旨》云：『此是戒爲學者使專務内，非爲巧令的人作刺譏也。』認題亦的。

『曾子三省』章　甚哉！有子之言似夫子，故以有子之言次夫子。又何以次曾子之言於此？蓋曾子慥慥篤實，可以繼夫子也。通章『身』字是眼目，三者皆身以内切近之事，所以爲反身守約也。此是曾子就人所易忽者而細察之，正其小心慎密處，不必作張皇語。

王己山云：『開口兩「吾」字煞甚森嚴。身是吾身，日是吾日，若虛度一日即枉負此身。直是一息尚存，此志不容少懈，所以爲自治。』誠切。

陳伯玉云：『三「不乎」謂外面已看得過，人與師友亦信得過，祇是自己有纖毫打不過處便是。』

按人與師友都未信得過，其欺我固甚。即人與師友信得過，而我却不免有欺，則問心更過意不去，而自家受病更深。

三『乎』字輕讀，是説統所云『内省』之『省』，極其嚴密意。重讀，是説統所云『警省』之『省』，極其勇猛意。『省』字，正于『忠』『信』『習』中細細搜尋檢點處，總要抉出不可不省之故方得。

陸氏《經典釋文》：三，色站反。又曰：如字意。似又讀去聲者，如三思、三復之類。然於義不如讀平聲爲得。以章内明明有三項事，如三戒、三愆，皆有三項事以實之也。

《漢・藝文》云：『曾子書十八篇，今亡八篇，尚存十篇，載《大戴禮》。』《大戴禮》載曾子『旦受業，夕而省思，以没其身』，於此可以想見曾子篤實之學爲何如矣。

三『乎』字是『省』字真精神，朱注『有則改之，無則加勉』，將三『乎』字虚字實作也。

古注疏『傳』謂傳之於人，『習』謂習之於己，謂得毋有素不講而傳之於人乎？此亦夫子『温故知新』之旨也。

『道千乘』章 聖門之學，皆本先王之教以爲學，非後世守缺抱殘之學也。古人以此修身，即以此治人，所謂『潔齊』『與萬物相見』也。誠意、正心之事，即道國、使民之事。故學問之功，首講學，繼治論篇章。聖門之學所以明人倫也，故次講孝弟，又次講孝弟言行〔二〕。於是出而與天下相見，故又次講道治民。此章以古人書義大抵講實事，後人因注所存講，不知聖賢論學論政即心，即所以實心行實事也，非若後世心性家談空説元而絶無所事之比〔三〕。章内一層推出一

〔二〕又次講孝弟言行　『孝弟』二字當衍。

〔三〕非若後世心性家談空説元而絶無所事之比　『元』當作『玄』，避清康熙帝諱。

層，此書旨也。至握一字爲主，以之作文尚可，以之講書則不可。『愛人』，『人』字已包得『使民』在内，下又從『愛人』，特提出其至重者言之，曰『使民以時』。『以時』，如『春蒐夏苗、秋獮冬狩』之類，又如『龍見而畢務』。如《周禮》『均人』之職，所謂『用民之力，歲不過三日』，與公旬『豐年用三日，中年用二日，無年用一日』是也。《集解》云：『敬』兼動静，先事而存，因事而見。『事』不專是施于民。『信』則就事之施于民者説，兼政令講。出一政，堅如金石；行一令，信如四時。雖時窮勢極，不無變化之權，而有至誠惻怛之意以與相見。人主一念之侈，足耗萬物之生，故用須節。人主一念之刻，已足傷萬物之和，故人須愛。

又喜事者易荒，持之以敬則不敗〔二〕；畏事者易怠，勵之以敬則常存。總是一個兢業小心，周乎事之前後，徹乎事之始終。《堯典》『欽始』『欽終』，即此意也。

『千乘』説　概自井田之法壞〔三〕，兵車之制廢，學者欲窺其大略，與其旁引他籍臆説妄談，莫如即聖經賢傳及國史所存取爲印證爲尤得也。《論語》『道千乘之國』，何晏《集解》載馬季良之説曰：『道謂爲之政教。』引《司馬法》：『六尺爲步，步百爲畝，畝百爲夫，夫

〔二〕持之以敬則不敗　『持之』後原衍一『之』字，不通，今删去。
〔三〕概自井田之法壞　『概』原作『慨』，據文意改。

三爲屋，屋三爲井，井十爲通，通十爲成成，八百家也。成出革車一乘。』

按成，八百家，田九萬畝，一百個一百里也。積至千乘者，居地三百十六里有奇。惟公侯之封雖大，國之事賦亦不是過也。

包子良説曰：『道，治也。千乘，百里之國也。古者井田，方里爲井，十井爲乘〔二〕。』八十家出車一乘，千乘適百里也。在何平叔以融依《周禮》，咸依《孟子》《王制》義，疑而兩存之，莫敢斷焉。予嘗考古者計里開方之法，方十里者爲方一里者百，爲田九萬畝；方百里者爲方十里者百，爲田九十億畝；方千里者爲方百里者百，爲田九萬億畝。何言之？蓋凡言『方』者，皆四方取一之數，以開方計算，則十里者一百里也，百里者一萬里也，千里者一百萬百里也〔三〕。按，此仍待考訂。

按馬融引《司馬法》之説，言八百家出車一乘，乘七十二人。包咸謂八十家出車一乘，乘百人。融依《周禮》，包依《孟子》《王制》，何晏疑之，趙岐注《孟子》亦謂此義有疑，兩存其説。然究以何者爲是？據實以包氏之説爲合。包氏言百里出車千乘，是備而不用，計其數可出千乘。馬氏云三百一十六里有奇乃能出車千乘，按大國不過三軍，則馬氏之説未

〔二〕十井爲乘　原『乘』字前衍一『成』字，於意不合，今删去。

〔三〕千里者一百萬百里也　疑後一『百』字衍。

合。又《周禮》所云公五百里，侯四百里，伯三百里，子男二百里，以開方之法計之，則侯四百里，四四一十六個百里，乃能出車千乘，若伯、子、男，則不能千乘矣。然考古籍，除《周禮》外，未聞有封四五百里者。以天下形勢推之，又不能容。然則《周禮》，後人僞撰乎？非也。其書經緯萬端，天地民物纖悉互載，蓋周公竭平生之精力，正所謂仰而思之，夜以繼日，坐以待旦，欲爲周家致太平也，但殫一人之力推算，偶有未盡處耳。而或者曰：『孔子、孟子，周人也，何以絶不引此書？』曰：『《周禮》一書，周公作而未行之書也。』

何以見千乘爲百里之國？考《震》卦『震驚百里』，震，振也，雷之鳴聲震百里，故侯之治亦地百里也。又子路『千乘之國』，千乘大國即百里之國也，下而求方六七十、五六十，則千乘爲百里明矣。又曾子『可以寄百里之命』，孟子『公侯方百里』，又齊、魯『皆儉於百里』，則千乘爲公侯大國無疑。至如《司馬法》謂『一乘甲士三人，步卒七十二人』，至宋人王次點、唐杜牧之又加號二十五人。又有炊家子十人，守衣裝五人，厩養五人，樵汲五人，爲一百人。按鄭康成引《司馬法》，言『一乘士十人，徒二十人』，此當周盛時莫不皆然，考諸各書所載可見。《書》：『武王伐紂，革車三百兩，虎賁三千人。』虎賁即士也，與『士十人』之説合。《詩·閟宫》『公車千乘』『公徒三萬』，又與『每乘三十人』之説合。或以鄭康成作《詩箋》謂『公徒三萬』，亦不止三萬，當日魯有三軍，應三萬七千五百人，言三萬者，舉成數也。不知《閟宫》一詩，頌僖公之詩，詩人鋪張揚厲，極言僖公懲伐荆楚聲勢，如果三萬七千人，則必書四萬矣，安有書少者？蓋亦極其盛至三萬耳。又《左傳》，衛爲狄所滅，齊出車三百乘、甲士三千人以戍漕，則計士與《司馬法》十人之説合，更無可疑。至若《管子》作連鄉軌里之法，每乘五十人，及考其出車千乘有士三萬人，實亦未嘗五十人也。大抵每乘三十人，亦祇用于蒐苗獮狩之時；至于兵車，并不用三十人之多；若七十人、百人之數，古人原無此法。

又《國語》『革車八百乘』，有士三萬。六軍之制，用六卿之衆，爲數七萬五千人。《左傳》成同，不過半天下之軍，諸侯之大者三軍可也。按成公十一年作三軍，可知僖公時未嘗有三軍，蓋止二軍耳。

考《司馬法》，六尺爲步。古人舉一足爲武，武三尺；舉兩足爲步，步六尺。古一尺即今六寸二分五釐。

包氏方里而井，九百畝八家。十井爲乘，計田九千畝八十家。十乘，計田九萬畝八百家。百乘，計田九百萬畝八千家。千乘。計田九萬億畝八萬家。

古百畝長百步，計六百尺，横六尺，得今畝六十畝。復以今尺折古尺，古百畝實今畝三十七畝五分。

《刑法志》：四井爲邑，四邑爲邱。十六井。八家，一百二十八。九家，一百四十四。『四邱爲甸。』六十四井。八家，計五百一十二家。九家，計五百七十六家。

班固《漢書・刑法志》〔二〕：《司馬法》：『畝百爲夫。』是一頃長闊俱一百步。『夫三爲屋。』是三頃長一百步，闊三百步。『屋三爲井。』則九百步長闊俱一里也。『井十爲通。』通八十家。『通十爲成。』成八百家。按此爲古司馬之法，今兵法乃齊景公師穰苴所作也〔三〕。

朱子謂井田是漢儒硬造算法，若論其實，田可井則井之，不可井則截長補短。有百畝之地即可授一夫，有二十五畝之地即可授一餘夫，此方田之法所以列爲九數之首，原不必盡其地而井之，盡其井而方之也。今之積步法即古之方田法。東與西井而折半，南與北井而折半，則不方者皆方矣。若謂古之井無不方，則方田一數又安用哉？

按天下六軍，《詩》言『其軍三單』。魯有二軍，而《頌》言『公車千乘』。此又一軍五百乘之明證。

按孔廣森《公羊通義》及《大戴記注》皆云一軍五百乘，以一軍萬二千五百人分配之，五師爲軍，師二千五百人，車百乘。五旅爲師，旅五百人，車二十乘。五卒爲

〔二〕按，下文所引内容見於《漢書・食貨志》。

〔三〕今兵法乃齊景公師穰苴所作也　『齊景公』原作『秦景公』，據《史記》卷六四《司馬穰苴列傳》改。『師』似爲『時』之誤。

旅，卒百人，車四乘。四兩爲卒，兩二十五人〔一〕，車一乘。《召南》『百兩御之』，諸侯親迎，君行師從，故車百兩。《韓奕》章亦然。此一師車百兩之明證。

『弟子』章　此章重童蒙之教也。《翼注》云：『著意在「弟子」二字。』年華方盛，聰明日啓，易以上達者弟子也。見解未定，情識漸開，易以爲非者亦弟子也。故弟子不可不知趨向，爲父兄者教弟子，尤不可不知所培養，主意在此。

論通章三『則』字緊緊呼應，無片刻放過，兩『而』字却有相須意在。開口言弟子，則『孝弟』二字爲尤重。故陶氏『弟子入則孝』二句題文：『以天屬發其天良，稱子稱弟，正其始也。始正則無不正矣。以人道定其人事，入孝出弟，端其本也。本端則無不端矣。』其論最老當。

注『文，藝末也』，誤甚。觀本文『則』字，夫子固不以文爲末也，且子之四教，首重文，又教顔子不外博文，可知文非末務。

古注『文，古之遺文』，朱子改之爲『《詩》《書》六藝之文』。六藝見《史記》，謂《詩》《書》《禮》《樂》《易象》《春秋》也。

『賢賢』章　此章明道救世之言也。春秋時，學者徒慕聲華，子夏特提出『學』字，真

〔一〕兩二十五人　此句前衍一『卒』字，根據前後文意删去。

面目以示人也。中四項皆以『誠』字作骨，一『易』字、兩『能』字、一『有』字，衹是一『誠』字底意思。一『誠』貫澈于人倫之間，真知而力行之，是之謂學。

末二句爲開合之詞，《集注》吴氏曰：『子夏之言，其意善矣。然詞氣之間抑揚太過，其流弊將至于廢學。』此方隅之見也。《約旨》曰：『此爲學而不盡倫者發。言人于人倫不能盡其誠，雖曰已學，吾必謂之未學矣。』此説得之。蓋子夏謂能如此則必謂之學，不如此則必不可謂之學也。

讀此，知子夏益矣。删六經始于孔子，發明章句始于子夏，子夏固接孔子文學之傳者也。人情是甘而非辛，是丹而非素。乃子夏以文學之人而尚篤實如此，非益而何？

『賢賢易色』，孔安國注：上『賢』，好尚也；下『賢』，謂有德之人；『易』，改也；『色』，女色也。一解。

皇侃《義疏》引一通一通猶言一部云：『上「賢」，尊尚也；下「賢」，賢人也；「易」，改也；「色」，顔色也。謂尊尚賢人，改容以禮貌之也。』程子《遺書》亦主是一説。

《漢書》『藝文志』『李尋傳』：少微在前，女宫在後，聖人憲天。

《漢書》原『太微四門，開通大道。少微處士，爲毗爲輔，故次帝庭。聖人象天，賢賢易色』〔一〕。顏師古注：『賢賢』，謂『尊尚賢人』；『易色』，謂『忽略女色也』〔二〕；『易』讀易。以豉切。不如朱子所取何氏注爲佳。《外注》吴氏之説謬甚，不可以不辨。

『不重』章 此章以『君子』兩字冠頭，則責備自不容少寛之意。通章講解家有握重『忠信』爲主，作文家或以『學』字冠，皆非正論。首節『重』兼生來學來的。《松陽講義》：『學必沈潛而後固，不重則浮。學必鎮静而後固，不重則躁。讀書窮理之功，既隨得而隨失。省察克治之念，亦乍密而乍疏。』其詮發亦甚透闢。

次節『忠信』，所以進德也，凡事須憑此造根基。『主忠信』即是人有基，勿壞處。游氏曰：『譬之欲立數仞之墻，而浮埃聚沫以爲基〔三〕，亦没世而不能立矣。』可云切喻。

三節『友』字，非言外便有誅心之法。友不如己者，不過演己之才能，炫己之德業，所謂臨深以爲高也。是『友』字，友於心也。

末節即《易》：『風雷，益。君子以見善則遷，有過則改。』即此『則』字之義。『學則

〔一〕此條出自《漢書》卷七五《李尋傳》，原文作『太微四門，廣開大道。五經六緯，尊術顯士。翼張舒布，燭臨四海。少微處士，爲比爲輔。故次帝廷，女宫在後。聖人承天，賢賢易色。』

〔二〕忽略女色也 《漢書》卷七五《李尋傳》顏師古注作『輕略於色』。

〔三〕而浮埃聚沫以爲基 『埃』原作『垓』，據游酢《游廌山集》卷一《論語雜解》改。

不固』句，孔安國注，『固，蔽也』，何晏《集解》引時人之説，『言君子當須敦重，不敦重則不威嚴』，爲一節。『又當學先王之道，以致博聞强識，則不固蔽也。』

按哀公問曰：『寡人固。不固，焉得聞斯言也？』又《禮記》『輟朝而固』『君子謂之固』，又孔子『疾固也』，『固』皆主蔽錮解。然究不如朱子注爲妥。

鄭康成注：『主，親也。』不失其親，所以可宗也。則『主忠信』指人之忠信。

『無友』句，古注謂『無以忠信不如己者爲友』也，本此意，我不友不如己，人亦不友不如己，天下何復有友道？然則何以言之？蓋友也者，友其德也，心與之相友也。考之古可見。《漢書》：大司徒侯霸字君房，欲與王丹爲友。一日，霸子遇王丹于路，霸子下拜，丹亦下拜。霸子曰：『君不嘗與家大人爲友乎？何下拜也？』曰：『向者君房嘗有是言，但丹心未嘗與之也。』友不如己，總是加少以爲多，臨深以爲高，用烘雲托月之法以表己之長也。《書》曰：『有其善，喪厥善。矜其能，喪厥功。』有此一念也，必不可與入堯舜之道，故聖人爲學者深戒之。鄭康成曰：『同門曰朋，同志曰友。』是以心相許爲友。《禮記》：『執友稱其仁也，交游稱其信也。』古人已有分別。

『慎終』章　『慎終追遠』，皆所以明『厚』也。維民生厚，因物有遷，後世相趨於薄而不知返矣。上果喪盡禮，祭盡誠，下觀而化，民亦『歸厚』矣。『歸』如『久客歸家』之『歸』。

注疏，邢昺《正義》曰：『此章言民化君德也。』朱《集注》以『禮』字、『誠』字易初注『哀』字、『敬』字，精甚。『愼』之云者，蓋於哀之中中乎禮。禮如三日而殯，凡附於身必誠必信，勿之有悔焉。三月而葬，凡附於棺者必誠必信，勿之有悔焉。事事親自檢點，不委之旁人，務愜一心之安，斯之謂愼也。何以祭貴盡其誠？蓋父母見背之後，已有幽冥之殊、天人之隔，况溯而上之，至于祖考，非誠摯，其心何能從千百十年以後，以一心上追而來格耶？故必僾如見，愾如聞，真有洋洋如在之誠，而後追格之也。

『子禽』章 通章以子貢之言爲主，子貢之言又以『夫子温良』句爲主。注：『五者，夫子之盛德光輝著於人者也。』

子禽意在疑夫子之求，故子貢不答。『其』『與』字，下節『求』字，所謂『求在内』『求在我』者也。『求之與』，勿説得太儱頼，須緊切夫子身分。所謂非諂也，爲道屈也。欲屈身以行道，不得不出于求矣。

『温良』句專指接見時君言，故有春温，無秋肅。凡威厲等語着不得，宜單就和氣便講。《集注》『敬信』二字最透，敬則不忌，信則不疑，邦君直是相忘于畛域之嫌。故夫子得知其政，直如自己知自己政一般。謂之『與』則權在邦君，謂之『得』則權在夫子。德容上此〔二〕，亦子貢言語妙天下也。

〔二〕德容上此　『此』，似當作『比』。

五者，有一齊發出處，有各得其當處。在子貢却又有形容不出、指數不盡一段光景。『儉』即《易》『儉德以避難』之『儉』。蓋抑然自下、欿然不足之度也。如『文子退，若不勝衣』是也。

『其諸』語辭，蓋當時之語辭也。按《公羊傳》桓公九年九月丁卯子同生，《傳》曰：『其諸以病桓歟？』閔元年齊仲孫來，子女音汝子曰：『以「春秋」爲《春秋》，齊無仲孫，其諸吾仲孫歟？』又宣公五年，『其諸雙雙而俱至者歟？』又哀公十四年，『其諸君子樂道堯舜之道歟？』『雙雙之鳥，一身二首尾，有雌雄，隨便而偶』，故以爲偶[二]。

『父在』章　此章見孝子不忍忘親之心也。『無改』處就是不忍之心所形。『孟莊子』章重在不湮先德，此章重在不彰先失。『三年無改』，非終不改，第緩緩而改，不可亟亟而改，即謂之無改可也。按此衹握定《外注》，不忍作骨。蓋孝不孝，衹論心之忍不忍。若是心急欲改，姑隱忍以俟三年，則未改者其迹，忍改者其心。如不得已，但當至誠惻怛以改之，即不俟三年而急改者其迹，不忍改者其心也。

宋葉水心以『父在』二句作引，『無改』句作斷，其句讀合下『父之道』八字爲一句，

[二] 故以爲偶　據《公羊傳注疏》卷一五，『偶』似爲『喻』之誤。

言子事父之道〔二〕，終三年之喪如一日也。《朱子語類》亦引之。大抵此章『無改』，總視其事爲何如。若關家國之利害，社稷之興亡，又以能改爲孝。聖人之繫『蠱』可見。『初六：幹父之蠱，有子，考无咎。』周公已明示其意，而夫子又申之曰：『幹父之蠱，意承考也。』『九二：幹父之蠱，小有悔，無大咎。』夫子曰：『終無咎也。』『六五：幹父之蠱，用譽。』子曰：『幹父用譽，承以德也。』古人所謂『無咎』，夫子所謂『用譽』，譽者何？在承考也。承考何譽？譽其承其意，承以德也。嘗觀宋代紹聖之事而慨然矣。英宗四年崩，神宗繼立，熙寧十年又改元豐，八年間急于求治，以呂公著知樞密院事，又起用馮京，罷章惇。至八年三月，帝疾，詔立延安郡王傭爲皇太子，賜名煦。帝崩，煦即位，爲哲宗。時宣仁太后高氏所謂『女中堯舜』即此垂簾代政，改召用司馬光。是時，天下之民引領拭目以觀新政，而議者猶謂『三年無改于父之道』。光曰：『先帝之善者，雖百世不變可也。若王安石、呂惠卿所建爲天下害，非先帝本意者，改之當如救焚拯溺。況太皇太后以母改子，非以子改父。』其時衆議稍止，而立説實未善。至元祐元年九月，光病革，或謂之曰：『熙豐舊臣多憸巧小人也，他日有以父子之説間上，則禍作矣。』光正色曰：『天若祚宋，必無此事。』雖當日已將害民之新政剗革殆盡，而『以母改子，非以子改父』之言，已伏紹聖之禍矣。盍亦『意承

〔二〕言子事父之道　『子』原作『于』，據前後文意改。

考』之言爲之圓轉乎？當時能知此意而稱善解人者，惟一東坡。其革惠卿謫詞：『始以帝堯之仁，姑試伯鯀；終以孔子之聖，不信宰予。』蓋奉敕作也。又作《司馬光神道碑》：『二聖之知，知之于同。先帝之知，知之於獨。』其處處抬高先帝，即《易》『承考』之意，而憸壬不得以謗誹爲詞〔一〕。迨元祐八年，太后高氏崩，紹聖元年廷試發策，有黜元祐之政而復熙寧、元豐之意。蘇軾上疏力諫，致鄧潤甫、楊畏、朱光庭之流大興紹述之論，而宋社於是幾屋矣。

按哲宗元祐元年，司馬公、呂公入相〔二〕，召蘇軾爲翰林學士，以程頤居經筵，天下以爲幸。至九月司馬公薨于位，哲宗臨於其家，程子以爲今日郊祭，不可以哭。當時東坡笑曰：『伊川讀書不熟至於是。子於是日哭則不歌，未聞子於是日歌則不哭也。』後程子門人朱光庭力爲師門報復，值元祐十二月考職館〔三〕，東坡主發策，遂以軾毀謗先帝，爲臣不忠。迨呂惠卿、張商英輩本其説，以排斥元祐諸臣而爲一網打盡之計矣。夫光庭不足責，獨以伊川盛德，當時何不出一言止之？伊川迨亦不能無過。

『禮之用』章　見有子維禮之深心，重首節『禮之用和爲貴』六字。蓋此六字已道盡無

〔一〕而憸壬不得以謗誹爲詞　據上下文意，『壬』或當作『巧』。

〔二〕司馬公呂公入相　據《宋史》卷一七《哲宗本紀》，『司馬公呂公』表述爲『司馬光呂公著』。

〔三〕值元祐十二月考職館　『元祐』原作『乾元』，據《宋史》卷三三三《朱光庭列傳》改。

餘，下不過完其意耳。有子見周末文勝，行禮者專事繁文，以爲先王制禮，不敢不至焉，豈知禮之用，固和正可貴也，如是而心始安，不如是而心不安的，就是『和』。下節深有見其繁曲之極，後必有反其道以行之者，故有『知和而和』之説，以防其變。

按，禮雖極嚴謹，却是手舞足蹈以赴之，是之謂『和』。衹是注中『自然』意。蓋莫和于自適其性，而禮則循乎性之所甚安，而使之咸若其性。亦莫和于自得其情，而禮則達乎情之所難已，而使之各暢其情〔一〕。又須知禮中自然有個從容不迫，不是有禮後更添一個從容不迫。可見即禮即和，不得於禮外求和，故禮無不可行。若於禮外求和，即是知和而和矣。

次節。此節明受病在『而和』一『而』字，『不以禮節』一『不』字。『而』字是他心裏一於和，『不』字是他心裏一味流蕩而不顧。『亦』字跟上節來，彼知繁文拘苦不足爲禮，遂流蕩是從，知非禮之禮不可行，而不知非禮之和亦不可行也。

按，『而和』如《老子道德經》『地法天〔二〕，天法道，道法自然』，此所謂知和。『失道而後德，失德而後仁，失仁而後義，失義而後禮。禮也者，忠信之薄〔三〕，而亂之

〔一〕而使之各暢其情　『暢』原作『暘』，據文意改。
〔二〕地法天　『地』原作『聖』，據王弼注本《老子道德經》改。
〔三〕忠信之薄　『薄』原作『僕』，據王弼注本《老子道德經》改。

首也。』又如原壤『不衣冠而處』〔一〕，與後世謂『禮爲桎梏之具』，又謂『禮豈爲吾輩設耶』？皆所謂『知和而和』者也。

『信近』章　見君子慎終于始，永終知敝也。三者合下，便當及早思量，到無弊處。慎始慮終，不分兩件。於始而慮其終，則不敢不謹矣。『可復』『遠耻』『可宗』，是心上如此斟酌，即注中『慮』字不到後日纔知之。注『因仍苟且』四字，衹一『且』字，其始曰『且如此』，其後有不勝悔者矣。

『無求』章　通章是摹寫君子之好學。『好學』二字是題眼，『君子』二字是提起，下『無求』『慎敏』『就正』，皆好學真神理。注『志有在』，不是志在敏慎，蓋志在學也。學之何？學爲聖人也。其『敏慎』處，所以盡學之大端。其『就正』處，亦正其所爲之學也。注『然猶不敢自是』四字最妙〔二〕，正『就』字真精神，人苟自是，則須日見有道之人〔三〕，必不能從此勘出自家毛病來。須實有此抑然自下之心，方可就這裏細細取正，細細磨勘，故就處正是真髓。

〔一〕又如原壤不衣冠而處　根據《論語義疏》《說苑》等書記載，『不衣冠而處』者爲桑伯子，非原壤。
〔二〕注然猶不敢自是四字最妙　按『四』當是『六』之誤。
〔三〕則須日見有道之人　『須』似爲『雖』字之誤。

『貧而無諂』章　此章着眼『不自足』三字。上節『何如』一問，子貢幾沾沾自足矣。迨夫子以『未若』之説告，而子貢皇然不敢自足矣。曰『如切如磋』云云，是子貢固知義理無窮期，即學問無止境，因處境悟之，不以處境拘之。子曰：『告諸往而知來。』與之也，與其不自足也。

首節，子貢兩『而』字，黏定貧富説。夫子兩『而』字，脱開貧富説。正見離了貧富，這樂與好禮自在，即值了貧富，未嘗添些子。此蓋出於性情學問，而貧富不能解也，則貧富之迹亦化矣。

次節，此節脱上則觸發無端，黏上則會心不遠。因斯而推，凡學問之功都是如斯。子貢當日正似舟行，若迷忽又無際，恍然躍然，恰得《詩》《書》爲之寫照，故下節夫子以告往知來與之。

此『切磋』二句，與『大學』章異，『大學』兼引緒之義，此專主求精。

三節説統云『知來』一語，不是夫子贊揚子貢，乃鼓舞子貢得解。

毛西河言，在東海公座上，翰林某入直，制表獻頌，中有『貧樂好禮』四字，自以爲不妥，思改易之。從旁者曰：『何不用《禮記》？』清高宗曰：『盍用原書？《史記·弟子列傳》與東平王蒼所著論書俱作「貧而樂道，富而好禮」。』遂定爲『樂道好禮』。是亦見高廟聖學之博。

又乾隆十四年，上將御製詩三十卷交沈德潛刪訂，潛改御製《覺生寺大鐘歌》『桀章』字爲『榮國』，上曰：『「榮國」係姚衍封號，朕用「榮章」，蓋本錢穀《遺書》之「榮章」。』榮章，黃帝鑄鐘人也。孔安國注亦作『貧而樂道，富而好禮』，皇侃《義疏》本亦作『樂道』。又《文選》稽康《幽憤詩》『樂道閑居』，李善引《論語》注『貧而樂』句。漢晋以前，原書本有『道』字，後人特刊漏此字耳。

又唐石經『貧而樂』旁增『道』字。按唐石經，今僅存上四篇、下四篇，中缺十二篇。

『不患』章 須認本章『己知』『知人』四字，方不與別章混。

己山云：『不知人，由於未嘗知人窮理，是「可患」前一層。不知人，并無以親賢遠佞，是「可患」後一層。窮不知人，則誤於學術。達不知人，則誤於治功。』蘇東坡曰：『道不明，講習可明。德不立，勉强可立。惟知人之明關於天事，必不易得，惟無欲近之。』

神鳥有欲，爲人所中。

無欲要克己，無欲要存誠。

不知人，如司馬光薦王安石，劉忠介用吴昌時，胡文定薦秦檜，劉大夏薦張璁。又如寇準薦丁謂，李沆不用，至作色以薦之。此俱是不知人的。又司馬文正罷新法，限五日俱徹，縣尹俱以爲不能，獨蔡京能之，温公遂以奇京，而京因以大用。

諸葛武侯曰：『委之以事，以觀其智。試之以難，以觀其勇。期之以成，以觀其信。臨之以財，以觀其廉。』

李克論相：『富視其所交，貴視其所舉，貧賤視其所耻，窮視其所不爲。』又東坡曰：『觀人者不觀於其所矜，而觀於其所忽。故人能擲千金之璧而不能不失色於破釜，所謂觀於其所忽也。』

八佾第三

邢昺《疏》：『前篇論爲政之善，莫善禮樂。禮以安上治民，樂以移風易俗，得之則安，失之則危。故此篇論禮樂得失也。』

梁朝皇侃《疏》：『編名不稱「季氏」而稱「八佾」者，明季氏之僭而正禮樂之用也。』其說合否？曰：『不合。』蓋《論語》乃門人所記，無筆削於其間。然則稱『八佾』者何？曰：『下有「季氏」篇，不可重書之也。』

『謂季氏』章 記者因夫子之言，先代夫子下注脚，曰『孔子謂季氏八佾舞於庭』，所以寒奸臣之膽也。奸人之僭竊必有由致，『忍』字是誅其惡心，『孰』字是終其所極。

八佾，每佾八人，見於杜預之説。每佾人數如其佾數，見於何休《集解》。兩説以杜元凱之説爲長。按《左傳》：『鄭以女樂二八賂晉，晉侯以一八賜魏絳。』可知佾是八人，且舞所以節八音，鄭玄云：『金，鐘鎛也。石，磬也。土，塤也。革，鼓鼗也。絲，琴瑟也。木，柷敔也。匏，笙也。竹，管簫也。』所謂八音也。而行八風也。服虔云：『八卦之風，乾音石，其風不周。坎音革，其風廣莫。艮音匏，其風融。

震音竹，其風明庶。巽音木，其風清明。離音絲，其風景。坤音土，其風涼。兑音金，其風閶闔。』所謂八風也。使不滿八人，何以節八音、行八風也？愈知每佾果八人矣。『孔子謂季氏八佾舞於庭』十字爲句。

魯自昭公之世僭用八佾，故降自季氏亦八佾。『舞於庭』，古人歌升於堂上，舞降於堂下。庭，堂下也，故曰『舞於庭』。

自古奸人包藏禍心，推及君親，皆一『忍』字爲之。孔子誅其心曰：『是可忍也，孰不可忍？』極盡其權勢，直似秦鏡高懸，悉見其肝膽。

按，『是可』二字，説得重大。『不可忍』句，不見危悚。若説得微小，則『孰不可忍』句，語意雖接得上，而舞佾亦非微小之事，於理有礙，兩者俱未合，不如將季氏舞佾之心原出季氏。所以舞佾者，不過欲悦人觀聽，非有所不得已也，然且忍心害理如此，天下悖逆之事皆忍之，一念爲之也，孰不可忍也？如此，語意似合。

『三家者』章　方桼如謂上章大聲疾呼，聖人怒駡之詞也。此章微言婉刺，嬉笑之詞也。定襄之世危而不亡，實賴夫子之言有以維之。

《雍》詩非徹詩，三家直以徹耳，觀詩言無一及徹事可見。

因本詩中有『辟公』字，特言出來，使之自想，絶不斥言其僭，而名義肅然，而微言婉諷，令三家索然意沮。

『奚取』二字重，而『三家之堂』四字尤須著眼。任云〔二〕：『朱子以爲武王祭文王之詩，至於《詩序》則謂「禘太祖」，但詩衹言列考、文母，并無一言禘嚳、后稷，似非也。』疑是。魯以禘禮祀周公，而推本文王，遂假此詩以爲禘祭之樂，而後儒因誤以爲禘太祖耳。

『人而不仁』章 跟上兩章言禮樂。雖外面聲歌揖讓似甚排場，而禮本人心之序，樂本人心之和，不仁之人不勝其混淪，不勝其乖戾，如禮樂何？

此章與『禮云』章同一樣子看，但彼是唤醒騖名者，故詞緩而味長；此是警責僭妄者，故氣嚴而詞厲耳。

『林放』章 此章記於歌《雍》舞佾之後，編書者其有微意乎？當周末文勝，行禮者但求美觀，不求實意。其始鐘鼓玉帛，逐末者不知其本，徒爲耳目之觀。迨流弊既深，舞佾歌《雍》，僭越起焉。此記者所以編次於此之微意乎？

『戚』，内心之戚，屬性情講。然以『儉』字對『戚』字，則『儉』字亦當屬性情講方合。『温良恭儉』，注：『儉，節制也。』則此處『儉』字亦須照前注解爲是。

『本』字，『本始』之『本』，非『本根』之『本』。本根主心上講，本始主行事上講，故須分别。

〔二〕 任云 『任』當指任啓運，字翼聖，號釣臺。

兩『與其』『寧』字，與『不孫』章迴別，此是實實指出禮之本實是如此。緣『奢』『易』正當時受病處，乃其所以去本愈遠也，故於『奢』『易』對面轉出『儉』『戚』，深明其本旨。祇如此而因本以求全，特由是而之焉耳。講章竟將『寧』字作『姑取』之詞，則非正言禮之本語氣矣。

又禮從心出，其始祇有儉、戚，故儉、戚爲禮之本。

林放，注作魯人，按文翁石室圖像列林放、遽瑗於兩廡之首，在前人必有所見而爲是也。朱子《或問》：『養生不足以當大事，惟送死可以當大事。』問於朱子曰：『人子執親之喪，一味哀戚，可乎？』朱子曰：『爲人子者當斯時，要忍痛片時，親自向前，每事一一檢點，必洽人心之安，不能委諸旁人也。』

文翁爲蜀郡太守，爲禮堂。按，文翁，漢初人。鄭康成，東漢人。明代信康成後起之言，捨文翁所祀之列，去林放，妄。至清代復之，宜也。

『泰山』章　朱子謂『進林放以勵冉有』，其説得之矣。

季氏自知積惡日深，僭竊日甚，而求所以行諂於泰山也。旅泰山與歌《雍》舞佾意自不同，蓋僭越與求媚，心固殊也。

自來奸人當客氣盛時〔二〕，滔天之禍，天地鬼神爲之污衊。及氣焰少熄，覺難逃冥譴，不勝震懼，由是無形而爲有形，無象而爲有象，而媚禱之心生焉。季武子立武宫，季平子立煬宫，皆曲行其媚於鬼神，而季氏此旅猶是意耳。後世魏武帝將殁，祭躍龍池。唐武三思最剛戾，居恒言：『我不知誰爲君子，誰爲小人，附於我者爲君子，背於我者爲小人。』及其老，設道場三日以自禱。明嚴嵩老時，設七日齋場，追祭所被其害諸臣，又當臨死時，追祭七臣。亦此意也。

『救』字甚妙，見得季氏世濟其凶，莫之救藥也。後泰山之旅不載於《春秋》，未始非夫子之言有以救之也。與奸人講不得道理，總以利害動之。將伐顓臾，必講到『吾恐季孫之憂不在顓臾，而在蕭墻之内也』，此章亦然。

『旅』，因事而祭之名，如《書經》『蔡蒙旅平』『隨山刊旅』是也〔三〕。季氏因甚事而旅？其自危之心即其欲旅之事。

不曰『止』，不曰『諫』，而曰『救』，蓋僭竊之罪深，即死亡之事迫也。

救非祗救其惡也，亦以救其亡也。

〔二〕自來奸人當客氣盛時　疑『客』字有誤。

〔三〕如書經蔡蒙旅平隨山刊旅是也　『隨山刊旅』，今本《尚書》未見，但『禹貢』篇有『隨山刊木』『九山刊旅』，或爲混用。

『曾謂泰山不如林放』句，放猶知問禮之本，豈泰山受非禮之祭？蓋鬼神雖幽，不外乎理。人心有所不安，而謂神安之乎？言神不享非禮之祭，雖旅亦無益也。季氏所畏者鬼神耳，夫子即以鬼神之靈爽惕之。

『無争』章　此章明君子之無争，以戢當世陵競之風也。『君子無所争』一句盡之，特於無争求其争，又於争而明爲君子之争，以見君子實無所争。『無所』字，從旁看出。

任翼聖謂：『舉君子以風世。』其立論固泛，而按之時世，亦甚不合。且章内明有『君子無争』字，則夫子立言之意已可想矣。蓋春秋之季，士大夫皆心競而力争，故舉君子之無争以風之也。無争故成爲君子，然何以能無争？平日有正心養氣之學也。然則曰『君子無争』足矣，何以復下一『所』字？蓋夫子胸中有『射乎』一段議論，故著『所』字。『所』者，統計悉數之詞。

射何以有争？射分耦，射分黨，又分勝負，勝張弓，負弛弓。又有飲以示賞罰，勝者在堂上，負者在堂下，以受飲爲罰，萬目睽睽，情何以堪。夫『揖』固禮文也，凡射者誰不揖？而升揖，而下飲，豈獨君子爲然？而夫子曰：『其揖也，即其讓也。』讓者不争，安得以争疑君子哉？争者不讓，何妨以争目君子哉？其争也君子，如此語氣方合。

《左傳》，范文子戰勝而讓其父，武子曰：『吾知免矣。』

叔向曰：『心競而力争。』即此一語可見春秋世風矣。

孟之反不伐，夫子欣然舉之以爲法，所以平人心之險躁，息世道之囂陵也。

陸氏《經典釋文》『揖讓而升下』作一句，『而飲』一句。讀古注，確謂：『射於堂，升及下皆揖讓而相飲。』朱子作『揖讓而升』一句，『下而飲』一句，本於鄭康成。

『巧笑』章　此見聖人維禮之心也。常説前『子貢』章因論學而悟《詩》〔二〕，此章因論詩而悟禮。其説太泥，以之作文則可，以之講書則不可。『巧笑』二句，坐實一美質，即下『素』字。若將『素』字一頓，則下截自了然矣。子夏惟將『素以爲』三字讀得太滑，故疑其質廢文也。

素，美質，所謂『淡妝濃抹總相宜』。

次節釋詩之妙，祇著一『後』字，而『以爲』二字意便了然。又初時本無成見，既答後却有會心轉關，祇在一『後』字。夫子即『素』『絢』之旨，以『後』字指點之，而『素以爲絢』之説明矣。然不過就文論義，而未嘗他有所及也，而子夏憬然悟矣。此説有合於夫子維禮之本旨，故夫子與之曰『起予者商也』云云。蓋人平日有如是之心，忽得自無意之中，而與吾心相合，其喜可知矣。

注疏『繪事後素』與『禮後乎』不同講。鄭康成曰：『繪，畫文也。凡繪畫之事〔三〕，先布采色，後以素分布其間，以成其文。喻美女雖有倩盼美質，亦須以禮成之。』故孔穎達

〔二〕常説前子貢章因論學而悟詩　『常』似當作『嘗』。

〔三〕凡繪畫之事　原『凡』後衍一『繪』字，據《論語注疏》卷三及文意删去。

《疏》謂：『孔子以素喻禮，子夏聞言即解其旨，曰：「禮後乎？」』是注疏以倩盼之容當絢，以禮當素，絢爲質地，素爲人力。其説與朱子適相反，由鄭氏解『繪事』句不同故也。

『夏禮』章　此嘆二代之禮不能與周禮并傳也。『爲下不倍』，義當從周而追古以貽後，亦儒者所有事。杞、宋既無徵，夫子何從學之？任翼聖曰：『夫子於七十二君見人多矣，更以聖人聲入心通，因端可竟委，因偏可究全，會悟獨深，故曰：「吾能言之。」網羅舊聞，百世下追溯百世以上之事，苟無其徵，則適以滋來世之口實。故夫子雖能言而不言也。』此蓋夫子晚年道不行，叙禮正樂時語。『文獻』二項，儲中子兼朝野説，義正賅備。

『禘之説』章　此章嘆魯之失禮也。論説有一時訛舛，傳之千百載而莫悟其非者，良可慨也。朱子《集注》用趙伯循之説，曰：『禘，王者之大祭。王者祭其祖之所自出，而以始祖配之。』又曰：『成王以周公有大勛勞，賜魯重祭，故魯禘以文王爲所出之帝，而周公配之，然非禮矣。』斯説也，伯循亦以臆見測之，然於古無徵，遽以非禮目之，恐古人不任受也。伯循將援《竹書》成王十三年，『夏六月，大禘於周公廟〔一〕』爲據乎？抑《竹書》不足據也。何言之？既成王十三年魯大禘於周公廟，又言平王十

〔一〕大禘於周公廟　據《竹書紀年》卷下，此句前闕一『魯』字。

四年，『魯惠公使宰讓請郊禘之禮，王使史角如魯止之』。夫成王既賜平王，何用止之？是平王止之，則成王未嘗賜之明矣。然則魯之禘何自來也？劉氏《意林》據《呂覽》謂：『惠公請於平王，於是始得用之。』汪克寬曰：『桓、文二伯輔翼襄王，其功甚巨，不過賜命君氏受策而已，豈魯惠無功而遽賜之禘乎？』[二]今閱《稽古日鈔》，《春秋》隱、桓、莊、閔無書『郊』者，即書『禘』，亦止始于閔公二年『夏五月乙酉，吉禘於莊公』。《左傳》：『夏吉禘於莊公，速也。』《公羊傳》：『其言吉，何言吉者？未可以吉也。曷爲未可以吉？未三年也。』《穀梁傳》：『吉禘者，不吉者也。喪事未畢而舉吉禘，故非之也。』則此書之主皆升合食于太祖，其所謂陳毁廟、未毁廟之主于太祖之前者，不在于未祭之時，而在于既灌之後。考古人祭禮，致齋三日，散齋七日，祭之日以玉瓚太圭酌鬯灌地以降神，是灌始事也。所謂『灌』，『盥而不薦，有孚顒若』時也。後三獻腥、三獻熟，至越日繹祭而賓尸，而祭始畢。又考古人宫室有門、屏、階、堂、户、牖，門之内屏，屏之内階，即今之石級，但古分東西階，非若後世之一連者。階之内堂，堂之内户。户在南之東，于西設一牖，故西北便爲至深至静。列祖之位，太祖東向，父南向，南至明，故曰昭，子北向，北至暗，故曰穆。此昭穆所由分也。何以言躋

［二］按，所引汪克寬語節選自汪氏所撰《春秋胡傳附録纂疏》卷二《隱公中》，文字有异。

僖公爲逆祀？文公二年『八月丁卯，大事于太廟，躋僖公』。《公羊傳》：『躋者何？升也。何言乎升僖公？譏逆祀也。』又《魯語》：『將躋僖公，宗有司曰：「非昭穆也。」』夏父弗忌曰：「我爲宗伯，明者爲昭，其次爲穆，何常之有？」』遂躋僖公。躋者，躋於閔公之上也。躋僖公，何以言亂昭穆？借言之也。夫禘義，審諦尊卑。閔公雖弟，君也。僖公雖兄，臣也。亂君臣之位，即無異亂昭穆之序矣。又按，漢何休注《公羊》『躋僖公』傳曰：『升，謂西上禮。昭穆，指父子。近取法《春秋》，惠公與莊公當同南面西上，隱、桓與閔、僖亦當北面西上，繼閔者在下。文公緣僖公于閔公爲庶兄，置僖公于閔公上，失先後之義。』『是知閔當在僖公上，今升僖先閔，故云逆祀。二公位次之逆，非昭穆之逆也。』以是知『亂昭穆』一語，《左傳》不過借言。或曰：升僖南面西上而未禘，非譏其禘，譏其未吉而禘耳。注：三年之喪畢，與新死之主相見於太廟，明昭穆也。由凶而吉則禘，故或禘于武公，或禘于僖公，或禘於襄公。又凡有事于太廟皆曰禘。春曰礿，夏曰禘，又曰春禘而秋嘗，要皆時祭也。顧禘之名甚夥，有『大禘』之禘，有『祫禘』之禘，有『吉禘』之禘，有『大事于太廟』之禘。此章之禘，何禘也？『祫禘』之禘也。何以知之？觀孔氏注疏而知之。蓋孔氏明言其爲祫禘也。且魯禘不同于周天子之禘，又確有明據。《詩》曰：『白牡騂剛。』《禮秩》曰：『白牡以祀周公，騂剛以祀魯公，群公不毛。』胡爲白牡？祀周公也。白，殷色，成王不敢臣公，故白其牲，若三恪之王賓云爾。則魯之禘，非如王者大禘配上天，追所出，明矣。且禘既曰非禮，則子早不欲觀，何至於既灌而始不觀？是與書文亦不合。近講授家亦知『非禮』之訓難通，而第以敬怠之足觀、無足觀渾淪說之。毋亦以言魯禘非禮者伯循，用伯循之說者朱子，故莫敢直違歟？夫朱子，百世之師也，事師無犯無隱，吾後學解說經書，苟字字有著，正無容隱而不發。讀孔安國注曰：『祫禘，爲序昭穆。故毀廟之主及群廟之主皆合食於大廟。灌者，酌鬱鬯灌于太祖，以夅神也。既灌之後，列尊卑，序昭穆。而魯逆祀，躋僖公，亂昭穆，故不欲觀之矣。』邢昺《疏》遵之：『禘，諦也，以審諦昭穆，使不亂。』孔、邢二子何據而爲是說？曰：據《公羊傳》也。文公二年，《公羊傳》曰：『大祫者，合祭也。其合祭奈何？毀廟之主陳於太廟。』未毀廟有確據，不知遵何休之說也。近毛西河轉將古注排擊，謂：『閔、僖早從祧列，所謂逆祀者，夫子已不及見。』豈知時祭則祧主或不見，合祭則祧主無不見。合祭未灌，則祧主或未見。合祭既灌，則祧主更無不見也。不讀《公羊》『祫祭』之文，而祇知康成『逆祀』之說，如毛氏，可謂無知而妄作。或疑以『祫』證『祫禘』爲未確，不知文公二年『大事于太廟，禘僖公』，《公》《穀》皆以爲祫，是即禘即祫，即祫亦即禘，一祭而二名也。自朱子遵趙說，謂禘專祭始祖與始祖所自出，不兼群廟，而大祫始升，毀廟與未毀之主合食于太廟。後儒因之，遂疑魯禘必禘文王矣。不知侈言魯祭，無《明堂位》

及《閟宫》一詩〔二〕，而《明堂位》止言禘于周公而不及文王。伯循何所據，而直指其禘周公而配以文王也？抑杜元凱曰：『魯有文王廟，爲諸姬宗。』揆以《公》《穀》『周公稱太廟，魯公稱世室，群公稱宫』之文若不合。要之，古人别子爲祖，繼别爲宗。自管叔既誅，則姬氏之國當以魯爲長，其冠婚喪祭必告於宗。此文廟蓋爲同姓之國告婚告喪之地，亦古人聯屬同姓之誼也，豈謂諸侯祖天子乎？况文廟止見於杜預注，而古籍未之聞，要亦杜預私臆之言耳。毛西河更言魯有出王廟，愈荒謬無稽矣。然則成王無所厚賜於魯乎？曰：有。定公四年，祝佗私於萇弘曰：『昔武王克商，成王定之，選建明德，故周公相王室，以尹天下，于周爲睦。分魯公以大路、大旂，夏后氏之璜，封父之繁弱，殷民六族，使帥其宗氏，輯其分族，將其醜類，以法則周公，即命于周，使之職事于魯，以昭周公之明德。分之土田陪敦、祝宗卜史、備物典册、官司彝器，因商奄之民而封于少皞之墟。』是成王之所厚賜于魯公者。若《明堂位》『魯備六代禮樂』之説，殊未足信。何也？《明堂位》固漢代儒者杜撰之書也。不然，《閟宫》一詩，奚斯固侈言魯事，而詩内衹言『錫之土田，山川附庸』而已。可知《明堂位》不足憑也。至如《禮運》文言：『魯之郊禘非禮也，周公其衰矣。』蓋夫子别有感于末世僭越，而未援之以解既灌不欲觀也。

〔二〕無明堂位及閟宫一詩　『明堂位』原作『明明堂位』，據文意删一『明』字。

『或問禘』章　此問大禘之義，非專問魯禘，妄黏入魯事，不合宜。渾圇言之，方合章旨。

《集解》：『説』字深看，是所以有此禘之義也。或人不是問禘之制度文爲，却是問禘之説，故注以『意』字釋之。王己山云注字誠無不格，而在理無不明。中『于天下』三字，總不越仁、孝、誠、敬而已。仁以育之，孝以治之。誠至則物無不動，敬至則不顯其刑。故知其説，則治天下如示掌也。大抵天下之事皆一理所包，天下之人皆一誠所感，故于天下如示斯乎？

周人追祀帝嚳，儒者相傳二千年矣，今尚不能無疑。《祭法》：殷人禘嚳而郊契，周人禘嚳而郊稷。鄭康成解『郊嚳而禘稷』曰：『王者之興，其始祖皆感太微五帝之氣以生，故禘則祭感生之帝。』王肅駁之。近考五經三傳，周人無禘帝嚳者。《長發》一詩，序言『大禘也』，自契即元王也而相而卿、士、阿衡，而不言嚳。《周頌·雝》詩言『禘大祖也』，不過詠烈祖文武。《生民》之詩，不過言姜嫄、后稷。頌其母不及其父，譙周言其微[一]，故不著，其説信歟？

按禘、祫之説，千古聚訟。鄭康成據《禮緯》『三年一祫』『五年一禘』，謂祫大禘

[一] 譙周言其微　『譙周』原作『焦周』，《史記》卷三《殷本紀》司馬貞《索隱》言：『譙周云：「契生堯代，舜始舉之，必非嚳子。以其父微，故不著名。」』據改。

小，王肅、張融、孔晁輩謂祫小禘大，確分禘、祫爲兩祭。通考禮經，禘、祫實一事，而禘即時祭之一也。夫祫從示從合，是凡合祭皆爲祫。禘從示從帝，蓋帝祭之稱。其制始帝舜，夏、商、周因之。其義取審諦昭穆，上追祖所自出，下及毁廟、未毁廟之主。天子四時之祭，春礿、夏禘、秋嘗、冬烝，《祭統》《王制》每并舉之，而要莫大於禘。故《春秋》特書『大事』，《公羊傳》亦不以禘、祫爲特祭，大而著之曰『大祫』。先儒以《春秋》《公羊》于此俱不言禘，遂謂別有祫祭。獨左預以《左傳》無祫祭之文〔一〕，因以禘釋『大事』。孔穎達疏曰：『祫，即禘也。取其序昭穆之謂禘，取其合群祖之謂祫。』不易之解矣。趙匡又泥『以祖配之』之文，謂不及群祖。夫始祖下皆曰祖，以祖配之，獨不概諸祖乎？且《爾雅·釋祭》云：『禘，大祭也。』若止禘祖所自出，非大合昭穆，得爲大祭乎？元儒黄楚望曰：『始祖率有廟無廟主，以共享于所自出，所以使子孫皆得見其祖父〔二〕。又以世次久遠，見始祖之功德爲尤盛也。』深得禘祭之始矣〔三〕。

〔一〕獨左預以左傳無祫祭之文　『左預』疑當爲『杜預』。

〔二〕所以使子孫皆得見其祖父　萬斯大《學禮質疑》卷一《禘祫一事上》引黄楚望此句，無『父』字。根據前後文意，此句『父』字當衍。

〔三〕按，此段内容似爲清人林滋秀語，見氏著《雙桂堂文集》，收入周瑞光整理《遲園挹翠》，福州：海峽文藝出版社，二〇一一年，第三一一—三一二頁。此段當引自他書而遺漏作者之名。

魯郊見於僖公三十年。

周之郊不同於魯。周之郊用冬至，魯之郊用孟春。周之郊祭上帝，魯之郊祭三望。《史記·封禪書》，秦作鹿峙祀白帝，僭端見矣。位在藩臣而流于郊祀，君子懼焉。據堯夫言〔一〕，秦作峙之歲，即惠公請郊之年。

『祭如在』章　其義講章已明，下節不過如畫家烘雲托月之法。『吾不與祭』句，無論代祭之人不誠敬，即誠敬亦是他人之誠敬，於己何與？故曰『如不祭』。兩『如在』，是弟子平日見夫子祭祖及神之時，致其孝敬如此也。說統云：『吾』字極不可忽，蓋此身與之，則此心如在。方祭之初曰『我將我享』，既祭之後曰『綏予格予』，皆以吾在也，故曰『如在』。既不與祭矣，吾之典禮，人得而攝之；吾之精神，人不得而攝之。想他『如不祭』時，精神何等鬱結可見。『如不祭』之心，即『如在』之心。三『如』字，若枘鑿之不相入。

『王孫賈』章　此章直斥阿媚之非也。通章以喻意言『奧』『竈』皆受命於天者也。『天有顯道，厥類維彰。』『皇天無親，惟德是輔。』一言及媚，即獲罪於天，蓋舉天以壓『奧』『竈』也。

〔一〕據堯夫言　此句後原衍一『言』字，於意不通，刪去。

他處『與其』『寧』，是不得已而姑取之詞，此是得勝算而酌量之詞。他處『何謂』是不知所謂而問之，此是確見所謂而諷之詞。

張惕庵曰：『商量其得勝算處，其與夫子商之，即欲與夫子共之。』説亦妥。

古注疏：『奧，内也，以喻近臣。竈，以喻執政。』賈欲夫子來昵己。

又孔子以天喻君，言獲罪于天，無所禱于衆神。

顧亭林曰：『奧何神哉？如祀竈則迎以祭于奧，此即竈之神矣。時人之語謂媚於君者，將順於朝廷之上，不若逢迎於燕退之時也。注以奧比君，以竈比權臣，本一神也，析而二之，未合語氣。』此亦可作一解。

『周監』章　此章重『二代』字，尤重『監于』字。見夏、殷經兩朝聖君賢相，手取裁定，必有可觀。加以文、武爲君，周、召爲臣，精益求精，備益求備，已立乎其極矣。其『郁郁乎文』，正美備之至。今人入乎其中，而欣喜不已者。

此與『不倍』章不同。彼處須跟『不倍』，其從也，恭敬奉持以從之。此處須跟『郁郁乎其文』，其從也，歡欣鼓舞以從之。

『監』字有本心，法爲治法。所謂先聖後聖，其揆一也。須見得心理一線相涵之妙。

『郁郁乎文』是制度文爲之至光華處〔二〕，及制度文爲之至美備處，方見文之妙。

《南史》：王絢六歲，早慧。其父王郁，其外祖何尚。絢讀《論語》，至『郁郁乎文哉』，尚戲之曰：『爺爺乎文哉。』絢對曰：『然則下論亦讀「草翁之風必偃」？』此一笑也，亦見古人慧質過人。

『子入太廟』章　此章明敬爲禮之本，非爲已辨，爲存禮也。『入太廟，每事問』，正見聖人動容周旋中禮處。而作而致之，亦率其敬之常焉爾。迨聞或人譏諷，曰：『以我爲知禮，我何敢當？以我爲不知禮，我不敢辭。』但以『每事問』爲不知禮，則又不可。夫禮者，誠敬而已。

太廟，魯周公廟也。入廟每事問，皆早年之事。『問』，蓋問於省牲之日也。大宗伯之職，凡祀先日，省牲視滌濯，問即問於此時也。若祭時則『奏假無言』『有孚顒若』矣，何能問？

注『叔梁紇』：叔梁，字也。紇，名也。連名與字并稱也。如商瞿子木、馯臂子弓、孟子之父激公宜，皆連名與字稱也。

〔二〕郁郁乎文是制度文爲之至光華處　此句『至』前又有一『至』字，根據文意當是衍字，故删。

里仁第四凡二十六章

『里仁』章　《松陽講義》：人情大率好華而惡樸，好濃而厭淡。仁里是平淡樸實居多，故擇而不處也。然人大都侈然『予智者也』，故夫子痛下一砭，曰『焉得知』？正所以開其是非之本心而使之慎取捨耳。張侗初曰：『不擇而不處，是蚩蚩之民一覺便轉。擇而不處，是邪徑之民永斷歸路。』

按《九經古義》：『《釋名》：擇，宅也，擇吉而營之是也。宅有擇義，古人作宅，訓爲擇，亦通。』〔一〕

漢張衡《思玄賦》：『匪仁里其焉宅兮〔二〕，匪義路其焉追。』注引《論語》作『宅』。

『不仁』章　『安仁』『利仁』内自包得不濫不淫意，若如存疑，謂不濫不淫便是仁，則不可耳。『安仁』，『安』字要看得渾成，若説成有心去安，則涉利仁分位矣。義府云〔三〕：

〔一〕《皇清經解續編·論語正義·五》亦引惠棟《九經古義》此段内容：『《釋名》曰：宅，擇也，擇吉處而營之。是宅有擇義。或古文作宅，訓爲擇亦通。』稍有不同。

〔二〕匪仁里其焉宅兮　『焉』原作『與』，據《後漢書》卷五九《張衡列傳》、《文選》卷一五《思玄賦》改。

〔三〕義府云　疑『府』爲『門』之誤。

『《集注》「無適不然」「不易所守」，是就「安」「利」内，應上文「久」字、「長」字。「皆非外物所能奪」，方説到處約、樂上。』

『惟仁』章　『惟仁者』注：『訓無私心而當於理，故得其公心。』按心之體，無私處便是公。心之用，當理處便是正。合心之體用，衹完得一個『仁者』。惟其心無不公正，故其好惡亦無不公正也。『能』字正是如此。

存理遏欲，仁者之事也。遇善便能好，正如好自己的仁一般。遇惡便惡，正如惡自己不仁的一般。須從『仁者』二字透出『能』字。

『志仁』章　『志』字著力，『苟』字尤著力。誠於志仁，便自無惡。若間斷不志仁，則惡又生了。按『矣』字、『也』字，語甚快捷，中間似不必更添『未必無過』一折，衹還無惡分量便得。

注：『事』字須認。

『富與貴』章　己山云：『此章言君子爲仁，必從富貴貧賤説起。蓋因這關頭極難過，莫道求捨之分，其事便粗。即如閔子辭費宰、子路安緼袍，世間如此卓卓者有幾？兩「不」字壁立千仞，合下便見得破得煞，方可從此造存養工夫。若稍稍游移，脚底先站不穩，更存養個甚？』尹氏曰：『富貴，人之所欲。可欲有甚於富貴，仁是也。不以富貴害仁，故不以其道得之不處也。貧賤者，人之所惡。所惡有甚於貧賤者，不仁是也。不以富貴而樂不仁，故不以其道得之不去也。』

田從典文云：『求仁而必先於富貴貧賤者，所以制其人心之萌。求仁而不止於富貴貧賤者，所以充其道心之極。』

『去仁』節　『去仁』句語意甚著緊，甚危悚。《語類》云：『須是就這上立得脚住，方是離得泥水。』又云：『這處聖人且立個界限，先要人分別個頭路。』己山云：一去仁便不成，君子所以斷然不可貪富貴而厭貧賤。正是足上語氣。爲學者打破利欲關頭，乃本節喫緊處。入後仍從『仁』字，全身徐徐生下。勿空空以結上起下看過。於此不苟，則道心勝而仁存，足以立深造之基。於此或苟，則人心勝而仁去，不免有虚聲之愧。

末節，己山云：『聖人特著「終食之間」四字，正爲君子全體説，向罅隙求其一念之違而不可得。此爲以疏形密，越勘得微瑣，越顯得全身。』又云：『《集注》仍以「不去乎仁」言，然一以取捨之分説，一以存養之功説，則違與去，粗細自當有別。』

《條辨》云：『人不是將取捨看得賅了存養，就是將存養竟説與取捨無干。不是將取捨説得太精，混入無違，就是將存養説得反粗，無異不去。駁去此四層而精理出矣。』

『我未見』章　己山云：『下節合「用力於仁」，可見兩種人均是爲仁，但好仁者之爲仁自不待言。「惡不仁者」下句遽接末句，不見爲仁功夫實地，故於上下接縫間特下一「其爲仁矣」四字與之填實。「其」字即坐實「惡不仁者」。而雙峰謂「其」，將然之詞，殊非文義。』夫子心目中自有個模樣在，直形容出一個盡頭，更無一毫虧欠。此其所以爲利仁，此其所以爲成德。須知『無以尚』『不使加』，便是下文『能』字樣子。『無以尚』是真能求必得，『不使加』是真能務必去。按注中『成德』二字，王己山及任氏皆云『成得個好仁、惡不仁者之德』。蓋緣『無以尚』『不使加』皆主他實用其力而言，未便説他成個粹然仁者之德也，然亦知德已是大段成了。

『有能』節，喫緊在『一日』字。『無以尚』『不使加』，即自此『一日』起更無虧欠。蓋人心散漫放逸，纔一震動便在這裏用力説。及氣較多，即志亦在上面了。這志如大將一般，指揮一出，三軍皆隨。祇怕志不立，脱胎換骨，宜從此一日造起來始得。一日振從前之勇，勃如奮興，自絶其委靡之習。一日作終身之氣，毅然鋭進，自鼓其勇往之機。

《約旨》：『「一日」二字不可放過〔二〕。人之悠悠忽忽，總是玩日愒時，逐日推移過去。若於此日立定脚跟，便是禪門所説「放下屠刀，立地成佛」氣象。』

『蓋有』節 注疏與朱注皆誤會聖人之旨。『蓋有』句放開，『我未』句拍合。注疏云：

〔二〕一日二字不可放過 『二』原作『一』，據任啓運《四書約旨》『論語卷之二·里仁第四』改。

『謙不欲盡誣時人，不能力之人〔二〕。』此句已實了夫子之言，甚輕甚活，不過開合語。若坐實有之，是開人方便之門。又朱注『蓋，疑詞』數語，又已説煞了，看上節有『能用其力於仁』二句，意自了然。

此節祇緣力本無不足，而世人多不肯用力，多以氣禀昏弱爲言，故夫子特與打通後壁，不許他遽爾藉口曰。如『力不足』之説，或亦有之，然究竟我不曾見過來。須是用力而力果不足，纔見得是真個力不足。不知一用力，則斷無不足之理。奈人終不肯一日用力，何哉？意正跌實上節『未見力不足』句，以鞭辟『能一日用力』句也。『蓋有之矣』，坐入不用力者，心坎中有之。『蓋』字自出，而下文已在個中。

『人之過』章　自『里仁』以下至此章，皆言仁。説到盡頭處，見人之爲仁無論好處，仁之至，仁之熟，固無乎不仁。就令不幸而有過，過亦於仁，自不與不仁者比類而同歸。然則仁之爲用何如哉？

此章全勉爲仁，切勿混入不仁講。上二句，空懸提起『人』字，君子、小人俱在其内。

古注疏：『黨，黨類。小人不能爲君子之行，非小人之過，當恕而勿責之。觀過，

〔二〕謙不欲盡誣時人不能力之人　《論語注疏》卷四引孔安國注作『謙不欲盡誣時人，言不能爲仁』。

使賢愚各得其所，則爲仁矣。』初讀之，原甚無解。及讀皇侃《義疏》作『民之過也』，而後瞿然有悟。蓋謂民之過也，各於其類，如農夫之不書，非農夫之過，當恕而勿責之。觀過，使賢愚各當其所，斯知其仁矣。

邢昺《疏》寫『人之過也』，又作『民之過』解，故未免費解。《齊論》《魯論》蓋作『人之過』，惟《古論》作『民之過』。《前漢書》燕王旦上書曰：『昔仲由有姊喪，及朞不除，仲尼非之，曰：「由寡兄弟，弗忍除也。」故曰「觀過，斯知仁矣」。』《前漢書·外戚傳》：昭帝之世，上官桀、安與燕王旦合。蓋主朋比爲黨，寵用丁卯。丁外人，蓋主私夫也。桀、安記光過失予燕王旦，令上書告之〔二〕，又爲丁外求。旦大喜，上書言：『我與主爲兄弟，當厚其夫。』故爲他求侯。此亦是過引子路以自釋。

《後漢書》：吴祐遷膠東侯相，嗇夫孫性私賦民錢，市衣以進父，父怒曰：『有君如是，何忍欺？』促歸伏罪。祐曰：『掾以親故受污辱之名，所謂觀過知人矣。』使歸謝父，還以衣遺之。《後漢書》『知人』不作『仁』〔三〕。

沈約《宋書》、《南史》：張岱母八十，而著籍未滿，解官歸養。有司以違制糾

〔二〕令上書告之　『令』原作『合』，據《漢書·外戚傳·孝昭上官皇后傳》改。

〔三〕後漢書知人不作仁　『後』字原脱，據文意補。

之，武帝曰：『觀過知仁，不須案也。』

『**朝聞道**』**章**　此爲終身不求道者發言。人而不聞道，則生是枉生，死亦枉死。人而聞道，則生不虛生，死亦不虛死。祇從反面一托便明，呆向『死』字索解癡矣。朱子補出『生順』字，理極足〔二〕，用『甚言』，語極圓。

不聞道，則昧其所以爲人之理，與禽獸草木同生死，可乎？不可乎？『可矣』二字令人惕然深省。朱子云：『知得真實，必能信之篤，守之固。幸而未死，則可以充其所知，爲聖爲賢。萬一即死，亦不至昏昧過了一生，如禽獸。』

一説『道』作『行道』之『道』，謂聞其道于人也。古注。

『**志道**』**章**　朱子曰：『求安飽者，猶有以適乎口體之實。此則非不可衣足食也，特以不美觀聽而自恧焉，其卑陋又在安飽者下矣。』

李岱云：『而』字一轉，已把惡衣惡食與道做了敵頭。『耻』字與『志』字歧作兩路，所志者尚未求必得，所耻者已欲求必去。道之一邊趣味短，衣食之一邊趣味長，如何足與議？

志是心欲本道，尚未做求道的事。

『**無適**』**章**　任釣臺云：『不曰「凡事」而曰「天下」者，天下事事物物各有當然之理

〔二〕理極足　『足』前原衍一『是』字，據文意删去。

在，若以有我之私與之，便與自然之理相左，則言「於天下」而下三句道理已起。』

王己山云：『有可有不可者，事之理。無可無不可者，君子之心。以無可無不可之心，一因乎有可有不可之理，故無適無莫，而義之與比。』按此是一滚出來。

朱子曰：『「義之與比」，不是我去與義相比，義自是與比。』按，『比』祇渾合無間意。『義之與比』句〔二〕，須善體會。佛家主虛，亦是無適無莫。然卒至猖狂妄行者，離義故也。《紹聞編》云：『若欠却「義之與比」句，則所謂「無適」「無莫」者，何異水上葫蘆？』

『懷德』章 此章宜作上截淺于下截方合。近講章家大抵謂懷德之君子，行道有得於心，則反己自足，快慊於胸懷。若懷刑之君子，有待於警惕，如《詩》所云『如集于木』『如臨于谷』，戰兢以自戒。是懷刑之君子誠不如懷德者，優游于仁義之埸，從容于道德之域。不知聖人之言必有序，有愈講愈深，無愈講愈淺之理。此章『懷刑』須比『懷德』透深一層方合。

『懷惠』二字宜認。

『懷刑』，古注疏作『典刑』之『刑』〔三〕。古『刑』『刱』有别，後人特混之耳。刀井爲刱，謂刱貴乎一如井，蓋寓殺一警百之意也；又曰從井，取其辨而明也。

〔二〕義之與比句　『之』原作『自』，據前後文意改。
〔三〕古注疏作典刑之刑　『典刑』原作『典型』，據前後文意改。

『放利』章　此章何不講義理？蓋世之人昏於利欲，不知有義理，故特與之言利害，謂人之貪利，直以其身爲怨府矣。放利與争利異，争利之人，陽分的人，放利之人，陰分的人。争利，人得以争利斥之；放利則變詐多端，占盡天下便宜，故多怨。

『放』注：依，謂凡事依著『利』字做去。可見雖至親至戚，也要占些便宜矣。

『能以禮』章　王己山云：『非禮無從見讓，非讓無從爲禮。「禮讓」二字，是二是一。能者行讓之實，而達之以文。不能者襲禮之文，而陰喪其實。末句特爲剔出「禮」字〔二〕，曰「如禮何」，蓋重爲不能者悼嘆也。』

讓者禮之實，可知固重『讓』字。然不讓便非禮，故章末衹曰『如禮何』，可知仍重『禮』字。禮行於郊廟，無敢得罪於天地祖宗。禮行於朝野，無敢得罪於群臣百姓。這便是禮中有讓在。

『不患』章　《輯語》云：『明下兩「不患」字〔三〕，所以截斷人心邪竇也。』己山云：

〔二〕末句特爲剔出禮字　『句』前原有『二』字，據王步青《論語集注本義匯參》卷四《里仁》，當爲衍字，删。

〔三〕明下兩不患字　『明』前原衍一『明』字，據王步青《論語集注本義匯參》卷四《里仁》『輯語』删。

『兩「不患」極斬截，然又須識得下兩轉語。鞭得緊，敲得實，不是空空「不患」便了。』『不曰「立」而曰「所以立」，則自經綸之所從出者言也。經綸不起於政事，而起於一心。不曰「可知」，而曰「求爲可知」，蓋可知者不在人稱之，而在吾所以爲之。』故《或問》亦云：『「求爲可知」，以「爲」字爲重。』

『可知』須認。所知之名，當世或得而附和之。可知之實，寸衷不得而冒昧之。『爲』字亦須認。所求之志，謗議不得而摇奪之。所爲之力，神明亦豈得而寬假之。又謂『不患』二字，要埽得盡，要踏得實方是。絶其騖外之心，以歸於内。

『參乎』章 『一』字祇是實心實理，統會渾然的，即下節所由以『忠』字名者也。學者不能領會到個『一』字上去，到得心與理融，渾然賅備，縱於外面體認得來，終不能於吾心辨取，終是大本不立。見了源頭活水，則千支萬派，到底終有盡時。曾子平日亦既下實心體認，已將有得，但未免於外邊認取，未遽能反，而得其本於吾心也。然朱子又云：『即夫子不提之，他久久還自知得。』此意亦須見到。

次節『一』者，忠也。『以貫之』者，恕也。無恕不見得忠，無忠做不出恕。忠如水之流，一個忠做出千萬個恕來，一個源流出千萬個水來。即忠、恕而一貫之旨明矣。

饒氏雙峰曰：『何不答門人曰「一本萬殊」「體立用行」之類，而曰「忠恕」？蓋此二字，學者所易曉，便可用功。盡得忠便會有這「一」，盡得恕便會「以貫之」。一以貫之是自然底忠恕，忠恕是勉强底一以貫之〔二〕。』按次知白文忠恕，仍就自然底説。

忠恕是指聖人分上忠恕，不得因注中一『借』字遽將白文忠恕移入學者身上。倘聖人分上無忠恕也，自借不得。觀本文説個夫子之道，可知須緊緊著夫子説，但要説得自然耳。故忠恕本學者事，似是放下一層，然借來説夫子之道，實是移上一層。

《李延平先生答問》曰：『夫子之道，不離乎日用之間〔三〕。自其盡己而言則謂之忠，自其及物而言則謂之恕。莫非大道之全體，雖千變萬化，皆由此出。』

先進第十一〔三〕

『先進』章　『先進』『後進』，孔安國謂五帝以前爲先進，三王以後爲後進。皇侃謂五帝時質樸，三王時得中，至周末文勝，夫子從先進，欲以力矯時弊云云，不若朱注之完善。

〔二〕忠恕是勉强底一以貫之　原闕『忠恕』二字，據顧夢麟《四書説約》卷五、胡廣等《四書大全·論語集注大全》卷四補。

〔三〕夫子之道不離乎日用之間　『乎』原作『夫』，據《延平答問》改。

〔三〕按，此標題原闕，據下文内容補。

但『野人』『君子』，祇作夫子自斷，不敢鑿添時人之論，亦見古人注書謹慎處。然，孔門四科中豈但十子而已乎？

『從我』章 邢《疏》分爲兩章。朱子從康成合爲一章，以厄陳、蔡時祇此十子也，不

自漢至六朝，俱以釋經諸家從祀孔子，自子夏至大小毛公、大小夏侯、賈、鄭之類。唐李元瓘官司業於開元中，議以孔門弟子增祀，顔子至游、夏十人爲配，是爲十哲。十哲之名始此。宋度宗時[二]，顔、曾、思、孟爲四配，升子張以滿十哲之數。清代又升有若及朱熹于十哲中，是十二哲。議者以公西赤不與十哲中不無遺憾云。宰我，《史記·李斯傳》載其殉節於齊，謂陳恒殺宰我於朝，遂弒其君壬。節義彰彰，殊不易及。既又誤以『子我』爲『宰我』，謂宰我與陳恒作亂，以致殺身云云，殊屬戾謬。

十哲字不可入文，自前明以來已有故事。正德辛未會試，少傅、大學士劉忠、侍郎靳貴爲考官，題爲『德行顔淵』一節。主司程文用十哲字，忽有投狀於閣部者，内稱：『告狀人顔淵，爲訴明冤抑，乞恩改職事。竊某蒙累朝聖恩，久爲四配，忽降居十哲之列，使四人中虚一位，又使子張無處可居，乞辨明復職』云云。蓋其時不得志者爲之，亦可笑也。

〔二〕宋度宗時　『度』原作『廣』，所叙之事發生在宋度宗時，故改。

十哲之名，唐開元中從司業李元瓘言，增祀十哲之名始此〔二〕。

『孝哉』章　毛西河、蒲柳泉等俱以首句爲人言，儲中子從之，可謂諦當。至閔子保全母子一事，出於唐歐陽詢《藝文類聚》所引，本劉向《説苑》；一出於宋《太平御覽》中《師受覺傳》。師受覺，不知何時人〔三〕。

『魯人』章　稱『人』，爲君諱也。如魯臣所爲，必書其名以罪之，此《春秋》之例。後人或以長府，昭公藉以伐季氏之地。後昭公出奔，季氏改作長府，以防後患。

『富於周公』章　後儒解『聚斂』，專指用田賦一事，頗爲冉子出脱。《左傳》此段有云『則有周公之典在』，『周公』二字亦有著落。

『問善人章』　後儒孔廣森解『之道』二字就用功言。『不踐迹』二句串講，謂『不踐迹，不能入聖人之室也』。甚的。

『論篤』章　古注連上章爲一章。『是與』，『與』字作平聲讀。『論篤是歟』，是口無擇

〔二〕　此條前文已言及。

〔三〕　一出於宋太平御覽中師受覺傳師受覺不知何時人　查《太平御覽》卷三四、八一九，皆有閔子保全母子事，言出自《孝子傳》，與師受覺事無涉。另，師受覺，《太平御覽》無此人，當有誤。『傳』原作『傳』，據文意改。

言也。『君子者乎』，是身無擇行也。『色莊者乎』，是遠小人，不惡而嚴也。『莊』作莊嚴解。三句作三平，是善人模樣欠妥。

『子路問聞』章 看末四句，通章不宜平看，聞斯行之是常理。所可疑者，『有父兄在』之語耳。

『侍坐』章 此章與點所以廣三子之度量，與三子所以實點之襟期也。『點爾何如』一節，先儒不得其解，朱子注『曾點之學』一段，衹就學問、心性上説，與酬知意絕無關涉。曾點所言，不過即其所居之位，樂其日用之常。然本此意以酬知，即功蓋天地，澤被生民，衹算儒者本分內事。蓋窮居不損而後能大行，不加此，便是伊尹復政、周公明農度量，與後代姚元之、張居正等各判霄壤。如此解，方不離酬知章旨。注中所言雖是性天，與事功無兩途，而去章旨太遠。

『惟求則非邦』兩節，當依邢《疏》，作夫子語。蓋連問答，删却數『曰』字，古人無此文法。

『率爾』，皇侃作『卒爾』。卒讀猝。率作輕遽，《正韵》《廣韵》《玉篇》俱無。

顏淵第十二〔一〕

『顏淵』章　『非禮』四句宜分寫，不宜合寫，以其爲條目也。

『齊景』章　『君君臣臣』兩句，不得偏重上截，致偏駁針對，齊事貴渾涵。

『片言』章　『片言』，古注疏作單詞解，言不用兩造也。此即小邾繹之説。

『君子以文』章　依張惕庵『以文爲主，須意側而貌平，對作更勝串作』，前人作『人之有技』四句題，仍取兩大比作元，以題貌平故也。

子路第十三〔二〕

『正名』章　《約旨》以爲夫子有正名之論，必不事衛。然觀唐明皇幸蜀後，太子即位靈武，李泌、張鎬諸人尚能調停其間，使明皇父子各得其分。以聖人處衛，安知無道以處其間？且此時南子已老，亦不至妄生事端。又《公羊傳》『以王父命辭父命』之論〔三〕，是憑空

〔一〕按，此標題原闕，據後文内容補。
〔二〕按，此標題原闕，據後文内容補。
〔三〕又公羊傳以王父命辭父命之論『王』原作『皇』，據《春秋公羊經傳解詁》卷一二改。

杜撰，未嘗受命於靈公也。

朱注『而禰其祖』論 諸侯四親廟爲高、曾、祖、禰，廟名永不更改。如太子未立而死，不得入四親廟。自後太子之子繼立，自應以孫禰祖，如湯崩，太丁未立，而太甲禰成湯之類。如以旁支入承大統，本生父亦不得入四親廟。四親之廟有定廟無定主，或以曾祖爲禰，以伯叔兄弟爲禰，皆無定式。推之高、曾祖廟皆然。四親以上皆祧入夾室，至高、曾、祖、考之名則不可改，如湯在禰廟，而太甲仍稱爲祖也。

『苟正』章 此章爲從政者言。蓋春秋之天下，一政在大夫之天下也。

『定公問一言』章 《韓非子》晋平公曰：『人君無可樂，莫樂乎出言莫敢違耳。』師曠曰：『君人者奈何出此言也？』

『南人』章 鄭康成云，『不可以作巫醫』，謂不能爲無恒之人作巫醫，即不可救藥意；『不占而已矣』，謂不必爲無恒之人占易，以易不可爲小人謀也。亦備一説。

憲問第十四〔一〕

『憲問』章 古注引孔氏『邦有道，穀』，即天下有道，則見意自不必耻。『耻也』二字

〔一〕按，此標題原闕，據後文内容補。

衹頂無道一層。安國之説，言邦有道，宜受禄，邦無道而富貴，是可耻辱。觀『邦有道，貧且賤焉，耻也』，反面一看便知。

『危行』章　如薛方之辭王莽，陸放翁爲韓侂胄作《南園記》，湛甘泉爲嚴嵩作《集序》，皆不得謂之『言孫』。朱子嘗謂放翁『能太高，迹太近，恐有大力者卒之以去』，可謂切中放翁。士有文章而處亂世，總以隱身埋名爲遠害之大防，否則，名節與身不能兩全。善讀書者不可不知也。

『有德』章　言『仁者』，『勇者』之上勿添入『徒』字致礙。下『不必』句，《外注》不可從。

『南宫适』章　古人字法多信手引來，即此見彼。如『禹未嘗躬稼』『稷未嘗有天下』，兩兩對舉，互相參錯。如『禹稷三過其門而不入』『郊社之禮』二句皆是。

『問子西』章　古注：『子西，鄭大夫也。』或云楚大夫。朱子取後説。但《論語》論列諸大夫多從死後論之，所謂蓋棺論定也。楚大夫白公等事在夫子卒後，沮止一事又斷不能入夫子口中。至鄭子西與子産同時，觀《左傳》盗殺子駟、子國、子耳一段，兩人優劣不問而知。

『公叔文子』章　注『公孫枝』，『枝』字沿古注疏之誤。據《左傳》爲公孫發，《世本》爲公孫拔，『拔』『發』二字音相近，古人通用。

『武仲』節　人皆知武仲有所要，特以攻臧氏者季孫。武仲所謂亦請于季孫，遂謂武仲要季孫而已。不知魯爲魯君之魯，則防爲魯君之防，非要君而何？

『九合』節　按《管子》所載，以『九合諸侯』『一匡天下』對舉。《晏子春秋》《呂氏春秋》《史記》《國語》皆然。據邢《疏》，衣裳之會十有一，不取北杏、陽穀爲九，則『九』字亦確。朱子作『糾』，亦泥『不以兵車』句耳，不知『不以』者，猶言『不尚兵車』云耳。

『相桓』節　古注何晏引王氏説子糾、管仲、召忽：『君臣之位未正成，故死未足深嘉，不死無容多罪。』自是千古定論。所謂南山可移，此案不可動。朱子謂管仲有功無罪，論議甚的。使謂功罪足相抵，則救一時之民命，壞萬古之民彝，後來有功亦得引爲藉口，將千古後不用死節之臣矣。蓋桓公、子糾俱爲亡人，管仲、召忽爲亡人之傅。召忽之死，其當也。管仲不死，亦其當也。故夫子以一『諒』字斷定召忽。

『可以爲文』節　古者質樸，有名無號。自神農稱炎帝，始有號，堯稱放勳，舜稱重華，禹稱文命。湯名履謚武，此謚法所由昉也。至周公制《謚法解》一篇，載在《尚書》。秦除謚法，漢復行之。謚有美有惡，有兩字爲謚，上一字美，下一字惡者。至清代祇有美謚。然官非一品不賜謚，非由翰林起家不以『文』爲謚。惟咸豐朝周天爵非翰林而謚『文』。若官至宰相則不拘此。

『陳成子』章　《外注》程子謂：『《左傳》「以魯之衆加齊之半數」，語以力，不以義，非聖人之言。』不知自來以義不以力而卒至敗亡者，如翟義之討王莽，徐敬業之討武后，韓侂胄之伐金以王，董承、伏完之討曹瞞〔二〕，未嘗不博取一『節義』之名。要之，鹵莽輕躁，卒取敗亡。聖人舉事，斷無此輕率。至上告天子，下告方伯，未免迂腐。自魯至東周約千餘里，自魯至晉亦二千餘里，豈不廢時失事？

『不在其位』兩章　前人俱以兩章合爲一章，蓋首節是夫子常言，末節是曾子引夫子繫《易》之言以證之，如『牢曰子云』一樣。自宋儒始有以上節爲重出者。觀注中『記者因上章之語』云云，則朱子不以爲重出可知。

『耻其言』章　皇《疏》本謂『君子耻其言之過其行』，則此章不可作兩項看。蓋言過其行乃可耻，若第曰言，則何必耻？躬貴得中，則行亦不可過。又案《雜記》『君子耻言其言而無其行』，《表記》『耻有其詞而無其德，耻有其德而無其行』，亦備一說。

『公伯寮』章　古說『夫子固有惑志』作一句，『於公伯寮』猶云『如公伯寮』者。吾之力猶能使季孫知其罪而肆之於市朝。

『作者七人』章　『作者』，自是言有位者見幾而作。王輔嗣又以『逸民』一節當之，未的。至如任鈞臺謂夢談《古論語》，『作者七人』一節在『逸民』節上，『邦君之妻』一

〔二〕董承伏完之討曹瞞　『董承』原作『董成』，據《三國志》《後漢書》改。

節在『子見南子』下，亦本前人之説而附會之耳。然引夢作證，似失之荒唐。『斯已而已矣』句 上『已』字，皇侃作『人己』之『己』，釋作徒知有己。如《孟子》『夫子之設科』句，《古論》作『夫予之設科』，作孟子語。

衛靈公第十五〔一〕

『衛靈公』章 《史記》載『問陳』『絶糧』兩事前後共隔五年，『問陳』在哀二年，『絶糧』在哀六年〔二〕。故歷來皆列『在陳絶糧』以下爲一章。至魏何晏始合爲一章，將『明日遂行』句置在『在陳絶糧』句上，合四句爲一節，以爲聯絡。蓋本孔安國之説也。孔氏謂『問陳』『絶糧』俱哀公二年事〔三〕，此時陳、蔡被兵，不能致養孔子。故《孟子》云：『君子厄于陳蔡之間，無上下之交也。』謂無君上之隆養也，不指發兵被困。

『無爲』章 須知此章是極贊舜有無爲之遇，非謂治貴於無爲也。觀《禮記》，孔子對哀公云：『君之所爲，百姓之所從也。君所不爲，百姓何從？』可知治以無爲爲貴。舜之無

〔一〕按，標題原闕，據後文内容補。
〔二〕絶糧在哀六年 『哀』原作『襄』，據《史記》卷四七《孔子世家》改。
〔三〕孔氏謂問陳絶糧俱哀公二年事 『哀』原作『襄』，據《史記》卷四七《孔子世家》改。

爲，文之無憂，祇是千古第一遭遇耳。

『君子哉』章　伯玉當孔子時約百有餘歲，自是耄老。進德之君子無道卷懷，固不得引『孫、甯放弒，不對而出』作證。即强臣逐君，卿大夫置身局外，亦非合理。《左傳》載伯玉兩事，俱屬可疑。外國人記本國事，或未能詳細耳。

按《左傳》載伯玉事，未嘗稱爲大夫、士，君子無位，自不能與人家國事。如平子逐昭公，孔子亦止避亂去國而已。想伯玉亦如是歟？邦有道則仕，或想當然耳。

『志士』章　國家盛衰治亂，自有一定之數，所謂天定勝人也。聖人許『志士仁人』，所以植綱常扶名教耳。然有龍、比、夷、齊一輩出，忠義凜凜，名留千古，即所謂人定勝天也。

『行夏之時』節　胡安國謂《春秋》一書以夏時易周正，朱子疑一王大制，孔子不敢擅改。蔡仲默謂：『先王之改正朔，止改歲首，至正月、二月等，及春夏秋冬之名，仍未移置。』亦不然。考《春秋》所書僖公五年正月朔『日南至』在子月，而云『正月』，是月分亦改也。又桓公『四年春正月，公狩于郎』，狩在冬月，而云『春正月』，是月分及四時之名亦改耳。又昭公二十八年『春無冰』，書之以爲灾異。周正之春即夏正之冬也。『無冰』謂當寒而不寒也。若夏正，至春而冰雪消解矣，曷爲書『無冰』？此又易冬爲春之顯證也。又《禮・雜記》孟獻子曰：『正月日至，可以言事於上帝。七月日至，可以言事於祖。』七月而禘，獻子爲之也。冬至在子月而云正月〔二〕，夏至在午月而云七月，此又易十一月爲正月，易五月爲七月之顯證也。禘當用孟月，而獻子改用仲月，故譏之。又考《左傳》僖公五年，晉侯問卜偃以滅虢在何時，偃對以九月、十月之交，即繼書云『十二月丙子朔，晉滅虢』。書十二月，周正也。云九月、十月之交，夏正也。晉本唐之故都，歷代相沿，俱以寅爲歲首，故卜偃云云。又考《豳風》：『一之日觱發，二之日栗烈。』『一之日』『二之日』即周之正月、二月也。云『觱發』『栗烈』，即夏正之十一月、十二月也。又『二之日鑿冰沖沖，三之日納于凌陰』，鑿冰亦丑月時事。公劉當夏季，自應用夏時正朔。而建子月爲歲首者，積習相沿，從其便也。言『一之日』『二之日』而不言月，不欲顯指當代之制耳。大抵先王之於正朔，不必强爲畫一。而勝國之子孫仍守先代之制，或國俗相沿已久，仍循舊典之遺，先王亦不必强其從同，所謂『修其教不易其俗也，齊其政不易其宜也』。《書經·甘誓》稱『怠棄三正』，不言怠棄夏正，可知古人三正并用，如夏制田行貢法，而公劉徹田爲糧，亦其類也。

『過而』章 當云『人不幸而有過，人未遽以過目之，謂其能改也』，如此自合。倘云『人非聖人，孰能無過』，轉放鬆了。

〔二〕 冬至在子月而云正月 前一『月』字原闕，據後文句式補。

『知及』章　古注通就臨民講，『知及』『仁守』『得失』，俱就有位言。《易》云：『何以守位？曰：仁。』《孟子》云：『天子不仁，不保四海。』與此同意。朱子改向爲學，邊下兩節，似覺不串，細讀便知。

季氏第十六〔二〕

『蓋均無貧』節　補出之後，仍要側落串落。蓋均、安之中已寓乎和，貧、寡之極必至於傾。

鄭氏解『蕭』爲『肅』、『墻』爲『屏』。孔氏信軒以爲蕭墻即指魯君。蓋大夫無屏，惟君有之耳。故注云『其後哀公欲以越伐魯而去季氏』，亦確。

『政逮』章　『四世』指文、武、平、桓，悼子未嘗爲政，況『禄去』『政逮』。宣公之世，文子當國，又安得捨文子而計悼子哉？此時孟孫、叔孫俱已五世。

『邦君之妻』章　張惕庵《翼注》以此節爲衛靈而發，故附此節於《衛靈》一册之末。不知此節附於《季氏》册之末，與《衛靈》尚隔一册。按《左傳》：『公子荆之母

〔二〕按，標題原闕，據後文内容補。

嬖，哀公以爲夫人〔二〕。』以妾爲妻，紀綱大亂。以此節指哀公而發便妥〔二〕，何必捨近圖遠？通章以『君稱』句爲一頭，下分本國、鄰國爲兩脚，提重『夫人』，與奪嫡者針對。

陽貨第十七〔三〕

『陽貨』章　朱注引『大夫有賜於士』云云。陽貨雖是陪臣，然據《左傳》『齊人歸鄆、陽關，陽虎居之以爲政』，亦儼然一大夫。以三卿之屬有下大夫五人，則下大夫亦家臣之長。後儒有據《玉藻》『大夫有賜於士，士拜受，又拜於其室』，謂孔子即在家受賜，仍當往陽虎家拜賜。不知《玉藻》另有『酒肉之賜不再拜』一條，故必不在家而後往拜於大夫之室也。『謂孔子曰』以下，明代郝京山以兩『不可』屬陽貨言，故下文有『孔子曰』三字爲標出也。見解絶高。

《史記·留侯世家》張良云：『今陛下能制項籍之死命乎？』曰：『不能也。』一連七筆代字訣，俱是此等文法。

〔二〕 哀公以爲夫人　『哀』原作『襄』，據《春秋經傳集解》卷三〇《哀公下》改。

〔三〕 以此節指哀公而發便妥　『哀』原作『襄』，據《春秋經傳集解》卷三〇《哀公下》改。

〔三〕 按，標題原闕，據後文内容補。

『公山』章　以《外注》張敬夫數語爲的。《勸學録》及《翼注》以弗擾賢於陽虎，不知夫子墮費，弗擾與叔孫輒率費人以伐魯，此時無孔子，則宣公幾不免於禍也，其凶惡更甚於陽虎。

『匏瓜』章　匏苦而瓠甘。注疏亦以匏瓜不能供人食，非謂匏瓜不能須飲食也。

微子第十八[一]

『接輿』章　邢《疏》以接輿姓陸名通，接輿是其字[二]，本皇甫謐《高士傳》，未確。蓋逸士隱身埋名，特借其事以名之耳。

『逸民』章　七人不分軒輊，語氣間有抑揚，衹是直道其所以爲逸民耳。考虞仲，毛西河引《史記》，以爲周章之弟、仲雍之曾孫，不合《左傳》『泰伯、虞仲，文之昭也[三]』。《吴越春秋》云：『當有國者，吴仲也。』是以仲雍爲吴仲。顧亭林謂：古『虞』字與『吴』字通，如『呼』字古從『嘑』，今省作『呼』之類。又《春秋左傳》『晉伐鮮虞』，《公羊

〔一〕按，標題原闕，據後文内容補。
〔二〕接輿是其字　『是』原作『士』，據前後文意改。
〔三〕文之昭也　《左傳》原文作『大王之昭也』。

傳》作『鮮吳』。又《詩經》『不吳不敖』，《史記・武帝紀》作『不虞不驁』，是『吳』與『虞』通之明徵。

『亞飯』節　諸侯止三飯，不言初飯，《白虎通》之説甚當。

『八士』章　八士曰尹氏，又曰南宫氏，蓋居南宫而出於尹氏也。《禮》：由命士以上，父子皆異宫。是文、武、成王時人無疑。古人五十以伯仲稱，謂周道也。出《檀弓》所云。八士以伯仲叔季稱，蓋人材盛而兼壽考也。

子張第十九〔一〕

『大德』章　爲觀人者得，在朝而論辨官材，在野而比方人物，皆不可不恕。

『人未有』章　春秋世人于親喪不能自致其情，故夫子特爲此語激發而感動之，欲人深思以盡其真情也。

〔一〕按，標題原闕，據後文内容補。

堯曰第二十[一]

『堯曰』冊　此冊顯然是《論語》一部序文，與《孟子》末章『由堯舜至湯』一章同例。古人序文俱置篇末，自春秋至六朝皆然。《史記·太史公自序》、劉彦和《文心雕龍序》俱置篇末。自唐以後，始有以序文加篇首者。此冊書首言歷代帝王治天下之道，後繼以孔子論從政，末歸到修身工夫，層次井然。

『允執其中』三句　古注解：『執其中則能窮格四海，而天禄永終矣。』下二句俱作吉祥語解。《書》『惟永終是圖』，《易》『君子以永終知敝』，以及後世言『永終』者多作好字解。但古注解『四海』句欠妥。後儒言以二句分承上一句解，謂不能執中，則四海困窮；能執其中，則天禄永終矣。解注甚當。如《史記·三王世家》武帝封齊王策云：『悉爾心，允執其中，天禄永終。』

『欲仁』句　『欲仁而得仁』，『仁』字作愛之理解。

〔一〕按，標題原闕，據後文内容補。

《大學》

按『子程子』，《朱子語録》是伊川之言，而孔子不加一『子』者，爲萬世師也。

『知止』節　此節當是解『止至善』一句。『明德』『新民』兩綱目自是鐵版不易，『止至善』一綱似乎落空，故以『知止』一節釋之。講家多未得其解。

『康誥』節　武王先是封康叔于康，自武庚既誅，三監既滅之後，復封康叔於衛。不曰『衛誥』而曰『康誥』，仍舊之辭也。

『穆穆』節　『與國人交』，艾千子指虞、芮等國言。陸稼書謂：『内而師傅，外而友邦，冢君皆國人。』二説皆非。誠如艾氏之説，是國也，非人也。誠如陸氏之説，則内而師傅是也，人非國也。按『國人』斷主民言。《易》云『上下交而其志同』，君之於民，未始不可以言交也。

『瞻彼』節　『切磋』以下至『不能忘也』，皆《爾雅》之詞，但《爾雅》無『者』字。武公當周宣、幽、平之世，《大學》是曾子門人所述，《爾雅》詁是周公所作，數句出《爾雅》訓詁。觀此，知此章是引《爾雅》矣。《爾雅》一書，周公、孔子、子夏所作。

『釋格物』節　王陽明教人致良知，而謂讀書亦是玩物喪志。嘗駁朱子『格物』之説，謂庭前有竹，格了七日，而不能通。竹本柔脆，何以能貫四時？大凡空者多無節，何以竹中空而有節？無非錯認『物』字耳。

『齊家』節　『親愛』五句，陸稼書云：『讀書明理之君子自以爲無是患，立身行道之君子自以爲有所恃，而不知欲動情勝，往往陷於一偏。舉格致、誠正之人亦在其内。與下文「天下」句一氣相引。』此説可從。『齊家』二字甚難。殷高宗之子孝己，其性醇謹，因聽後妻之言，致使野死於外。又宣王時，以文武全才之吉甫，亦因聽後妻之言而逐其子。所以曾子喪妻，其長子曾元勸其更娶，曾子曰：『吾上不能如高宗，下不能如吉甫，何敢更娶？』説本《韓詩外傳》。

《中庸》

『仲尼』節　六朝儒者劉瑰謂〔一〕：仲，中也。尼，和也。當時之君因夫子有中和之德，即用其字以爲謚。鄭康成之説亦同。

〔一〕六朝儒者劉瑰謂　邢昺《孝經注疏》卷一有『劉瓛述張禹之義，以爲仲者中也，尼者和也』，據此，『劉瑰』似當作『劉瓛』。

『聖人不知不能』節　按明代儒者有云：『天高地下，莫測其端。往來古今，莫知其始。聖人所不知也。有教無類，下愚不移。博施濟衆，堯舜猶病。聖人所不能也。』甚的當。

『大孝』節　『德爲聖人』句，另提舜之大孝，以舜之德爲聖人也。惟有大德以成其爲大孝，故能尊富饗保，與下文兩『故大德』相應，故下文專言德而不言孝。

『無憂』節　通章依注作三平無礙，然細味語氣，本重『子述』一邊。『以王季爲父』及『父作之』一句，祇是作陪，觀下兩節俱言『子述』可見。周制，父在居，嫡母喪，齊衰期年，壓于尊也。爲庶母三月，所生子亦然。蓋父深服，子即深服也。夫爲妻期，爲妾緦。自唐高宗從武后之請，父在，爲母斬衰三年，自後定爲永例。明太祖爲孫貴妃死，詔群臣定例，太子及諸王子俱服期年。太子以爲非古制，不從，帝大怒，群臣震讋，不知所出。正字杜彦良言於太子曰：『殿下當緣君父之情，不可執小禮以虧大孝。』因持衰服之，太子乃服以拜謝，帝怒始解。自後父在亦爲庶母服期。而父在爲母斬衰三年之例仍承唐制，而古人服制紊矣。

『武周』章　『孝者』節，兩『人』字，指文王。下文五『其』字，亦指文王。

『祖廟』，朱注『天子七廟』，此正解也。以下兼及耳。

『及其廣厚』節　地廣萬里，厚則二萬八千六百四十七里四分之一，天形如蓋。天有九重。第一宗動天，第二二十八宿天即經星天，第三土星天即鎮星天，第四木星天即歲星天，第五火星天即熒惑星天，第六太陽星天即日輪天，第七金星天即太白星天，第八水星天即辰星天，第九太陰天即月輪天。

《孟子》

《孟子》一書，如《史記》、《漢書·藝文志》、劉向《七略》《説苑》諸書，并應劭《風俗通》及趙岐《孟子題詞》皆謂孟子自作；《孔叢子》謂其門人所作，説本於韓昌黎。究以自作爲是。

『王曰』以下等句，『曰』字不逗斷。

『宿晝』章　據《史記》，齊有晝邑無晝邑。朱子仍經文作『晝』。

『東山』　據曲阜之旁無高山。朱注更誤。

『曾晳牧皮』　注引『曾點倚門而歌』一段，是烏有子虛之語。昭公七年，夫子年十七歲，以《論語》考之，子路年長於曾晳。子路少孔子九歲，則曾晳雖無年歲可考，其少於子路可知。季武子卒於昭公七年，曾晳袛七八歲，烏有此事？《檀弓》不足據也。

『莊暴』章　陳氏説此章惟『今王鼓樂』，於此『樂』字音岳，餘音落，與常解異。以鼓樂、田獵皆樂事也。『王語暴以好樂』，是説淫樂之事，所以暴不敢對。而齊王一聞孟子之言，所以變乎色也，蓋淫樂之事，齊王不欲使大賢知耳。此説頗長。

「孟子自齊」章　郝敬云：「孟母卒於齊，禮不忘其本，故不葬於鄒而葬於魯。禮，既葬之後，宜拜君命之賜謂賵賻之賜，反於齊拜君賜也。何以止於嬴？禮，齊衰不入國門，故止於嬴邑爲壇位以拜之耳。」

「五尺之童」　《周禮》：「國中自七尺以及六十，野自六尺以及六十有五。」十五歲以下爲五尺。

「堯舜之道，孝弟而已矣。」　吾人事親，當全副精神注在父母身上。委曲承志，視無形，聽無聲，正所謂「大孝不匱」也。故小孝用力，中孝用勞，用力用勞，尚有可言，至於不匱，真無可形容了。勿謂「吾問心不如此，特有時做不來了」，豈知天下斷無做不來底事，其做不來者，有未至也。亦思古人年雖老，而依然孺慕，至戲斑衣以娱親，爲親滌穢。老大受杖，親杖之不力，猶懼親之血氣衰。如此等事，敢自謂做不來耶？「子見齊衰者」等項，「雖少必作，過之必趨」。饒雙峰先生謂：「今人無是心而僞飾是態，是其中漓也。」然這等人少。惟尚有是心，每不能本是心以行之，遂曰：「吾非無是心也，特做不來耳。」此等人極多。故事親之際，必不容有未盡之心。其未盡者，是心不誠也，其性薄也。至於家庭之間，處之或不無難易之不同，然是在自家之本領何如耳。天下豈有難處之家庭？處之云難，亦處之未善耳。若事偏存之父母、晚年之父母，此中更多難告人者，要在事之何如耳。又天下無不是之父母，人生最難得者兄弟。張公九代不分居，及告帝也，則書百「忍」

字以進。鄭仁浦則謂『不聽婦人言』〔一〕。鄭仁浦之言是也。然此不足爲諸君子言，則當修身以教家。婦人，從人者也。苟見自己身上於父母昆弟極其愛敬，這等婦人方且懼不愛不敬而爲我所棄矣，何尚敢在自己身邊有半句言語耶？此正本清源之要也。

世人每以兄弟或不無異母，生許多變故，不知兄弟雖異母，獨不同父乎？然則非同氣之人乎？《公羊傳》『齊使其弟年來聘』，《傳》謂『母兄曰兄，母弟曰弟』。何休《解詁》謂：『殷人尚質，義尚親親。』何一謬至此。《儀禮》嫡長子死，次嫡子繼，因嫡庶辨嫌故也。是以繼統言，是爲其母正嫡庶之分，非爲其子言親疏之異也。

〔一〕鄭仁浦則謂不聽婦人言　據《明史》卷二九六《孝義一》，此事當屬鄭濂。鄭濂字仲德，浦江人。

講課雜録〔一〕

講書即講學之謂也。自孔子以來，上下二千餘年間，學術遞變，聖人往而微言絶，七十子亡而大義乖。當戰國時，楊墨塞道，孟子闢之廓如也，昌黎韓子謂其功不在禹下。及漢時，一代之治皆以黄老爲宗。陵夷至於魏晋，棄黄老而趨莊列，雅尚清談，争誇玄妙。所以桀黠之夫有輕量朝廷之意，揭竿而起，遂使神州陸沈，有由然也。自是以降，至於南北朝，又變而崇尚禪佛，迄唐猶盛。昌黎韓子出死力以排之，作《原性》《原道》等論。異端於以屏絶。及夫宋代，關閩濂洛，講明正學，然猶入人未深也。迨程朱闡發性理，道義益浹於人心，其爲功於世教者爲尤盛。乃至明季，别户分門，競尚心學，各標宗旨。至國初，諸鉅公乃厭薄乎言心學者之遁於虚，不若求諸六經之爲實，即聖人之書以明理，即書中之理以處事是也。至戴東原，又謂詳聖人之字以通聖人之書，通聖人之書以明聖人之理，然後可以治世。夫必逐字考據求詳，則雖老彭之壽有不足於用者矣。近自乾嘉以來，又有專講考據，公

〔一〕按，此標題原闕，據後文内容補。

然自號爲漢學者。其意謂近□宋學不足以尊貴[二]，特求托於二千年以上之學以争名耳。夫漢儒訓詁釋經，非是則聖人之學無以傳。今人爲之，立心已不善，是無異於爲神農之言也。總之，上千百年以前，異端亂聖教者在道外，而吾儒之學以孤。近千百年而後，同術亂聖教者在道中，而吾儒之學益雜。蓋所貴於學者，貴有實學，經史之學、掌故之學、性理之學、詞章之學，雖有本末輕重之分，要之皆實學也。

闢陽明致良知之説

朱注解『良』字，本然之善。良，實也，與『良貴』『良』字俱作『實在』解。陽明作『自然』解，已不合。且陽明謂自然之知乃真知，是爲良。既以爲良，何待於致？既待於致，何足爲良？明季諸公别户分門，各標宗旨，而『致良知』之説鼓蕩天下，至二百餘年頽波未息，即聰明之士亦不能自拔藩籬，其故實所不解。且孟子講『良知』兼『良能』，陽明何以單説一邊？

陽明又謂孔子自言『多聞擇善而從，多見而識』，爲知之次。明以見聞之知非真知，是其次。良知乃真知，是第一層。夫以孔子上聖，不能爲弟一等之知，而欲開宗立教，使天下之人盡爲弟一等之知乎？

[二] 其意謂近□宋學不足以尊貴　『近』後一字爲墨迹所遮。

陽明看月詩：支離惟有鄭康成，影響重憐朱仲晦。

陽明論『格物』二字，謂：『我偶於庭際見竹獨有節，因思其故，格至七日不得。』遂詆朱子『格物』二字。不知朱子講『物』字跟聖經來指明，所言之『格』字，亦從本末先後處格之耳。大抵論學不得單言心，由心而之事，繇事而之政，方見著實。即在孔子答顔淵之問仁，必以效言之。答子張、樊遲之問仁，一曰『先難後獲』，一曰『恭、寬、信、敏、惠』，而更及其效。它日又答樊遲之問仁，曰『居處恭，執事敬，與人忠』云云，無不以事言之。若孟子亦何嘗不然？

朱九江學規

敦行孝弟

引《韓詩外傳》皋魚曰：『樹欲静而風不息，子欲養而親不在。』

又引《大戴禮》曾子言：『親戚既没，欲盡孝，誰爲孝？耆艾之年，欲盡弟，誰爲弟？』

又引唐李勣爲姊煮粥事。

又引蘇東坡在獄中寄子由詩：『與君今世爲兄弟，猶結來生未了恩[一]。』

崇尚名節

言進禮退義，生死禍福，辭受取與，皆要謹。

引王澄到大郡，問吏曰：『君郡中人物幾何？』吏對：『郡中祇有蔡子尼、江應元兩人[二]。』澄曰：『若某某衣冠輩，非君同郡人耶？』吏曰：『是也。』澄曰：『何以不舉其人？』吏曰：『我謂公問以人，不謂公問以位。』吏可謂有卓識。

又引鄭康成不應聘爲守節，荀淑九十日遍歷三台，名節掃地。

又引蘇東坡所云：『辨天下之大事，執天下之大節者也。執天下之大節，小天下者也。』

[一] 猶結來生未了恩　按，『猶』一般作『更』或『又』。『恩』當作『因』。

[二] 郡中祇有蔡子尼江應元兩人　『蔡子尼』原作『曹子彌』，據《晉書》卷七七《蔡謨列傳》、《世説新語》卷下之下《輕詆第二十六》改。

引諸葛武侯托孤事。

引楊瑄爲相事。

又云：『「節」字人皆知得，而何以加「名」字？此亦自古傳之，猶「教」曰「名教」云爾。夫老子謂伯夷死名，盜跖死利，此是異教。若孔子則云：「君子去仁，惡乎成名？」「君子疾没世而名不稱。」其贊《易》，又曰：「善不積不足以成名。」即《孟子》亦曰：「好名之人能讓千乘之國。苟非其人，簞食豆羹見於色。」「苟非其人」，「其」字即指好名。大凡「其」字皆指上文，則此「其」字非指好名而何？古注解好不有之名者，子臧、季札是也。不能好不有之名者，若子公諸人是也。』

又魏了翁奏疏：『今日士大夫患不盡心奉公，好名非所患也。』

變化氣質

引孔子對哀公之言，講顔子好學，何以不講其如何好學處，但云『不遷怒，不貳過』。不知『遷怒』是氣質偏於剛，『貳過』是氣質偏於柔。儻氣質有所偏，便是好學未至。

又引朱子云：『學如吕伯恭，方是讀書能變化氣質。』

檢攝威儀

言威儀雖在外而實根於内，即威儀以驗吾心之精爽而決其禍福。

《詩經》言威儀十有四，《書經》言威儀二，《左傳》言威儀，如『成子受脤不敬』、『晋侯受玉惰』、北宫文子之論威儀、『越椒來聘，執幣傲〔二〕，叔仲惠伯言其必滅若敖氏之宗』，又如『執玉高卑』之類。

又如曹丕無人君之度，國祚所以促。

又引管輅相何晏、鄧颺等語。

又引裴行儉相王、楊、盧、駱，謂：『楊子頗沈静，可得一縣令，其餘令終爲幸。』及後其言果驗。皆以威儀爲斷。

鄭康成古注疏云：『禮儀三百，威儀三千。』皆因乎心之用而已。先王制爲禮儀，而後心之用有所施。

再申説子夏、子游問孝兩章。

君子之容，舒遲原是好的，而見所尊者齊遬，又奚可？剛正有不犯之色亦是好的，而嚴

〔二〕執幣傲 『幣』原作『玉』，據《左傳正義》等書改。

威儀恪又非所以事親也。

再申説『崇尚名節』意。蘇文忠嘗謂：『人臣致身以事君，則凡身之所當興利除弊者，當忘身以爲之。至若生死禍福之來，不足咎也。』真可謂一言爲百世師。其後人祭蘇文忠，祝文云：『皇天后土，鑒一生忠義之心；天地山川，還萬古英魂之氣。』

附録　朱子《白鹿洞講學會規》

君臣有義，父子有親，長幼有序，夫婦有别，朋友有信。

博學之，審問之，慎思之，明辨之，篤行之。

修身，處事，待人。

懲忿窒欲，遷善改過，所以修身。

施行有不得，返求諸己，所以處事待人。

朱九江論學[一]

宋胡忠恪瑗在湖州設經義、治事之齋[二]，分別教人，各有成就。先儒之立教，雖不敢詆毁，然不能無疑焉。明經而不能治事，即是空疏無具。治事而不本於明經，又蹈於申韓，昔人所以有謂刀筆之吏。

鄭修年先生爲鵝峰書院山長[三]，每接門人，必問其志所在，隨其志教之，各有成就。

[一] 按此標題原闕，據後文内容補。

[二] 宋胡忠恪瑗在湖州設經義治事之齋　「胡忠恪瑗」，據《宋元學案》卷一《安定學案》記載，胡瑗字翼之，謚文昭，此處「忠恪」二字當有誤。

[三] 鄭修年先生爲鵝峰書院山長　此句中「鄭修年」「鵝峰書院」當有誤。

經學〔一〕

自古有經學，有理學，蓋窮經以明其理，明其理然後可以處事。昔先王以《詩》《書》《禮》《樂》教天下，《禮記》所謂『樂正崇四術』是也。

歷舉古來能以經術致用者，如漢張湯，酷吏耳，且用經術士斷疑獄，比例於經。

又如京兆尹雋不疑，當漢昭帝時，忽有男子乘黃犢車，自稱衛太子，聚而觀者萬人，舉朝公卿皆錯愕。不疑後至，至即命人速縛之。公卿皆謂真僞莫辨，何不詳審？不疑即大言曰：『蒯聵得罪於父，衛輒出兵以拒，《春秋》是之。今衛太子得罪先帝，亡不即死，猶歸詣京師，即真衛太子，無可赦矣，何待致疑？』帝與大將軍光聞之，爲之嘆賞，始重用經術之臣。不疑遂名震一時，滿朝公卿皆自以爲不及也。

又昌邑王之時，夏侯勝上書言：『天多淫雨，必有臣下謀其君者。』大將軍光疑張安世漏言，讓之，安世對以無。光召勝問之，勝對：見於《洪範》。

又蕭望之，當漢元帝欲乘匈奴喪伐之，蕭望之據《春秋》晉士匄伐齊，聞齊喪而還一事對之，言匈奴宜懷不宜伐。後果呼韓邪入朝。

〔一〕按，此標題原闕，據後文内容補。

孔子亦以『詩書執禮』教及門。孔子之『詩書執禮』即先王之《詩》《書》《禮》《樂》。何以不言樂？蓋詩歌皆入樂章，《儀禮》《禮記》所載奏樂，亦無非於用禮時見得，如『趨以《采齊》』『行以《肆夏》』『閒歌三終』『笙入三終』『合樂三終』等類皆是。又《周禮》『以禮樂合天地之化』，禮樂皆綜於大宗伯可見。

古無『六經』之名，《周禮》云：『德行道藝。』『藝』字便指《詩》《書》《禮》《樂》。劉向校書天禄，亦謂《藝文志》。然則『經』字從何時起？蓋亦始於孔子時矣。昔莊子謂：『某自删訂其六經，以鼓動於七十二國。』又《禮記》有『經解』一册云云。

《詩》以道志，《書》以道事，《禮》以道行，《易》以道陰陽，《春秋》以道名分。

且六經中，《易》與《春秋》，何以先王不以爲教，孔子亦不以爲教？蓋古之時，《易》爲卜筮之書，掌於太卜，《春秋》亦一國之史，掌於太史，當時猶未頒行天下，所以名卿如韓宣子亦未之見，聘魯而觀《易象》《春秋》，所以有『周禮盡在魯』之嘆也。即在孔子之門，自非學貫天人者，孔子亦不以《易》語之。

論經史爲學之根柢。《十三經注疏》，考據、訓詁、名物。阮芸臺作《皇清經解》，亦從名物、象數上考據。徐乾學作《通志堂經解》，衍説義理。

程子解《易》，單説義理，朱子仍取象數始備。程朱解經，全説義理。

大要讀經，《十三經注疏》《十經御纂》不能離左右。

史學

自太史公繼經而作史，籠絡六經之體制，而會歸於一。當時未有《史記》之名也。史即是經，若《河渠表》等，如《書》之《禹貢》；《平準書》等，如《禮》之制度。帝王作《本紀》，諸侯作《世家》，有位無位俱得作《列傳》；當世之宰相，無咎無譽者，作《表》以及之。其後若班固《漢書》、范蔚宗《後漢書》、陳壽《三國志》，皆可謂體大思精，足以爲後世法。所以然者，蓋其時去古未遠，學有根柢，與經不甚差也。

以上謂之紀傳，不謂之編年。

其後有荀悦、袁宏編年之史，俱不得爲正史。

編年之史，惟司馬温公所修《資治通鑑》爲最當。時温公奉詔修史，得以書局自隨，徵辟人才可自主。是時，温公所辟范祖禹等三人皆天下才，同心修史，温公總其成。十九年始進御覽，英宗大爲嘉賞[一]，爲之作序，是爲正史。

又作《資治通鑑紀事本末》四十餘卷。

[一] 英宗大爲嘉賞　『英宗』當作『神宗』。

其後朱子《資治通鑑綱目》，非朱子作也，惟『史例』數語是朱子作。首歲以編年，表年以著統，立綱以提要，紀事以備言。後人有摘《綱目》之誤不合其體例者，書有四卷。其後若各類綱鑑，先綱而後鑑，更是不合。及清廷命徐乾學所修，亦可比正史。

南北朝時，北人之學守舊而棄新，南人之學喜新而得僞。當時有言北人之學如庭際觀月，南人之學如牖中觀日。孔穎達奉詔著書，亦多爲時俗所誤。

掌故之學

掌故之學，以杜佑《通典》、馬端臨《文獻通考》、鄭樵《通志》爲要。杜佑，唐岐國公，字君卿。端臨，宋相之子，入元朝不仕。《通典》載食貨、官職、選舉、禮、樂、兵、刑、邊防八門分類。《通考》又從《通典》，增足十九類。《通志》分紀傳、世譜、二十略，祇是仿太史公之舊增損潤色。人以爲殊無所長，惟二十略是聚精會神作的。所講有草木昆蟲類，極其典贍，足以發煌天下之耳目。後人取其文詞，所以附《通志》於《通典》《通考》，而號爲『三通』。《通典》《通考》載國家大典，本是正書，若《通志》，則不過是史，何以能附於『二通』之後？蓋所以能附者，亦以此之故。及清乾隆朝命儒臣續『三通』而作，儒臣奏：『我朝典章宏富，須各自成書。』於是有《續通典》《續通考》《續通志》三書。

性理之學

引本朝《性理精義》及自宋以來前賢性理等書。

『不知命，無以爲君子也。』『命』字，漢董太傅、韓太傅皆作『性命』解，可謂高卓。《易》言：『乾道變化，各正性命。』又曰：『繼之者善也，成之者性也。』可見得天命正而不命邪，命善而不命惡。不知仁義禮智信是天命我之性，捨是則爲小人，無以爲君子。

知得命所自具，即功業如周公，亦『公孫碩膚』而『赤舄几几』[一]。如武侯，亦曰『此臣盡於陛下之職分』，衹見得完吾性之本分而已。不然，如王景略、姚崇、張太岳等，其才均足以致天下於富强，而性理不明，衹是造得一半。

周子《太極圖説》云：『無極而太極，太極而兩儀。』夫極者，中也，别於四隅而言之也。《易》言：『是故易有太極，是生兩儀。』本言揲蓍之法。周子言『有太極而後有天地』，

[一] 亦公孫碩膚而赤舄几几　『公』字原闕，據《詩經·豳風·狼跋》補。

是太極先乎天地，易亦先乎天地矣。何以《易》云『天地定位而易行乎其中』，得毋與聖言相背耶？邵子有先天卦位、後天卦位，言先天是伏羲時所有，其位乾南、坤北、離東、坎西、巽西南、艮西北、兑東南、震東北。本意謂乾坤是父母之卦，何以不在正方位而反在偏隅？不知居北面南，乃正是居高馭下之勢。是以古之帝王常居於北，臣民之處於四方者皆北面以朝。是以乾位處西北，坤位處西南。且以一歲論方位，乾適當十月。十月亦陰極盛之時，陽氣全消，故號其月曰陽月，亦取其義於扶陽抑陰，是非以純陽不能决積陰也，故乾處於其位爲宜。即坤地也，雖統括於四時，而不能不屬於一方，故坤處於西南。以一歲論方位，適當夏季、孟秋之間。正月，令中央土之時也。《易》言『帝出乎震』，震，東方之卦，屬木。伏羲以木德王，『帝』字非指伏羲而誰[二]。

《易經》。自孔子作《十翼》，後傳之商瞿子木，五傳而及田何，田何傳之施讐、孟喜、梁邱賀。其後焦延壽、京房注《易》，亦自以爲得傳於孟喜，而孟喜之門人不謂然也。及費直注《易》，一以孔子《十翼》爲宗，上下彖、上下象分計。雖其時不立於學官，而後人宗之

〔二〕按，此條似屬下文《易經》內容。

者衆。至鄭康成學焦、京《易》於〔一〕，又學費直於〔二〕，及其自注，則依費説爲多。又定爻辰如之方位〔三〕，虞翻之納甲，不一其人，皆以象數爲主。及至晋王輔嗣出，廢棄象數，一以義理爲主。《彖傳》《象傳》自費直始附入，《文言》自王輔嗣始附入，其先本皆單行。特其所言義理，參以老莊。至程伊川説《易》，則一本乎聖賢之理矣。所以程《傳》出，而王《傳》亦微。究竟言《易》，要義理、象數兼備。觀『《易》有聖人之道四焉』數語，單言義理，不過得其一耳。

讀書須辨僞得真。自北宋陳摶以來始有《河圖》《洛書》等説，後人以爲宓羲因《圖》《書》始畫八卦，不知《易經》云，『古者包羲氏之王天下也，仰則觀象於天，俯則觀法於地，觀鳥獸之文與地之宜，近取諸身，遠取諸物，於是始作八卦』云云，則伏羲作八卦，何所不取象？豈特圖、書乎？即《易經》又云：『河出圖，洛出書，聖人則之。』亦不過取象之一端耳。且戴九履一之數，吕不韋《月令》已言之。《大戴禮》論作明堂亦以言之。一與六共宗之數，亦出自楊雄《太玄經》〔四〕。

〔一〕至鄭康成學焦京易於　『於』後有兩字空格。
〔二〕又學費直於　『於』後有兩字兩格。
〔三〕又定爻辰如之方位　『如』後有兩字空格。
〔四〕亦出自楊雄太玄經　按『楊雄』，書中又作『揚雄』，實同一人。今仍其舊，不作改動。

周子《太極圖》亦云得自陳摶，以爲有太極而後有陰陽。夫陰陽，即天地也。《易》云：『天地定位而易行乎其中矣。』又云：『易有太極。』是太極本是易之太極。易行於天地定位之後，太極又寓於易之中，初非有太極而後有天地也。且『極』云者，『中』之謂，非『至』之謂。

邵子『先天卦位』亦云得自陳摶，以爲乾父坤母，六子所從出。『後天卦位』反置乾於西北，是大父母之卦反不得居四正位，而居四隅位，爲不合，所以『先天卦位』乾南、坤北、離東、坎西、兑東南而震東北、艮西北而巽西南。不知《易·説卦》『萬物出乎震』一節固是可據。且天下大勢，北出地三十度，南入地三十度，北常尊於南，今反乾南坤北，是使地上天下，位何以定？又乾位西北，以四時按之，適當十月純陰之時，陰盛陽消，君子所懼，故非以盛陽不能决積陰。乾位西北，正欲以純陽决之也。《坤卦》又云『陰疑於陽必戰』，爲其嫌於無陽也，故稱龍焉。此其意也。

『天生神物』，神物即蓍草。

《易經》雖自聖人手定，然傳之後世，亦不無訛誤。如《解卦》上六爻『公用射隼於高墉之上』，《繫辭》夫子解之則曰：『隼者，禽也。弓矢者，器也。射之者，人也。』然則爻辭無『弓矢』二字，疑亦有錯誤。又《屯》六三云：『即鹿無虞，以從禽也。』有云：『即麓無虞，何以從禽也？』『麓』誤作『鹿』，漏却『何』字。

至若『侯之』二字衍，無疑矣。

《書經》。孔子删《書》，斷自唐虞，共百二十篇。經秦火之時，齊人伏生爲秦博士，先已藏書，及至亂起流亡之後，歸求其書，失去數十篇，僅存二十九篇，於是授其徒濟南張生、歐陽生。歐陽生一支傳倪寬，倪寬又傳其子歐陽世昌及其曾孫歐陽高，謂之歐陽之學。張生一支傳夏侯都尉，都尉以授其族子始昌，始昌授族子勝，爲大夏侯之學。勝傳子建，别爲小夏侯之學。當時，歐陽及大、小夏侯三家并立。當武帝之時，景帝子魯恭王封於曲阜，欲廣宫室，壞孔子宅，得古文《尚書》於壁中，孔安國因奉其書而獻之。時適巫蠱事發，未暇頒之學官，數傳而遂散失。至賈逵、馬融，猶有能傳者。

孔安國所獻古文《尚書》多不能讀，所能讀者得十六篇，内一篇《九共》是記九州進貢者，分爲九篇，則二十四篇也。又伏生之今文《尚書》本二十九篇，及後《堯典》分多《舜典》一篇，《皋陶謨》分多《益稷》一篇，《盤庚》分爲三，多二篇，《顧命》分多《康王之誥》一篇，共多五篇，合二十九篇，共三十四篇。今文《尚書》立於西漢，古文《尚書》至東晋始顯。當元帝時，梅賾上孔傳，無《舜典》首二十八字。及齊建武時，以姚方興所得於大航頭者補之。明帝命博士蕭衍與之論難，猶未改行，至唐開元始補入。今日所誦習之《尚書》已相沿二千餘年，有功業昭著，有鬼神呵護，亦必不可廢矣。

孔安國之古文《尚書》，大約有伏生所已傳授者，有伏生所未傳授者，惟其所得之十六篇與伏生之二十九篇皆是真《尚書》。

至如梅賾後出之古文《尚書》，托爲孔傳，上之於朝，明是僞迹。觀於司馬遷從安國問故，而《史記》引用《書》辭多與古文異。若巫蠱事起則安國已故，而以爲其書會此未上，不亦謬乎？又《武成》『越某日』，與《洛誥》書法不同。又蔡邕《鴻都石經》殘本作『孝乎惟孝』一句，安國亦漢人，何句讀之不協如此？又穀城河南分在曹魏，何以孔傳之疏略先言之邪？不獨今文詰屈聱牙，古文反文從字順，而信其爲僞撰也。今讀之，《泰誓》非伏生今文，乃梅賾所上云。

《洪範》『五行』，自唐以前聚訟，《禹貢》自宋聚訟。明時有一人自西方航海而來，先到廣東，後至金陵，駐四十餘年，持論天至大，地至小，在天亦如一星，即如地九萬餘里，中國亦不過十之一，豈得以中國人行事遂應於天象？當時士大夫之見異思遷者，以爲西方之聖人復出，是皆受其蠱惑。夫中國居天下之中，人爲萬物之靈，是人爲天地之心，而帝王君公又爲人之總領，其所行得失，天象應之，如人之五臟受病而見之於面也。自春秋以來，天變災異，聖人無不録之。董子《賢良策》『天人之際甚可畏也』等語，尤詳切言之。又夏侯勝諫昌邑王微行之言曰：『天多陰雨，臣下必有謀上者。陛下欲何之？』王以爲妖言，付吏，吏白大將軍光，光以爲安世漏言，安世實不言。光召問勝，勝曰：『在《洪範五行傳》：「皇之不極，厥罰常陰。」時則有下人伐上者，惡察察言，故曰有謀。』光以是益重經術士。又有以卦候氣者，將

《易經》六十四卦分排，以某卦值某日遠，至歲餘無不奇中。可知天人固不遠也。

《金縢》一册，袁枚等多以爲僞，不知此乃聖人之至誠，非淺見者所能窺。

『我之弗辟』句，《大傳》、孔《傳》歷來『辟』皆作『法』。解『居東』即是征東，東是國名，武王封管叔於東。『罪人斯得』，謂征東二年即得管叔等而誅之。後乃作《鴟鴞》詩以貽王，其詩曰：『既取我子，無毁我室。』『其子』即指管、蔡，『我室』指周家。謂寧殺管、蔡，無敗國家云云。所以朱子作《詩傳》，仍照此解。『辟』讀避，自鄭康成始。鄭康成解『居東』作『避居於東方』。『罪人斯得』，此罪人指周公居攝時所用之人。謂公既居東，成王即收公所用之人而誅之，以爲翦其羽翼也。

『管蔡』解。沈仲默作《書傳》之時〔二〕，問於朱子，朱子又疑於鄭康成之説『辟』字，以爲『管、蔡作難，周公未必即有欲致辟之心』云云。故仲默作《傳》，照康成『辟』讀避。而解『罪人斯得』句又不同，謂：『周公既居東二年，成王乃知流言實自管、蔡』云云。夫管、蔡流言正欲間周公，若使周公避位居東，則一力士足以擒之，正中奸人之計，周公豈若是之愚？可知斷無是理。

康成謂周公居攝七年，自征東起計，更不是。

〔二〕沈仲默作書傳之時　按，蔡沈字仲默，作『書集傳』。此句前當闕一『蔡』字，或『沈』爲『蔡』之誤。

《顧命》本連《康王之誥》爲一篇，後梅賾所上分爲兩篇。其所陳即位之儀仗，蘇東坡疑之，以爲周公如在，必不若此。引《喪禮》『以喪服冠』一句，及叔向對客『孤斬焉在縗經之中』[一]『是重受吊也』等語作據，以爲『聖人復起，不易吾言』。又有爲之説者，謂即位時便不合，特疑有脱簡，非即位時事云云。不知此乃時勢之變，聖人亦無可如何者也。古來皆諒陰三年不言，百官聽於冢宰，變此禮者自《康王之誥》始。畢公、召公有監於周公，以公處其位，尚多疑謗，流言起禍，况畢、召疏屬，安得不鄭重其君即位之事，安定天下之人心？即如成王臨崩，諸臣皆在側，元子釗豈不在側？何至『逆子釗於南門之外』？凡此皆所以昭示於天下也。

《書經》，二典雖曰『虞書』，《左傳》引來俱云『夏書曰』。孔子删《書》，分爲《虞書》，然實成於夏史臣之手，《左傳》紀實。

《尚書大傳》要讀，漢伏勝撰、鄭元注。

《詩經》乃當時人人諷誦，習熟於口耳，不單靠竹帛以傳，故雖遭秦火，而未嘗有失。自孔門授《詩》於子夏，子夏授曾申，曾申授魏人李克，克授魯人孟仲子，仲子授根牟子，根牟子授趙人荀卿子，荀卿子授浮邱伯，又授大毛公亨，亨授小毛公萇。與徐整説異。徐整謂自子夏授高衡子，高子數傳而至大毛公、小毛公。究竟前説爲真。其先，荀卿授《詩》於浮邱

[一] 及叔向對客孤斬焉在縗經之中　『縗』，先秦經典引用此句作『衰』，當是。

伯，及後楚元王交、申公、穆生、白生四人學《詩》於浮邱伯。楚元王交亦有作傳，不傳。惟申公所作之傳留傳於世。申公，魯人，故曰《魯詩》。漢初，又有轅固生者、韓嬰者，曰《齊詩》，曰《韓詩》。漢文、景時，三家已列於學官。及武帝時，河間獻王德景帝子、武帝兄，有博士毛萇獻《毛公詩傳訓詁》，云自子夏傳授。《訓詁》，大毛公作。獻王大喜，進之於朝，而未得立。及成帝時，劉歆奏《毛詩》〔一〕《左傳》《古文尚書》《逸禮》當立於學官，爲師丹所駁，不果行。至東漢，鄭康成爲之箋，而《毛傳》大顯。《齊詩》亡於魏。《魯詩》亡於晉，而僅存其《詩説》。《韓詩》僅存《外傳》，而亦無有傳之者。今惟毛氏列於學官耳。《毛傳》中有子夏《詩序》，序又分大序、小序。所謂大序，列於《文選》一篇是也。其小序，則録於各詩末者是也。至南宋鄭樵夾漈漁仲始著論云：『《詩序》皆出於後世鄙淺之儒，《序》可以廢。』故作《辨詩妄》〔二〕。

朱子釋《詩》，本一遵毛、鄭，見於吕伯恭《讀書記》。吕伯恭、張敬夫，皆朱子執友最密者。及見鄭夾漈《辨詩妄》，折而從之，所以翻駁《詩序》。又作書二卷，而注『憂心悄悄』一章，仍用《序》説不改。作《白鹿洞賦》『廣青衿之疑問』句，仍用《序》説。門人有問

〔一〕劉歆奏毛詩　『劉歆』原誤作『劉欽』，據《漢書》卷三六《劉歆傳》改。

〔二〕故作辨詩妄　『辨詩妄』當作『詩辨妄』。後文同。

之者，朱子曰：『總思之，《序》説亦不廢。』然則《序》説蓋傳之有日矣。但雖傳之自古，而後人附益之者亦不少，固不獨毛萇續補之、衛宏潤飾之而已也，即諸家之説亦有互牽而入者，則《序》誠不可盡信。如《昊天有成命》，明是康王祭成王以上之詩，而《序》何以云『郊祀天地』？《雍》詩明是武王祀文王之詩，而《序》何以云『禘太祖』？《雅・抑》詩一篇，明是衛武公作以自警，而《序》何以云『刺厲王』？此皆後人附會之失。《韓詩》解《關雎》一篇，謂：『康王晏起，畢公作《關雎》以刺之。』若以爲刺詩，則孔子何取而冠於三百篇？況且又何以有『關雎』之辭云云。然當西漢之時，太史公亦兼用之，蓋以當時魯、韓、齊三家以并立學官，《毛詩》未立，猶爲逸詩也。《毛詩》亦多非復聖人《雅》《頌》得所之舊，編次多有凌亂，如『燄燄宗周，褒姒滅之』，以後之詩皆以爲刺衛。《碩人》等章，先後到置是也。若詩有其名而亡其國者，如《邶》《鄘》《衛》等亦當要辨。或以爲詩人之所自繫，或以爲聖人之所編録，又或以爲太史采詩得於其地者，即以其地名篇，皆非也。蓋邶、鄘以前本無詩，所言詩皆衛事。合《邶》《鄘》《衛》而言之者，不忘其初也。衛兼有邶、鄘之地，紀其實則曰衛詩，不忘其初則曰邶、鄘、衛之詩。觀《左傳》北宫文學引《邶風》則曰『衛詩』。季札觀樂一段，又爲之歌《邶》《鄘》《衛》云云。然則聖人録《衛風》，亦不忘其初，紀之曰《邶》《鄘》《衛》云爾，未嘗有所分屬也。分而屬之者，毛氏以後之訛誤。其所以分屬之故，疑衛詩太多，與各國風詩不相配。

《彼都人士》一章惟《毛詩》有。

孔子之作《春秋》，所以維王迹，觀《孟子》之言曰：『王者之迹熄而詩亡，詩亡然後《春秋》作。』[一] 又曰：『《春秋》，天子之事也。』孔子蓋以天子之權還之天子云爾，非如胡氏所注謂『托二百四十年南面之權』云云。書法如『天王使凡伯來聘』。戎伐凡伯於楚邱以歸』，一以見魯桓公不朝天子，反令天子使卿來聘，是不臣之罪；一以見衛當日，天使過其地，不能以禮送迎，是無王之罪；一以見凡伯大臣受辱，又不能仗節而死之罪。據事直書，面面俱到，真聖人之筆削也。又甯殖囑甯喜之言曰：『吾得罪於君，悔而無及也。名在諸侯之策曰：「孫林父、甯殖出其君。」』而《春秋》則書曰：『衛侯出奔齊。』鄭與周戰，本有射王中肩之事，而《春秋》書曰：『王師敗績。』蓋未至於弑君得以定其罪，聖人不欲書之以長權奸之氣也。又如《春秋》中，書『弑君』者二十五，書『國弑』三，書『國人弑』者四。書『國人弑』，則因其國赴告，衹歸罪於微者，聖人知其罪在當國之人，不得以其赴告之人書之，故書曰『國人弑其君』。推求當日事迹，自昭然可見。若其并『人』字不書，而但書『國弑其君』者，則又以其國之人皆爲權奸所役使，爲權奸所籠絡，若其國虛無人焉云爾。

《左傳》，左丘明作。左丘明爲魯國史官，親及孔門，得觀百二十國之寶書。當其先，

[一] 王者之迹熄而詩亡詩亡然後春秋作　兩『詩亡』原皆作『詩忘』，據《孟子注疏》卷八改。

孔子作《春秋》，但口授於弟子。左丘明慮其人各自爲說，言人人殊，故特爲作傳。論者謂《公》《穀》優於理而事多誤，《左氏》詳於事而理或疏。然觀於《左傳》，固可謂博物君子也。其言天道、鬼神、灾異，皆歸本於人事。惟文公居喪文二年，用幣以爲禮，是居喪可以昏。鬻拳兵莊十九年，諫以爲愛君，是臣得以協君。衛輒拒父以爲尊王父，是子可以叛父。原文錯引入《左氏》，此是譏《穀梁》之失。范氏甯譏之。又陳殺其大夫洩冶，洩冶當陳靈公之無道而敢諫，正是鳳鳴朝陽。《左氏》：『君子曰民之多辟，無自立辟。』其洩冶之謂乎？無美辭。又宋共姬守禮而死，正是春秋第一婦人。《左氏》又謂其『女而不婦』，無美辭。至於列國大夫皆有化家爲國之執，《左氏》皆爲其先世叙述發祥之始，鋪張之詞。甚至趙盾弑君，何得爲良大夫？而曰『古之良大夫也，爲法受惡』，亦是諛詞，無非觀望形勢以立言。其所鋪張者，獨『季氏不應天生』『季氏以貳魯侯』『季氏亡則魯不昌』，何以後竟不然？大抵左丘明之爲人老成名德，於禍福利害稍審，於綱常名教稍徑。其所以不能及十哲諸賢者，以其德性不若諸賢之堅定，亦無諸賢之風節也。

師曠謂衛獻公『弗去何爲』，史墨論魯昭公語皆邪說。

『春王正月』，宋胡文定謂：『以夏時冠周月，本自孔子改定，周時本曰元年冬十一月』云云。若使如此，則周猶行夏月，是周行夏時之實，而孔子改易夏時，孔子并没夏時之名也，何以云『行夏之時』？

《左傳》曰『王周正月』，則此正月乃周之正月，春亦周之春也。

朱竹垞詩：『《春秋》王正月，群疑積至今。丘明一「周」字，直抵一千金。』

諸儒皆以隆冬十一二月何以名之曰春？不知凡陽月皆可爲春。周建子以一陽初復爲春，商建丑以二陽爲春，夏建寅以三陽爲春。

《書經·伊訓》：『惟元祀十二月乙丑，伊尹祠于先王，奉嗣王祗見厥祖。』蔡仲默本胡瑗之說解經便錯。此十二月乃夏之十一月也。是日乃氣與朔合，冬至曆元郊天。冬至郊天於南郊之圜丘。而以先王配，亦猶宗祀文王於明堂，以配上帝也。

《孝經》曰：『郊祀后稷以配天，季秋宗祀文王於明堂以配上帝。』則《伊訓》所云『十二月乙丑』，乃氣與朔合，冬日曆元之日，行郊天之禮，而奉嗣王祗見厥祖也。

《左傳》能補五經之闕。

《左傳》杜預、林堯叟明淺。

杜預注《左傳》，多爲奸人出挩，於忠義之臣多貶抑。杜預實不忠不孝之人，其祖畿，其父恕，與司馬宣王不相能，以憂死。

宋孫復注《春秋》，謂《春秋》一書有貶而無褒。當時范文正、歐陽永叔皆重其人，惟常秩非之，曰：『孫復之學，申韓之學也。聖人善善從長，惡惡欲短。《春秋》一書，勸善懲惡，豈有獨貶無褒之理？』

陸贄、孫復之書皆收入《通志堂經解》。

胡安國《傳》，本因宋高宗忘仇讎、用秦檜，借經發摩以諷刺時事而作，故每於『夷狄』『中國』等類，尤痛切言之。及後，元朝設科舉，以胡《傳》取士，明朝因之。清朝以至乾隆季年，禮部尚書紀協揆昀上言於朝，謂：『胡安國作《春秋傳》，本爲諷刺時事起見，意有所主，則理有所偏。近科考官遵胡《傳》出題，至有五省同題者，學者亦利其簡易以圖僥倖。』高宗從之，著爲功令，不得以胡《傳》取士。

董江都《春秋比事折獄》載入《春秋繁露》，亦收入《通志堂經解》。與《尚書大傳》皆當讀。

《左傳》爲《春秋》内傳，專爲《春秋》作。《國語》爲《春秋》外傳，上自周穆王，下至魯悼公，不專爲《春秋》作。

《公羊傳》，公羊高作。高出於子夏之門，高傳其子平，平傳其子地，地傳其子敢，敢傳其子壽，壽傳於胡母子都[一]，子都傳董仲舒，仲舒以《公羊》顯，嘗以《公羊》作《春秋比獄》。

當武帝時，仲舒與瑕邱江公各論《公羊》《穀梁》之長於朝，江公口吶，不勝仲舒清辯滔滔，帝遂以《公羊》爲優，命太子受《公羊》，置博士弟子，立之學官。《穀梁》不得立，

〔一〕壽傳於胡母子都　『胡母』原作『蒲武』，據《漢書》卷八八《儒林傳·胡母生》改。

至宣帝時乃立。

夫《公羊》以『祭仲逐君』桓十一年爲行權，是神器可得而窺也；以『妾母稱夫人』隱二年爲近正，是嫡庶可得而齊也。范武子非之，是矣。然不特此，又如『君氏卒』作『尹氏』，謂爲譏世卿。世卿自來已有，豈自此始乎？『紀侯大去其國』，云：『大齊喪，復九世之讎。』不知此乃聖人憫紀侯無罪失國之詞，非大齊喪也。

大抵公羊親及子夏之門，得其師説，浸淫義理，其聞之師者皆子夏昔日得之師友之論，至廣至備。及其釋經，一以所聞之義理附合，未免牽强，故離經而二之。義理自極精微，非聖人不能道，然以之附合經旨，殊多違背，故曰《公羊》先有義理而後附以釋經，義理雖精詳而多不合於經旨。《穀梁》必因經旨而伸義理，義理雖簡而合經旨較多。

《穀梁傳》，穀梁子名赤，又名喜，又名俶，字元始。三説皆傳之自古。穀梁子親受業於子夏之門，其後傳授于孫卿，孫卿傳申公，申公傳瑕邱江公。當文帝時，已各爲經傳立博士。及武帝黜諸子百家之書，不得與孔氏書并進，命儒臣論列《公》《穀》，以《公羊》爲優，是以《穀梁》未得立學官。至宣帝，因衛太子好《穀梁》，是以訪當世能言《穀梁》之長者，蔡千秋歷言《穀梁》優處，因是立之學官。

夫《穀梁》以衛輒拒父爲尊祖，是爲子可得而叛也哀二年；以不納子糾爲内惡，是仇讎可得而容也莊九年。范武子議之矣。《晋書》：范甯字武子，順陽縣人，爲豫章太守。父名注。甯子三。

他如趙鞅以晉陽叛，謂爲以地正國等類《穀梁》：定十三年秋，晉鞅入于晉陽以叛，亦多與《公羊》同失。然其中多有《公羊》失之，而《穀梁》得之者。大抵《穀梁》因經而後有説，故得於經旨爲多，非若《公羊》先有義理而後比附于經也。范武子曰：『《左氏》艷而富，其失也巫。《公羊》辯而裁，其失也俗。《穀梁》清而婉，其失也短。』范甯《春秋集解》。

唐給事中陸淳改名質，與趙匡師事啖助，治《公》《穀》。後陸淳爲《春秋》〔二〕，專用《公》《穀》毀《左氏》，謂『説經須用《公》《穀》』云云。而後人有非之者，謂無《左氏》詳叙其事，先按後斷，則後人皆憑臆見以説經，言人人殊，諸多流弊必自等助始矣〔三〕。

助等解經，每曰『此聖人之志也』。聖人迄今垂二千餘年，助等何以知之？

助之意，蓋謂九師興而《易》亡，『三傳』作而《春秋》廢，所以不取《左氏》，而欲廢傳以從經。謂『説經必自《公》《穀》始』。

論者以范甯爲《穀梁》功臣，何休爲《公羊》罪人。

《周禮》一書，周公成而未行之書也。李氏獻於河間獻王，而《冬官》闕，出千金購之不得，後以《考工記》補之。

〔二〕後陸淳爲春秋　原『春秋』後空兩字，當爲『纂例』。

〔三〕諸多流弊必自等助始矣　『等助』，疑爲『啖助』或『助等』之誤。

劉歆謂爲周公致太平之書，嘗與《毛詩》《左傳》《古文尚書》并請立於學官，而不果行。及東漢之季，何休以爲是戰國時所爲陰謀富國之書，而鄭康成則『三禮』并注。何休『學海』，鄭康成『經神』。

至張子、朱子謂此一書經緯萬端，非聖人不能作，而間有後人參入者，亦不盡出於聖人。此爲持平之論。

『五百里』與《孟子》『百里』之數不合，鄭康成謂『成王時土地開闢，加封其地』，此説不然。

《考工記》，春秋列國時人作，漢人以後無此古雅。

方望溪《集注》清醒，但其中有注明劉歆所作，嫌于疑事而質。

古無《儀禮》之名，漢興，高堂生獻《士禮》十七篇，後人見其有儀有禮，故曰《儀禮》，即今之《儀禮》是也。此十七篇，文帝時已立之學官。及武帝時，河間獻王得古經五十六篇於魯奄中，除與高堂生十七篇同外，存之秘府。其先，高堂生十七篇傳之瑕邱蕭奮，蕭奮傳孟卿，孟卿傳后蒼。至武帝時，習射於曲臺，有徐生者，善爲升降揖讓周旋裼襲之容，命爲禮官，故曲臺又一名容臺。又以后蒼禮事最明，命居曲臺，纂修典禮，故后蒼作《曲臺記》。

今之《儀禮》，一遵劉向《別録》本，即鄭氏所注。賈公彦疏謂：『《別録》尊卑吉凶次第倫序，故鄭用之。二戴尊卑吉凶雜亂，故鄭不從之也。』其經文有二本，高堂生所傳者謂之今文。魯恭王壞孔子宅，得古《儀禮》五十六篇，其字皆以篆書之原文注：似是從別處鈔來，謂之古文。此層朱九江師未講，疑即是河間獻王得於魯奄中之五十六篇。

當武帝時，河間獻王得仲尼弟子及後學者所記一百三十一篇獻之，時無傳之者。至劉向考校經籍，檢得一百三十篇，弟而叙之。又得《明堂陰陽記》三十三篇、《孔子三朝記》七篇、《王史氏》二十一篇、《樂記》二十三篇。凡五種，合二百十四篇。戴德刪其煩重，合而記之，爲八十五篇，謂之《大戴記》。而戴聖又刪大戴之書爲四十九篇，謂之《小戴記》，即今之《禮記》是也。

《隋志》謂『《小戴記》本四十六篇，其後馬融傳小戴之學，又益《月令》一篇、《明堂位》一篇、《樂記》一篇，共四十九篇』云云。而不知小戴之學，一授橋仁，一授楊榮，後傳其學有劉祐、高誘、鄭元、盧植，融絶不預其授受，又何從而增之乎？融所傳乃《周禮》。況考《後漢書·橋元傳》云：『七世祖仁著《禮記章句》四十九篇，號曰橋君學。』即班固所謂『小戴授梁人橋季卿』者，成帝時，官大鴻臚。是其時已稱四十九篇，無四十六篇之説。

《禮記》惟《明堂》一篇最駁雜，是東魯愚儒之言。『成王以周公有大勛勞，賜魯重祭』，斷無其事。即程朱亦不能辨别其是非，爲趙伯之説所蔽[二]。即如祭法，謂『有虞氏禘黄帝而郊嚳，祖顓頊而宗堯』云云，是必不然。《史記》《世本》謂『稷，堯兄』，更不合事理。

趙伯循解『既灌』章注，又追其始祖所自出，朱子亦沿其誤。凡祭皆及其始祖而止，如《長發》爲大禘之詩[三]，祇曰『玄王桓撥』云云。《閟宫》之四章，禘祀周公，祇曰『周公皇祖，亦其福女』云云。《雍》序以爲禘太祖，亦祇曰『既右烈考，亦右文母』云云。皆何嘗追及始祖所自出？又成王果賜魯重祭，何以《春秋》閔公以前不聞有禘？又祝鮀所數分魯公以大路大旂，何以不及賜魯重祭？

《儒行》所輯，皆古人精言粹語。至云『其過失可微辨，而不可面數也。其剛毅有如此者』，句駁雜。此特客氣耳，何以云『剛毅』？

《坊記》《表記》《緇衣》《中庸》四編語尤純粹，斷爲子思所作。篇中所云『子言之』『子云』，『子』字皆指子思。子者，男子之美稱，前後不嫌重沓。

《孝經》亦有古今文之分。今文出自顔芝子貞，凡十八章，以授長孫氏及博士江翁、少

[二] 爲趙伯之説所蔽　據下文，『趙伯』後當闕一『循』字。
[三] 如長發爲大禘之詩　『長發』原作『祥發』，據《毛詩正義》改。

府后蒼、諫議大夫翼奉、安昌侯張禹，傳之各自名家。若夫古文《孝經》，則出自孔壁，凡二十二章，不過多《閨門》一章，又於章内拆分，多三章耳。至劉向校書，以顔芝本較古文《孝經》，除其煩惑，定一十八章。孔安國及鄭氏二家并立國學，安國之本亡於梁、陳及周、齊，惟傳鄭氏。及隋、唐之間，孔傳復出，故司馬貞以爲僞本。當唐明皇議立二傳於國學，劉子玄詆鄭氏，歷言非出自康成之據。司馬貞詆孔氏，以爲劉炫僞作。其論不一。明皇乃遵今文，自作注，以八分書書之，刻碑立於國學石臺上，是爲石臺本《孝經》，令天下家置一本。歷五代時，孔注、鄭注俱亡，惟石臺本獨存。至宋諸儒，又以爲古文《孝經》多《閨門》一章，亦緊要不可廢，司馬貞特逢君之惡耳。於是又注古文《孝經》，并行於世。

鄭氏《傳》，五代時已亡，及宋太宗時，有日本生獻鄭氏《傳》，朝廷不重留意，後復散亡。至國朝，知不足齋鮑昭文好古籍，托人往日本求古書，得皇侃《義疏》一本[二]、孔氏《傳》一本，今復收入《四庫書》云云。

《爾雅》。魏張稚讓名揖曰[三]：『周公六年制禮樂，於是作《爾雅》爾，昵也。昵，近也。雅，義也，正也。』一編。在後得三編，不知何由。或謂孔子所作，或謂子夏所增，或謂叔孫通所

[二] 得皇侃義疏一本　『皇侃』原作『王侃』，據《新唐書》卷五七改。
[三] 魏張稚讓曰　『稚』原作『治』，據顔師古《漢書叙例》改。

補，沛郡梁文所考。』此説是也。後人疑謂『張仲孝友』句，張仲是宣王時人，何以周公用之？不知此是後人添入，即如『秦人謂之小盧』，亦是後人添入。

《爾雅》訓近正，訓釋音義，使天下皆得其近正。

《爾雅》一書，自漢劉向《七略》已載入經部，至清朝收入《四庫全書》，紀曉嵐、陸耳山等因其首三篇，遂以概其十九篇，非所以尊經也，於義未安。然時王之制，亦不可倡言排擊應制，不宜貶駁也。《七略》載《爾雅》本二十篇，今何以實得十九篇？意『釋天』一類，講『旂幟』以下歸『釋禮』。論《爾雅》一書既有『釋樂』，應有『釋禮』。此説近是。

訓釋字義、字形、字音等書，俱歸入『小學』，此自漢時始。若古所謂『小學』，如朱子云云乃是，觀《尚書大傳》可見。

五經多《周禮》《儀禮》爲七經，多《孝經》《論語》爲九經，多《公》《穀》二傳、《孟子》《爾雅》爲十三經。《左傳》附入《春秋經》，故衹云十三。

史有六家，而其體則有二：紀傳仿於《尚書》，編年仿於《春秋》。

古者『左史記言，右史記事』。『言』爲《尚書》，『事』爲《春秋》，皆古之史也。然經聖人手定，既已列之於經，不復以史名矣。自太史公作《本紀》以紀歷代帝王，作《世家》以紀侯，作《列傳》以紀公卿大夫及士庶人之有德行勛業者，又作《十表》《八書》，《十表》以歷叙一朝之公卿大夫，《八書》以紀禮樂制度。所謂紀傳也。然《本紀》叙歷代帝王本末，《十表》叙歷朝公卿事，亦無闕漏，則紀傳而編年寓焉。其後班固作《漢書》仿焉。特太史公《十表》《八書》，班固《八表》《十志》，所異者《志》不同，而實則同也。當劉向父子作《七略》時，未有《史記》之名，特以《太史公書》一百二十篇附於《春秋》之後〔一〕。其時，經秦火之餘，書籍尚少，且事屬創始，規模未備。《左傳》《詩傳》，皆傳以注經。『於傳有之』等『傳』字，傳以記事。而太史公之列傳，則傳以詳一人之始末，與古傳異矣。然不自太史公始也，觀於列傳中有『其傳曰』語便見。即如『本紀』『世家』等字，亦不自太史公始，觀於『余讀《五帝本紀》』『余讀《衛世家》』等語可見。

紀傳可以包得編年，編年不能包得紀傳。自唐以來，以紀傳爲正史。五代之時尚未有板印，當時士林祇有四史流行誦讀。其若他史，則惟聰明特達者或傳鈔以廣見聞。

唐朝命魏徵撰《隋書》，不單叙隋事，南之梁陳、北之齊周附入，統曰《隋書》。《天文》《五行》《律曆》三志，出李淳風，最精。

四史。《史記》司馬遷作、《漢書》班固作、《後漢書》范蔚宗作、《三國志》陳壽作。

〔一〕特以太史公書一百二十篇附於春秋之後　『二』當是『三』之誤。

十三史。《晋書》唐太宗命房喬等所修、南北《史》李延壽、《宋書》沈休文、《宋略》子野、《齊志》文通、《齊書》蕭子顯、《梁》《陳》二書姚察、姚思廉父子、《魏書》魏收、《北齊書》李百藥、《周書》令孤德棻、《隋書》魏徵、《新唐書》歐陽修、曾公亮〔二〕、《五代史》歐陽修、合之爲十七史。十七史之名定於宋徽宗之世。

七史。清朝修〔三〕。《宋》《遼》《金》三史元託克託即脱脱修、《元史》、《明史》、《舊唐書》劉昫、《五代史》薛居正，連上共二十四史。

至唐始以經史子集定四庫之規模，可謂盡善，後世至今因之〔三〕。

詞章之學

《禮記·儒行》孔子對哀公言：『近文章，砥礪廉隅。』可見得詞章與廉隅而并重。其見諸他經，又曰『修辭立其誠』『言有物』。

〔二〕歐陽修曾公亮　當作『歐陽修宋祁』。

〔三〕清朝修　此三字似應放在『明史』之後。

〔三〕按，此部分標題爲『性理之學』，但主體内容多屬經學、史學，疑鈔録時有錯簡。

文之字以交而成。《考工記》：『青與白謂之文，赤與白謂之章。』單言『文』包得『章』。

有立身之文章，夫子之威儀、文辭是也。有經國之文章，《爲命》一章是也。有垂後之文章，古人之經籍是也。觀於夫子繫《易》，非但作傳辭、繫辭已也，又於乾坤發卦之凡例，又特提『《文言》曰』一段，簡煉以撮其辭，比體以協其韵，亦欲使後世便於記誦，不至沿訛舛錯云爾，非垂後之詞章耶？顧詞章之學何以用功？一曰積理，一曰修詞。積理即如《易》所謂『言有物』也，修詞即如《易》所謂『言有序』也。夫文有今古之分，本以其字分之也。伏生口授，以今之字書之，謂之今文。魯恭王壞孔子宅，得孔壁所藏《尚書》，皆古篆書，是謂古文。而今之文詞乃有古今之分者，何哉？蓋自韓昌黎始。夫秦漢以來皆以散行成文，雖其間若司馬相如、枚乘等，以及魏晋，多以排偶寓於散行之中，然皆有大氣鼓鑄，不至如仲宣體弱，是皆謂古文。降及東晋以後，工於四六爲駢體矣，非復古文之舊。昌黎韓子力追秦漢以來文體，而古文、今文遂分焉。韓子之文語皆顛撲不破，至若柳子厚謂『參之《穀梁》，以厲其氣。參之《荀》《孟》，以暢其支。參之《國語》，以著其潔』等語云云，尚待於參酌。

古今之文既分，然則古文遂更無分別乎？蓋有經術之文，有議論之文。如韓子等篇是經述之文〔二〕，『五原』等篇是議論之文。

總之，自秦漢至於今，二千餘年，文之高下，唐宋界畫鴻溝。唐文根本盛大，其出不窮，宋文未免卑淺。欲爲古文者，當先與秦漢班、馬血戰一番，然後及於諸家，以遍觀博覽，不必問途於歐、曾。作古文之法，不宜先爲人作序傳誌跋等類，務要窮極其心思，筆力如辨訟一般，求通於無可通。有一説可通者必極其通，然後乃塞之。劃今之界不嚴，則學古之事不類。必先於秦漢馬、班，仿其聲音節奏而爲之，後乃通覽唐宋諸家以盡其長。夫作文之例，或以明道，或以紀政事，或以察民隱，或以愛慕人之善，非如是則不作。不然者，便是巧言令色。如湛甘泉爲嚴介溪作《黔山詩集序》，比嚴嵩於姚、宋，至今令人詆毁。若張燕公爲鄎國公主作墓碑記〔三〕，何以觀乎人文而化成天下？

柳宗元爲裴晋公、李愬作序，皆歸美於君父，仿於《詩·烝民》『保兹天子，生仲山甫』、《江漢》『召公是似』『自召祖命』等章意，有所見及。《昭明文選》三十卷，皮相者謂之襞積，非文章之正軌。然若武侯《出師表》、李密

〔二〕如韓子等篇是經述之文　『韓子』後有兩字空格。

〔三〕若張燕公爲鄎國公主作墓碑記　『鄎』原作『息』，據張説《張燕公集》卷二一《鄎國長公主神道碑》改。

《陳情表》，正是忠孝之至性。他如陶潛諸人等篇，多是清曠之詞，何嘗襞積乎？其間有類襞積者僅耳。及至宋代所修之《文苑精華》[二]，仿《文選》體而繼續之，多至一千卷，間有不精者矣。其後有繼出之《唐文粹》，則仍《文苑精華》之所有纂入而搜羅新編者。二可謂精矣，然不收入韓文公《平淮西碑》，又不解其何故。

李德裕謂：『吾家不置《文選》。』謂其無詣實。

謝元瑞謂：『善言德行，道理足也。善達政事，事理足也。文筆變化，文理足也。三理俱無，《昭明文選》是也。』

駢體文法。古之爲文者，奇偶并用，原無散駢之分。蓋人有情而動於言，聲成文謂之音。文者，天地之中聲，人之元氣。天地不能有陽而無陰，人之爲文亦不能有奇而無偶也。觀於成周尚文，周公以文治天下而《周禮》作焉。『惟王建國』一句，是單出之文，『辨方正位，體國經野』便偶。其下若『陰陽之所和，風雨之所會』等語，更整齊排煉。迨至周末文勝，若《左傳》之駢語，以至《國語》，尤爲駢麗。即如《詩經》『關關雎鳩』一章是單出，其下『參差荇菜』二章便排偶。更有匪夷所思者，若『發彼小豝，殪此大兕』『觀閔既多，受侮不少』等語，何其工對。即如『乾』字單出，『元亨利貞』已是對出，其下爻辭

[二] 及至宋代所修之文苑精華　『精』當是『英』之誤。後同。

『飛龍在天』『見龍在田』，豈非偶舉乎？及至《文言》曰『元者，善之長也』數語，更是排偶變行。且如古書，莫遠於唐虞。《堯典》『曰若稽古帝堯』是單起，其下『以親九族，九族既睦。平章百姓，百姓昭明』便是偶對。至若『分命羲和』以下長節排偶，『明都』『昧谷』『暘谷』『幽都』，字字工對。又若《禹貢》『九州攸同，四隩既宅』，更工對無匹。可知文之有奇偶乃自然音節，天地之中聲，人之元氣，即至於後世之駢體，亦風會所必至也。但自秦漢以來，迄於魏晋，皆以排偶寓於散行之中，氣足舉其詞。其自東晋以後，任、沈、徐、庾，駢四儷六，始講求於平上去入，以協韵諧聲，至唐不改。及夫貞元、元和年間，昌黎韓子出，乃綜會六經，力追秦漢爲文，振臂一呼而百家和之，是以别爲古文一類。然而古文雖興，而駢體亦不能廢也。所以清代鉅公有云『自韓《集》出而有和皆宗，蕭《選》行而無奇不偶』二語，可謂括盡二千餘年文學源委。駢體之文，自清代鉅公好尚一興，迄於乾嘉而愈盛。言斯學者，以清代爲會歸。大抵士君子當要八面受敵，件件皆能，無論古文、駢體文，各隨其所宜而用之。如郊社天地、祭告宗廟、露布報捷等項，非駢文不足以宏壯天下之觀瞻，發煌天下之耳目，克稱王言，所謂『高文典册，用相如也』。至如奏疏條陳、傳志詳述等項，又非散行不能曲折盡致，則以古文體爲宜。然學作駢文而從駢體文入手，誤也，仍須自秦漢以來古文求之。以學作古文者作駢體，以意爲主而詞副之，乃有沈鬱頓挫之致。彭元瑞《答友人書》云：『吾平生喜讀魏晋之文，愛其廣厚豐縟中仍自有簡質清剛之氣也。』如此方妙。《易經》『水流濕，火就燥，雲從龍，風從虎，聖人作而萬物睹』數語〔二〕，字字天然，音節改易一字不得。『知得而不知喪，知存而不知亡』『與四時合其序』等語俱是。

又論駢體俗調，如『落霞與孤鶩齊飛，秋水共長天一色』，佳處在『與』『共』二字。便是俗調句法，係古人所有者乃不俗。

帝問顔延之：『卿諸子之學問何如？』對曰：『竣得吾文，測得吾筆。』〔三〕劉彦和舍人《文心雕龍》云：『有韵者謂之文，無韵者謂之筆。』又云：『揚榷前言，抵掌生色，是謂文。高賢流連哀思，是謂筆。』〔三〕

古賦體裁。蓋賦之源亦出於《詩》。《詩》有六義，其一曰賦。六義者何？曰風，曰賦，曰比，曰興，曰雅，曰頌。何以風之後而即繼以賦、比、興攙其間？因賦、比、興之義即一

〔二〕易經水流濕火就燥雲從龍風從虎聖人作而萬物睹數語　『風從虎』原作『風虎』，據《周易》卷一補『從』字。

〔三〕竣得吾文測得吾筆　『竣』原作『俊』，據《宋書》卷七三《顔延之列傳》改。『測』字原闕，據《宋書》卷七三《顔延之列傳》補。

〔三〕又云揚榷前言抵掌生色是謂文高賢流連哀思是謂筆　『高賢』前原有兩字空格。《金樓子》卷四有『文』『筆』相關議論，言語與此不同。此處或誤引誤録。

風而已具，雅、頌仿此云云。夫賦者，敷陳其事而直言之者也。乃觀於《左傳》《國語》，春秋時，名卿大夫皆賦詩以言志，此但斷章取義，借古人之詞以示意，別是一種賦法，若敷陳其事而賦之者。春秋時，見於變風變雅者尚多，其見於《左傳》，則鄭莊之賦大隧、士蔿之賦狐裘，亦不過寥寥數語，未成篇章，然其賦之法可見。及後楚人屈原作《離騷》等二十五篇，本於《詩》之賦體，雖發源於《詩》，而實與《詩》分界。然其題目猶未有『賦』字也。題目有『賦』字者，則自荀子始。迨屈原門人宋玉有《風賦》《釣賦》等五篇，是爲古賦。然古賦之中亦有兩種，其一曰騷些體，若《離騷》用『兮』字調、《招魂》用『些』字調者是也。其一曰議論體，若《卜居》《漁父》辭設爲問答是也。宋玉之賦則兼而用之。其後，兩漢之爲古賦者因之。古賦之外又有排賦，但取古賦之中間敷藻摛華處鋪排出之。若魏晋以來陸機《文賦》、庾子山《枯樹賦》之類，是謂排賦，猶爲近古。若歐陽《秋聲賦》、蘇東坡前後《赤壁賦》，以議論驅駕，散行成文，數語以押一韵爲韵脚，則變古遠矣。文賦之變古而弗宗，於後世無論矣。然根本排賦而孳乳相生者。至唐，又律賦出焉，自唐以迄於今。然律賦不足以覘性情學問，亦流而愈甚者矣。其他又有小賦一種，亦可以談諧游戲，抒寫性靈。蓋賦之源出於一，而其流則有五，成學之士不可不知也。

蓋學人之所有事，最要者，莫如文與詩兩端。學作詩者，但從隨園詩等入手，終無出人頭地，必要從三百篇入手乃得。蓋三百篇中，自一字至九字皆備。後之爲一字詩者，若『黃知橋柚來』等句，仿於『㪚，予又改爲兮』『還，予授子之粲兮』等句法。然一字不能成文，用一字者少。至如用兩字句，則仿於『祈父』『肇禋』等句法。三字句則仿於『麟之趾』『殷其靁』等句法。四字，則《詩經》皆四字句，多無論矣。五字，則『何不日鼓瑟』『胡轉予于恤』等句法。六字，則『置之河之干兮』等句。七字，『遭我乎猺之間兮』等句。八字，則『胡瞻爾庭有懸貆兮』『我不敢效我友自逸』等句。『胡瞻』句尚可分點兩句，『我不』句實不能分點。九字，如『泂酌彼行潦挹彼注茲』句法。大抵四字、五字、七字句，中乎聲音自然之節奏，故此等爲多。他若詩之一句單結，如杜詩『眼中之人吾老矣』，仿於《詩》之『君子攸寧』等法。雙結，如杜詩『即從巴峽穿巫峽，便下襄陽向洛陽』，仿於《詩》之『允矣君子，展也大成』等句法。又如隔句對法，仿於《詩》『昔我往矣，楊柳依依。今我來思，雨雪霏霏』等句法。又如倒裝句法，以見生峭，仿於《詩》『何辜今之人』及『女士』『孫子』等句法。又如蔡邕《飲馬長城窟行》、杜甫《西周行》用連珠紐串句法，則仿於《詩》『以望楚矣，望楚與堂』『景命有僕，其僕維何』等句法。又韓文公作詩，每上三字一讀，不合時派，人以爲其秉質剛直，故其爲詩亦峭厲。不知亦原於《詩》『予其懲而毖後患』等句法。夫後人爲詩之法，皆三百篇所以備。古人皆宗之，而韓、杜爲尤著。蓋《詩》之體曰風曰雅曰頌，風含蓄，雅發露，頌美盛德之形容，則主鋪張。然特言其大概，未觀其會通。如風之《蝃蝀》《相鼠》，其言豈不發露乎？雅之《無將大車》《鶴鳴九皋》，豈不含蓄乎？

夫作詩，不外於圓筆結、尖筆結二法。如《詩》有『頍者弁』『間關車舝』等章，祇叙其事而止，未有溢詞，是所謂圓筆結也。若《斯干》一詩，則本應叙至『君子攸寧』而畢，後乃更『安寢』『占夢』，至於『生男』『生女』，歷叙其情事，皆無中生有，窮極其心思、筆力而暢寫之，即《無羊》『考牧』一章亦然，所謂尖筆結也。後之作詩者皆不出此。

詩自唐以前但謂之詩而已，未有所謂古也。自唐接六朝周、沈、徐、庾四聲體創爲五言律、七言律，又創爲五、七言絶，稱爲近體詩，而古詩、近體詩所由分矣，流傳至於今日不廢。夫作詩之道，一曰性靈，一曰風格。重性靈者薄風格，謂『不著一字，盡得風流』。喜風格者又汩性靈，錯采鏤金，了無意義。要之，兩者不可偏廢。抒寫性靈之中仍隸事，取材富有，更覺盡致。觀於《詩經》『朝宗于海』句，用《書·禹貢》。『有鳴倉庚』，用《大戴禮·夏小正》之句。『有狐綏綏』，又用[一]。晋孝武時，謝玄入朝，桓伊爲鼓曹子建《怨歌行》[二]，謝玄感泣，武帝有慚色，諸臣無不泣下。又北魏孝静帝誦謝靈運『韓亡子房奮，秦帝魯連耻』句[三]，以寫其感

[一] 按，『又用』後原有三字空格。

[二] 桓伊爲鼓曹子建怨歌行　『桓伊』二字原爲空格，據《晋書》卷八一《桓伊列傳》補。

[三] 又北魏孝静帝誦謝靈運韓亡子房奮秦帝魯連耻句　『孝静帝』原作『孝靖帝』，據《魏書》卷一二《孝静紀》改。

懷。可知古人皆以隸事取材，情文備至。

充拓詩境，莫如李、杜、韓。李得力於《離騷》，故唐代論才氣之詩，推李爲第一。杜得力於《風》《雅》《頌》，故唐代講醇正之詩，又以杜爲第一。至於韓之作古詩，凡遇闊韵，通轉未免過濫；若遇窄韵，則每不用通轉。一以爲馳騁於康莊而善駕馭，一以爲窮極於纖仄而見工巧。其後如白居易及宋之蘇東坡、陸務觀，國朝人選《唐宋詩醇》即此數家也[一]，甚佳。若《文醇》，則不足道矣。

李、杜、韓之詩，直如國史，與大文無異。

樂府之體，自漢武帝命李延年采民間詩章，取其聲韵皆叶者收入樂府，用以郊天地、祭宗廟，亦止此，無一代之樂也。

迄於唐代，李白多用樂府題目而自出機杼，不復譜其聲調。若杜甫、韓愈，并不用其題目而亦自爲機杼。至於白居易承韓、杜之機杼而爲之，名爲新樂府。大抵樂府之體亦辨於其音節耳。凡詩皆自有體，學者當分辨之。然近體律詩獨標風雅，若樂府則諧聲譜韵，亦可以不作矣。

《詩經叶音》本係朱子之孫朱鑑手定，非朱子原書。朱子出《集傳》之時，本未有『叶

[一] 國朝人選唐宋詩醇即此數家也　『詩』字原闕，據《四庫全書總目》卷一九〇補。

音』一說。乃或謂音本無叶，特今人咬實字音勘之，但覺絲毫不能假借。若出自古人，則矢口歌詠，故多假借用之似也。抑又不然。蓋當時名公巨卿學問淹博，其所作豈肯假借牽合？若出諸民間，又皆矢口歌詠，純乎自然之音節，豈曉得叶音？明朝林季立先生有《毛詩古音》〔二〕，顧寧人先生又有《詩經本音》，是二書皆明古昔之本音原非假借，亦無所謂叶也。蓋音以水土而區分，音亦以天時而遞變。當成周之時，所用『服』字皆匐、迫二音。若『寤寐思服』句，其上文則曰『展轉反側』。『無思不服』句，其上文則曰『自南自北』。《曹風》『不稱其服』句，其上文則曰『不濡其翼』。他若『下』字，今日有『天下』『上下』兩音，若本音衹是『婦』字音，所以《衛風》『在浚之下』，與下句『母氏勞苦』相叶。他若『降』字，本音讀紅，便與『憂心忡忡』同韵，而今則入『三江』韵，讀『杭』字音矣。又如『憂』字，本音讀幺，應入『蕭』韵，而今則入『尤』韵矣。諸類甚多，皆其本音，迄於周末、戰國時未變，觀於屈原《離騷》可知也。自沈約撰爲四聲體入於《佩文齋韵府》，天下一以《韵府》爲宗，雖五方之聲音各異，而平上去入之韵無不同矣。作五言長排體，多有至數十韵者。七言長排體太長，頗嫌散漫，故古人所作多是短的。坊本《詩

〔二〕明朝林季立先生有毛詩古音　按明有陳第，字季立，著《毛詩古音考》。此處『林季立』或爲『陳季立』之誤。

韻》古通△韻、古轉△韻，斷不可從，惟顧寧人《音學五書》爲可。

詩有依韻、用韻、次韻法。何謂依韻？如古人用一『東』韻，我仍用一『東』韻，是謂依韻。古人詩有用△韻之韻脚若干字，我仍照其韻脚字而用之，但不拘其部位，可以顛倒上下，是謂用韻。古人詩所用韻脚，我依次其韻而用之，是謂次韻。

有聯句體，兩人作詩，一吟出句，一吟對句。或每人吟三句，自爲一聯之外，又吟多一句，以俟他人續對，互相繼續。其法始自漢武帝，柏梁臺成，與群臣聯句和詩。及後《韓昌黎集》後有聯句一種，嘗與孟東野、石炳諸人唱和。又有集句一體，全用古人詩，如自己出。若朱竹垞爲布衣時，讀太原晉陽宮唐太宗御製碑文，題一聯云『文章千古事，社稷一戎衣』是也。又有『勸君更盡一杯酒，與爾同消萬古愁』等句之類皆是。又有假借而對者，若『子雲』以『今日』對等類。又有『洞庭躍浪君山碧』，以『我馬黄』對『君山碧』等類皆是。又有隔句爲對者，李、杜排律詩多見。又有各自爲對者，如『陸士衡聞而撫掌是所甘心，張平子見而陋之固其宜矣』等類。又有以雙聲爲對者，王勃《序》：『蘭亭已矣，梓澤邱墟。』『已矣』『邱墟』俱是雙聲。又有七字湊沓成句者，柏梁聯句『松柏楂梨杏李梅』，後人又有『驊騮龍馬騅驒騵』。此非後人所創也，亦仿於《詩經》『鰷鱨鰋鯉』等句。

『參差』兩字、『鴛鴦』兩字等類，是謂雙聲。『卑枝』『折葉』兩字等類，是謂叠韻。最要善用，不可多用。

詩之正格，自古詩而外，如五七言律絶、長排律是已。乃又有迴文詩一種，極其工巧靈妙。劉舍人作《文心雕龍》云：『迴文之詩，始自杜元。』〔二〕杜元不知何代人，或以爲劉宋賀杜元也。然竇滔爲苻秦鎮南將軍，其妻蘇若蘭已有《迴文錦》之作，則杜元必非劉宋之賀杜元矣。謝玄問王徽之：『七言何如？』對曰：『昂昂若千里之駒，泛泛若水中之鳧。』時人皆以爲工於名狀。

論書法

一曰執筆，一曰運腕，一曰結字，一曰用墨，一曰服古有我在。執筆之法，要實指虛掌，平腕竪鋒〔三〕，指欲死，筆欲碎，腕欲活。寫楷書離紙一寸二分，行書二寸，草書三寸。學書之法不宜大，亦不宜細，大則難於結構，小則行筆不能舒展，須以徑寸八分爲式便合。

〔二〕迴文之詩始自杜元　據《文心雕龍・明詩》，『杜元』應爲『道原』之誤。後同。

〔三〕平腕竪鋒　『鋒』原作『峰』，據《六藝之一録》卷二七二、二九三、《佩文齋書畫譜》卷六《論書六》改。

運腕之法，細字用腕力，大字用爪力、肩力。

結字之法，不外『永字八法』俱全，其中有所謂天覆、地載、中突、讓左、讓右者。天覆如『宀』字之類，地載如『一』畫在下之類，中突如『實』字之類，中間要大於上下。

用墨之法，古人祇取其墨華而用之。

服古之法，王右軍、王子敬難於學步，惟須自唐人始。唐人莫善於歐陽詢、顏真卿兩家。歐體方整，由方可以得圓，顏體端重，學此二家，學一分得一分之益，若別家，則不能無弊矣。初學書法，須先規仿其迹象，務極神肖。宋孫覺謂：『米芾書祇摹其迹，縱極肖妙，終不免爲人奴隸。必要有我在方得。』此語特爲成學之後生言，非爲初學言之也。

古人祇有篆書，秦時案牘多，寫不能就，後程邈在獄，創隸書體進始皇，始皇大悦，出其人於獄。隸書，徒隸之書也，即今日之楷書也。

今日之隸書本謂之分書，二分篆八分楷。

以八分書爲隸書，自歐陽《集古録》始。

書有楷書、行書、草書大草、隸書即八分、篆書即蝌蚪書、章草漢章帝喜其臣杜衛字伯道所草〔二〕，命其章奏

〔二〕漢章帝喜其臣杜衛字伯道所草　唐竇臮《述書賦》：『草分章體，肇起伯度。』竇蒙注：『杜操字伯度，京兆人，終後漢齊相。』據此，『杜衛字伯道』當爲『杜操字伯度』。

用之，故曰章草。章比大草字略正些。

草書仍以王羲之爲好，龍跳虎卧之中，仍有佩玉鳴鑾之度。若張旭等草，未免過於放縱。

古之爲書者，墨迹僅存，其工拙無繇論列，其可得論者，自鍾、王始。鍾太傅書多方扁，而唐太宗評論鍾、王二家，謂鍾書，其意古而不今，其法長而逾制，鍾不若王之佳。太宗謂鍾書長而逾制，與今所見亦異。

王羲之楷書，以《樂毅論》爲最《樂毅論》以新安吴氏本爲好，其次越州石氏，其次《黄庭經》，其次《曹娥碑》。行書以《蘭亭帖》爲最，其次《聖教序》《聖教序》，唐太宗作，取王右軍字湊成。。草書《十七帖》。草書自王子敬以下皆鹽腦，以致力標致以成體，不逮右軍遠矣。

王子敬楷書《十三行》。

王右軍《蘭亭帖》。右軍七世孫智永出家爲僧，傳於其徒辯材，唐太宗屢下詔書徵求，辯材不應。後用房玄齡計，使蕭翼僞與辯材交〔二〕，取之。及太宗臨崩，命高宗以《蘭亭帖》殉葬。及後盗發陵，取去載《帖》之玉篋，棄《帖》不取，《蘭亭帖》遂亡。

當太宗時，上命諸臣摹《蘭亭帖》，歐陽詢摹一本，上甚嘉之，刻石於宫中。褚遂良摹

〔二〕使蕭翼僞與辯材交　「翼」原誤作「奕」，據《太平廣記》卷二八三改。

一本爲次。是永上本。及唐亂，歐本刻石流落於定武人處。至宋朝，宋祁知定武軍，爲其人完官錢取其石置官府後。到知定武軍[二]，因起私心，將舊本翻刻新石，取舊石携歸蜀。又復慮所刻無以分別，削去五字，是以有五字損本、五字不損本之不同。宋理宗時詔取其石，使者至彼，方用石工重紙刻印，是以又有肥本、瘦本之分。

鍾太傅《薦季直表》，是明時所出，雖略有古色，而有拙滯氣，顯然是僞迹。國朝高宗純皇帝好翰墨，搜羅《季直表》當時不知何人慫恿，竟以《季直表》爲首。《蘭亭帖》《萬歲通天表》合爲一帖，并李廷珪墨、澄清堂紙，三者皆世所希有，特築三希堂貯之。

自王右軍父子以後迄於唐，唐以上如北魏崔敬翁之墓誌、張孟陽之廟碑[三]，皆後人所法則。若唐，則能書者林立，其最著莫如歐、虞、褚、薛四家。四家之中，惟薛稷傳世之書少。見及中唐，又莫過於顔、柳。蓋歐得右軍之方，虞得右軍之圓，褚得右軍之逸，顔得右軍之重，柳得右軍之堅。

[二] 到知定武軍　『到』字前原有兩字空格。據《石刻鋪叙》等書所述，此處所空人名當是『薛向』。

[三] 唐以上如北魏崔敬翁之墓誌張孟陽之廟碑　北魏有《崔敬邕墓誌》《張猛龍清頌碑》，皆爲『精拔粹美，妙不可言』的碑刻精品，此處『崔敬翁』『張孟陽』或爲『崔敬邕』『張猛龍』之誤。

學古人書法，又當知其佳處。如顏魯公之端重，須知其跌宕姿致。柳誠懸之堅勁[一]，須知其嫵媚爲佳。

杜詩、韓文、顏字，皆一代冠冕。其在宋，蘇、黄、米、蔡四家皆從顏出。宋人書法多尚意趣，四家之中，米襄陽工夫最深，次東坡，次黄庭堅諡文哲[二]，字魯直，次蔡君謨諡端明，名襄[三]。而米、蘇、黄三家意趣多而逾唐人法度，惟蔡襄宗尚古法，儒服而立於公門者，魯國一人而已，故有以蔡襄爲第一者。或又云：『蔡襄謹守古法，不過足名家已耳，未若三家之筆力恣肆、姿態横生也。』故又有以東坡爲第一。東坡書法多用偏鋒以取勢，黄魯直亦嘗有微詞云：『東坡畫字。』然魯直又嘗贊東坡云：『東坡文章妙天下，忠義貫日月，所以書法如此之佳。』大抵書法亦關乎人之性情根柢。東坡亦嘗作字效魯直體，可見古人相仰重。

降至於元，以趙文敏爲最，元朝一代皆宗其書法，不能出其範圍。但文敏初年服古功深，書法宗二王，亦極其肖妙。自入元當事，書寫太多，未暇服古，是以過於熟而有俗氣，

[一] 柳誠懸之堅勁　『誠懸』原作『成玄』，據『新唐書』卷一六三《柳公權列傳》改。
[二] 諡文哲　據黄罃《山谷先生年譜》，黄庭堅諡文節，知此處『文哲』當爲『文節』之誤。
[三] 諡端明名襄　據《宋史》卷三二〇《蔡襄列傳》，蔡襄諡忠惠，此处『端明』誤。『襄』原作『中興』，據蔡襄本傳改。後同此理由，『蔡中興』改爲『蔡襄』。

前後竟懸殊焉，又不可不知。及至有明一代，亦不能决破其藩蘺。自董思白出，始與之抗衡。惟天分至高者能與功夫至熟者相敵也。董嘗云：『趙用筆熟而有俗氣，吾用筆生而多秀色。』然後之學董者又流於俗派矣。

董之邊幅淺狹，又不逮宋人遠矣。

趙帖以《御服碑》爲好，《閑邪公》不甚好。

後唐李後主有《澄清堂法帖》，又有《升元堂法帖》。

宋自太宗垂意文翰，命翰林王著搜羅古人法帖，輯成十卷，是爲《淳化閣帖》。及哲宗時又命臣工搜羅古人真迹、《閣帖》所未備者，輯成二十卷，是爲《續秘閣帖》。

宋徽宗時有《大觀帖》，高宗南渡時又翻刻。

潭本、臨江本、絳本、泉本，皆《淳化閣帖》所自出。至如士大夫所藏，則莫如越州石氏板本，多是晋唐小楷。

《快雪堂》是黄篆所翻刻之本〔二〕，今所見亦多，然失真多矣。

清高宗純皇帝以張得天能書，謚文敏，以比元之趙文敏、明之董文敏。張文敏之子

〔二〕快雪堂是黄篆所翻刻之本　據《清朝通志》卷一一六《金石略二》，『黄篆』當是『馮銓』之誤。

婿，衍聖公弟，文敏當時輯成各家法帖，交衍聖公刻石，藏之於家，衍聖每入朝則携刻本以遺權要云。

廿四史

自古無史，史亦經也，《尚書》《春秋》是也。班固《漢書·藝文志》本之劉氏《七略》，凡一切《世本》《長短書》皆附於『春秋家』，而《史記》亦不過爲《太史公書》而已。自晋時人荀顗〔二〕，乃於經之外另分出史家一類，而《唐書·藝文志》乃分爲經、史、子、集四大部，至今因之。

史有正史、别史、雜史，名目不同，見《隋書·藝文志》〔三〕。正史亦有二：紀傳之史，編年之史。皆正史也。

《朱子語録》爲其門人言曰：『伯高天姿極高，而其學乃從史入，却眼目已自粗了。』此爲一人一事言之耳。其實，治經之外必須讀史。經以明其理，史即以證其事。若不讀史，則六經之理皆虚而無簿，史猶案也。讀史之事，以證經之理，聖人之言昭於天地耳。

〔二〕自晋時人荀顗　『荀顗』，據《隋書》卷三二《經籍志一》，當作『荀勖』。

〔三〕見隋書藝文志　按，《隋書》無《藝文志》，此處『藝文』當爲『經籍』之誤。

《史記》

司馬談身爲漢史，得讀金匱石室之書，乃欲自黄帝以下考核其事，以爲記載之資。其書未成而卒，其子遷襲職，乃承其父之志而作《記》。

《史記》爲廿四史之祖。其紀傳實仿之《尚書》，然其於每紀傳中詳明考核，備記時日，則又兼《春秋》之編年言之也。良由其用意細密，搜羅完贍，其體例之精，故創自一人而百世莫外。然其間亦不無可議，如本紀所以紀帝王之事也，項羽雖自號爲西楚霸王，究不得與古之受命而王者等，何以爲之立本紀？又陳涉起事不過年間而已，滅而又起，自一匹之夫耳，上非承祖父之蔭，下非蔭之子孫，何以爲之立世家？誠可譏也。

王安石謂：『世家者，世其家也。孔子一韋布之士，以何者爲之世家？又況孔子之道自在天壤，尊之以世家，而孔子何所加？抑之以列傳，而孔子何所損？太史公不應立《孔子世家》一篇以自亂其體例。』其言亦有所不知。夫孔子之道，何人不知尊崇？然尊之以虚文，何如尊之實事？千秋萬世後，貴介之世胄終有已時，而孔子之世家如褒聖君〔二〕、宗聖侯、衍聖公，至今猶綿綿勿替，何嘗不自太史公一篇以默牖天下之衷哉！且所謂『彼以其富，我以吾仁。彼以其爵，我以吾義』，豈仁義之世家不及富爵之世爲家哉？

班固《漢書·司馬遷傳贊》謂：『遷論大道則先黄老而後六經，序游俠則退處士而進奸雄，述貨殖則崇勢利而羞貧賤。』又謂：『其是非頗謬於聖人。』實非也。謂『黄帝、老子之言高出六經之上』者，其父司馬談之言，非遷之言也。遷之作《黄帝本紀》則曰：『世俗言黄帝之書，言多不雅馴。』又曰：『載籍極博，當考信於六藝。』凡一切當時所謂《黄帝陰符經》《黄帝内經》《黄帝明堂陰陽》《黄帝房經》諸書，無一語采入。而於老子，則與莊周、申、韓同傳，不得附《孔子世家》之後，不得附《孔門列傳》之後，不得附《荀孟列傳》之後，謂之先黄老，可乎？至於《貨殖列傳》，或以遷救李陵一事，無財以賂左右，至陷於腐刑，蓋遷有所激也云云，亦非也。其實與《平準書》同例。是時，武帝瀆於貨賄，遷實以是爲諷也。若謂『退處士而進奸雄』，則更不然矣。列傳首伯夷，伯夷奸雄乎？處士乎？仲尼弟子不過一韋布，爲立一列傳，纖悉皆詳之，獨非處士耶？

〔二〕而孔子之世家如褒聖君　據《後漢書》卷一下《光武帝紀下》，『夏四月辛巳，封孔子後志爲褒成侯』，此處『褒聖君』或爲『褒成侯』之誤。

王允殺董卓，蔡邕在座，聞之而嘆。謂邕黨卓，執之下獄。邕請搜羅漢事，爲作《漢志》一書，以自贖罪。有司以邕富有文詞，而又熟於漢家掌故，爲之請於允，使得自贖。允謂：『武帝不殺史遷，致其作此謗書垂貽後世。』直以《史記》爲謗書云云者，意以爲《史記》至武帝朝事不無微詞，遂謂史遷因下蠶室之後有所激而云然也。不知武帝之世，如土木、女寵、禱祀，以及勞師遠域，奢侈無度，不一而足，故扃戹既廣，貪欲遂生。又用桑宏羊一輩聚斂掊克。生前則汲黯諫之以多欲，死後則班固譏之以不恭儉。則太史公《平準書》《封禪書》不過之以微詞，正班固所稱爲『其文直，其事核，不虚美，不隱惡』，故謂之實也。而至於漢武之事，美政如尊崇六籍、黜退百家之類見公孫弘諸《傳》，何嘗不盛爲表彰？以爲謗書，可乎？或謂太史公《十二諸侯年表》之外，又立《秦楚之際月表》，項羽是時尚未大一統，非秦比也，何以立爲《秦楚之際月表》耶？不知此正史遷尊漢之意也。周之末也，孱弱已極，即欲比於十二諸侯而不可得，况三代乎？而乃以周表附入於三代表中，不入於《十二諸侯表》。以秦表下等於楚，正見得漢之天下直接周統而有天下，則直接三代而有天下。秦不得與漢等，猶楚不得與漢等也。則秦楚直下等於十二諸侯而已，此太史公尊漢之意也。

歷代之史，凡列傳、專傳皆紀其名，而《史記》如《孟嘗君列傳》《平原君列傳》《春申君列傳》及《萬石君列傳》《樗里子列傳》之類，或以封，或以號，蓋此書原是太史公之書，義例間未盡精至，後人乃愈推愈密矣。

《史記》一書，固足以模範百代，彪炳古今。然其間不無差謬，有傷名教，不可不辨。《史記》謂舜與堯同祖黄帝，黄帝娶於西陵氏之女，曰嫘祖，生二子，長曰喬極〔二〕，次曰昌意。黄帝崩，昌意之子顓頊高陽氏立。高陽氏崩，喬極之孫帝嚳高辛氏立。高辛氏生子帝摯、帝堯，其元妃生稷，娶於有娀氏之女，生契。高陽氏之子窮蟬傳五世而至舜，昌意之派至舜而八代，喬極之子至堯而四代，無論世次不相侔，而舜娶帝堯二女，是婚其曾祖姑也。同姓不婚，雖周公之制，而於服屬之親，即上世之聖人不爲，而謂舜爲之，不亦誣乎？况堯既稱仁如天、智如神者也，乃其兄弟有開物成務之才如稷、契，而堯不知，直待舜方舉之，其蔽孰甚！然則稷、契非堯之兄弟也必矣〔三〕。而《史記》乃爲是説，何故？蓋亦有所本。《大戴禮·五帝德》篇，宰我問孔子亦有是説。然皆漢儒摭拾之言，非本聖人之手，何足爲典要？《史記》引之，謬矣。

〔二〕長曰喬極　據今本《史記》卷一《五帝本紀》，「喬極」當作「玄囂」。後文兩處同此。

〔三〕然則稷契非堯之兄弟也必矣　「契」原作「禼」，據前文改。

漢儒王潛夫謂帝嚳爲庖羲氏之後〔二〕，其後爲稷，堯乃神農之後，舜乃顓頊之後，庶或近理。蓋潛夫亦漢人，想必有所本也。

漢人《帝王年曆》謂黄帝傳十世，顓頊九世，高辛二十世。上古皆家天下，至堯、舜然後官天下。雖出緯書，蓋亦有理。

《史記·殷本紀》謂『祖甲淫亂，殷道復衰』，其誣古人更甚。周公作《無逸》，所以垂爲家法者也，而曰：『昔在殷王中宗，及高宗，及祖甲，及我周文王，兹四人迪哲。』商家賢聖之君六七作，周公特取此三人，而《史記》謂其淫亂，豈不悖哉？

《史記》又謂文王受命稱王，以聽虞芮之訟。又謂文王既出羑里之後，與太公陰謀行善以傾商政。信如此言，則文王是後世之奸雄，而太公乃長篡之狡士，豈理也哉？况折衷四書六經，并無此事，則其誣聖人而傷世教甚矣。又《衛世家》謂惠公薨，既葬，武公攻殺世子共伯於墓道而自立。考之《國語》，謂武公九十五猶箴警於國，而《世家》謂武公在位五十六年，然則殺世子時已四五十歲，而共伯長於武公，則亦不下五十餘矣。而按《柏舟》詩序謂共伯蚤死，其妻共姜守義。信如《史記》所云，豈得謂之蚤死？且《柏舟》詩有『髧彼兩髦』

〔二〕漢儒王潛夫謂帝嚳爲庖羲氏之後　『潛夫』原作『潛孚』，據《後漢書》卷四九《王符列傳》及後文改。

之言，夫兩髦，人子事父母之飾也，父母死三日，小斂而除。若所謂惠公既葬，爲武公逼殺於墓道，則是五月以後之事，何得有『髧彼兩髦』之言？况武公所稱睿聖者也，而有此弑兄篡國之事，雖百善，其何贖？《史記》言必不然矣。又如載百里奚、伊尹出身之事，皆與《孟子》不合。凡此悉厚誣古人，傷倫敗紀，讀書者固不可不知也。又如前所云《史記》爲項羽立本紀，夫項王自稱亦霸王，與諸王等，未嘗稱帝，又非能一統區宇，立本紀，非也。又爲陳涉立世家。夫陳涉子孫不祀，社稷未建，無世可紀，無家可傳，立世家亦非也。至如爲孔子立世家，意固在尊聖人，然王介甫已作誌非之，嫌其失實也。

《史記》本紀十二，世家三十，列傳七十，十表，八書，凡百三十篇。

《前漢書》

鄭漁仲《通志》謂史之善者莫如《史記》，史之劣者莫如班《書》，以其掠美。何以謂之掠美？班固之父彪曾采漢家故事，早已成得數十篇，固因而成之。迨下獄之後，明帝又命其妹曹大家名昭以續成之耳。獨不思其自序謂成書百篇，然班固所手定者十已八九，昭乃續其緒餘耳。又其書引其父之言必加以『司徒令彪曰』〔二〕，則安得謂之掠美？但《漢書》乃斷代之史，則立例宜取漢家一代，始高帝，終孝平而已可也。乃《古今人表》一篇，無論其分九等以論人，其間出入不少，即以斷代之例論之，何以引入上古之人？於例已有礙，而《貨殖傳》又何以白圭諸人？

晋時張輔言：『《史記》自黄帝以及本朝，上下二千餘年，爲書一百三十卷，僅五十二萬六千五百言。而《漢書》乃二百餘年之史，至八十餘萬言，則兩家之優劣自見矣。』不知非也。凡書近代則易詳，遠代則易略。《史記》所詳者，亦春秋以後之事耳。然遠代之略，又不足爲《史記》病也。觀孔子删《詩》三百一十一篇，夏時已無詩，《商頌》僅存五篇，餘皆周詩。删《書》百篇，虞、夏、商之書何寥寥，而周書獨詳，則可知矣。且《漢書》實有勝於《史記》者。觀賈生一傳，《史記》載其《鵩鳥》諸賦而已，則賈生之宏猷未見也。至《漢書》，乃將《陳政事疏》全篇載入。他如董仲舒之《天人三策》，鄒陽、匡衡諸傳，其所陳奏皆經術詳明。至《劉向傳》，則天文、五行及其所上各封事，汪洋宏大，剴切詳明，爲尤最矣。若《史記》但有《天官書》，《漢書》則更增《地理志》，皆補《史記》所未及者也。

〔二〕又其書引其父之言必加以司徒令彪曰　『司徒令彪曰』，《漢書》作『司徒掾班彪曰』，故此句言『司徒令』有誤。

史之無表，自《漢書》始也。至宋時，洪方有《漢書十二表》〔二〕。又《史記》有八書，改『書』爲『志』，自《漢書》始也，其實則同，避其全書名《漢書》故耳。《前漢書》，顔師古注最善，後有作者，弗可及也。武英殿版則有序例於書首，而汲古閣版則無。究之其序例，不可不讀也。

《後漢書》

六朝時宋代人范蔚宗作《後漢書》，有紀傳而無志，其志則司馬彪將梁人劉昭之《漢志》補入者也。其始亦有志，但其紀傳先行於時，其志則以授其友人謝儼。後蔚宗以罪下獄，謝儼乃不出其志，而志遂失。范《書》之無志，人多不察，即《容齋四書》亦直稱之爲『范《志》』，何不考乃爾耶？

《文苑》一傳，前史所無，自范史始。其實《文苑》一傳不可無也。既有《儒林傳》，即當有《文苑傳》。如『文學』二字，以文著者謂之『文』，以學著者謂之『學』。《逸民

〔二〕洪方有漢書十二表　按，宋熊方有《補後漢書年表》十卷，其中卷九、卷十各分上下。此處『洪方』或即熊方。

傳》亦自范史始也。所以表彰節義，阻斯人奔競之端，不可無也。《黨錮》一傳，前後史皆無之，而范史則蓋有不可無者。當時處士横議黨錮諸人，固未嘗無過焉。然漢家天下所以遲之又久而後失者，未始不仗清議之力也。傳之，使論世者得焉。

范蔚宗以宋人修漢史，隔越兩代，而詳明昭晰，緣漢時舊書尚多流傳，故史裁能廣大如此。范蔚宗自謂『體大思精』，然較之後代之史，未嘗不宏深肅括，而比之班、馬之史則減色矣。其《方術》一傳，至列左慈、費長房諸人，史書而幾等於小説，但言怪異，何取於法戒？是范《書》之駁雜處。至其創立《皇后本紀》，蓋以《史記》《漢書》皆將皇后之事附於《外戚》之傳，固未妥也。然『本紀』二字乃史遷時因舊有《夏王本紀》一書，故凡言帝王者皆以『本紀』名篇，其義乃取此耳。則本紀乃紀帝王之事，非紀皇后之事。班、馬二史附於《外戚》之傳，夫外戚原因皇后而得名，以本附末固未善，范蔚宗創立本紀，仍欠斟酌。後人知之，乃立《皇后列傳》，與諸王等，庶幾差强人意。

范《書》以章懷太子之注爲善本。

熊方作《後漢書表》[一]，今已收入《四庫全書》，坊間有單行本，然尚未收入《後漢

〔一〕熊方作後漢書表　『熊方』原作『洪方』，據《千頃堂書目》卷四、《天禄琳琅書目》卷四改。

書》内。

范蔚宗名曄。清聖祖廟諱下一字曰燁，『燁』『曄』二字之義本同，故著述家皆稱其字而不用其名，以功令所在。故鄭康成名玄，聖祖上一字諱玄，以『元』字恭代。下一字燁，以『煜』字恭代。

史家每謂范蔚宗與孔熙先謀弑宋文帝，身陷大辟，識者冤之。蔚宗之爲人恃才傲物，尊己卑人，同列惡之。熙先父默之爲廣州刺史，陷贓罪，豫章王義康爲之奏解免，故熙先欲弑宋文帝以立之，以報舊恩。因蔚宗甥謝綜以結於蔚宗，後與蔚宗謀，屢爲蔚宗拒，已而弑帝於祖帳之幄，不果，事覺，同僚因其嘗與熙先游，誣陷之耳。觀其上書自明，謂：時值治平，綱紀畢張，文武用命，即欲謀爲不軌，亦無國釁可乘。就令幸而獲濟，而義師絡繹而起，即就誅夷。雖至愚者不爲，而何樂爲此也？即謂怨望，而身典重任，宰相、大將軍明其非也。

范蔚宗《與甥姪書》，叙其作書之意，稱：『自古體大而思精，未有如此者。』又謂：『叙論筆勢放縱，實天下之奇作，不減《過秦論》。以此擬班氏，非但不愧之而已。』

蓋蔚宗世以經術名家，其書亦有勝於班氏處。班氏獨立《高后本紀》，於《外戚傳》而以各皇后附之。范氏盡立《皇后本紀》，而以外戚附之。班氏固不妥也，范氏亦未盡善。蓋天無二日，民無二王，妻道也，臣道也，皇后安得與天子同立本紀？特僅勝於班氏耳。史所以示勸懲、昭法戒者也。陳壽作《三國志》，篡弒有天下者亦爲之迴護，蔚宗獨能申公義以改正之，有合於夫子作《春秋》之意。間亦有字句之誤，如光武六十四歲作六十二之類是也。

司馬彪作《漢書》，本八十卷，列傳五十，志三十，取劉昭字淵林之志注之〔二〕，謂之《漢書補注》，非另有《補漢書》也。其列傳今已不存。范蔚宗《後漢書》列傳一百卷，其中有一卷分上下作兩卷者〔三〕，故亦有謂之九十卷者，其實一書也。以較司馬彪之列傳五十卷，其詳略又可知矣。

《三國志》

晉陳壽撰。或謂：『此書宏深肅括，非他史可比。然就其大段論之，以魏爲正統，所有本紀皆屬之於魏，未免爲全書之憾也。』不知晉承魏祚，壽爲晉臣，僞魏是僞晉也。是未嘗論其世而知陳壽之苦心也。夫黜魏帝蜀，自是春秋之定論，萬世之公言。而陳壽以魏爲正統，誠以魏之天下篡漢之天下，晉之天下乃篡魏之天下。不以正統與魏，即不以正統與晉

〔二〕取劉昭之志注之　據前後文意，此句當作『劉昭取志注之』。

〔三〕其中有一卷分上下作兩卷者　據前後文意及《後漢書》，此處『一卷』或爲『十卷』之誤。

也。況晋武帝初年，蜀主未降之先，武帝豈得爲帝哉？是則陳壽所謂正統者，蓋即其地以言之而已。厥後司馬光作《資治通鑑》，以魏爲正統，亦有鑒於此。蓋光宋人也，唐亡而後，由梁、唐、晋、漢、周，以及於宋。然五代時，十國之君各據一方，紛紛擾擾，實無所謂正統也。若不以地論，而尊梁、唐、晋、漢、周於列國之君，則梁、唐、晋、漢、周固不稱正統，即宋之代周有天下者亦不得稱正統也。故司馬光因宋得天下於五代，而以五代爲正統，實爲推尊當代之心，而亦未嘗非因地而分正僞也。至其仍陳壽之舊而不以蜀爲正統者，蓋即以地而論，自當以魏爲正統。且以魏爲正統，乃能與以五代爲正統之義例相符。此二人之苦心也。至若黜魏帝蜀，始於東晋人習鑿齒之《漢晋春秋》，而朱子之《紫陽綱目》繼之。蓋習鑿齒之時，晋已徙都江南，僅偏安於建業而已。以蜀爲正統，正以見帝者之子孫雖偏隅自守，不得謂非正統，則以其世系言之也。以蜀爲正統，正以東晋爲正統也。朱子亦然。是時，宋已南渡，北宋之地已爲金人所有，不以蜀爲正統，則亦當以金繼宋，而南宋不得爲正統矣。是當論其世也。要之，以蜀爲正統者，百世之公義；以魏爲正統者，一時之微權。均無容置喙於其間也。考魏武之世，頌功德者有陳群諸人，獻符瑞者有諸人〔二〕，皆以爲漢祚已終，主中原者實爲曹魏，而吴、蜀皆等於僭竊一方矣。遞至晋世，亦以爲然。故晋武時，李

〔二〕獻符瑞者有諸人　『有』後原有兩字空格。

密之《陳情表》亦云『臣少事僞朝』，則以蜀爲僞，即以正統與魏矣。又當時爲之作《魏志》〔二〕，爲之作《魏略》〔三〕，亦幾以吴、蜀爲附庸之國矣。至陳壽乃等而列之曰『三國』，實開人所不敢開之口也。且如是書，凡叙蜀事，如册后、立太子之類，一一加詳，與高祖、光武之紀無異，而魏與吴皆略焉。然則所不與蜀者，特無『本紀』二字而已，而其文則本紀之文也。所與魏者，『本紀』二字而已，而其文則非本紀之文也。雖謂《三國志》爲尊蜀可也。《三國志》之詳於蜀而略於魏，如詔許靖爲太傅，則其詔文全篇具載。詔諸葛亮爲丞相、馬超爲驃騎將軍、張飛爲車騎將軍，皆載其文。而獨於玄德即皇帝於武擔山之南，其告天文煌煌具載，與光武即皇帝於鄗南無以異〔三〕，則謂其非尊蜀得耶？又其稱《吴志》也，則曰『吴王權』，曰『休』，曰『皓』，皆書其名。獨於蜀而稱之爲『先主』『後主』，實見得吴不得與蜀等。即魏，亦豈能與蜀等哉！皆尊蜀之微意也。

《晋書·陳壽傳》載『丁儀、丁廙有盛名，壽謂其子：「可覓千斛米見與，當爲尊公作

〔二〕又當時爲之作魏志　『時』後原有三字空格。

〔三〕爲之作魏略　『爲』前原有三字空格。

〔三〕與光武即皇帝於鄗南無以異　『鄗南』原作『穀南』，據《後漢書》卷一上《光武帝紀上》改。

佳傳。」其子不與，竟不立傳』云云。其實非也。丁儀等乃一文人耳，當時鄴中七子皆無列傳，不獨儀也。曰：『然則王粲、衛覬何非文人耶〔一〕？何以有傳？』曰：『王粲則以其有益於制度也。衛覬則以其多記舊聞，有益於掌故也。皆非丁儀比也。』

《晋書》又謂壽父爲馬謖參軍，街亭之敗，諸葛亮誅謖，壽父亦髡，議亮不長於將略，以是貶亮云云。然觀《三國志》中街亭之敗，謖失律，亮表殺謖，後表自請降二等爲右將軍，未嘗有歸過於亮，未嘗不歸過於謖也。其言『師行軍旅非亮所習，又所敵皆人杰，故師屢不克。抑天命有歸，非人力所得而争也』云云，乃對晋武帝言之。蓋與亮敵者，司馬懿也。懿爲晋武之祖父，實即以此推崇晋武，而以頓宕之筆出之耳。此人臣之義應爾，即行文之法亦應爾也，何得云『貶亮』哉？

又其傳中語意，亦極尊崇之至。至謂『亮死之日，雖《甘棠》之思召伯，鄭人之哀子産，無以過也』，又將其一生著作全集廿餘種入内，實古今史家所未有。

《三國志》無志者，以其分别三國，一時難於考訂故也。

裴松之奉宋文帝敕作《三國志注》，包涵無極。蓋《三國志》文尚簡嚴，作注必須出以

〔一〕然則王粲衛覬何非文人耶　『衛覬』原作『衛愷』，據《三國志》卷二一《魏書·衛覬傳》改。

詳明也。善本也。至清朝杭世駿撰《三國志補注》六卷，以千餘年之後而注千餘年之書，雖搜羅有出於裴松之之外，安知非當日裴松之所曾擯棄者耶？

《晋書》

《晋書》，唐太宗止有武帝、宣帝、陸機、王羲之共四贊〔二〕，實魏徵、房喬等八人奉敕而修。謂『太宗御撰』者，以陸、王二傳不稱『贊曰』而稱『制曰』，其史贊乃太宗贊語，故尊崇之，題『太宗御撰』云爾。然細讀贊文，似非爲史贊而作。或太宗平日論陸機之文、王羲之書法曾有是言，史臣引之爲傳贊耳。不然，何以於陸機但論其文，於羲之但論其二王之書法而歸美於羲之已耶？

典午一朝，豈無人物事功可稱道，而御贊者僅一工文之陸、一工書之王而已？晋人所最長者亦文字已乎，餘無足觀可知。

《簡明目録》載：『典午一代不乏名臣，而御製贊者僅一工文之傳、一工書之傳，風旨

〔二〕唐太宗止有武帝宣帝陸機王羲之共四贊　『宣帝』二字原是空格，據《舊唐書》卷六六《房玄齡列傳》補。

可知。其中略實行而獎浮華，忽正典而取小説，蓋有由來。世止以駢四儷六爲譏，未中其根株之説也。』

《宋書》

沈約之《宋書》共百卷，梁武帝時所撰。嘗考劉裕得國之後，公然履帝位，所傳之子孫八主六十年。不知黄雀、螳螂，有人擬其後者。乃果不旋踵，歸於蕭道成。其年代亦甚促，其亡也絶嗣覆宗，殄無遺育，真千古所未。

通考彭城之族，劉氏子孫見於《宋書》者一百二十九人，而考之以凶死者一百二十一人，其父子兄弟相殘殺者至八十，真可謂天道好還，作法自斃者也。

當日劉裕力征經營，由布衣起，非膏粱世胄、搢紳世族，突發起事，屢歷艱辛，經營二十餘年，遂成王業，有天下。後立子義符爲太子。劉裕改元三年，傳其子義符，以腹心之臣輔之，如徐羡之、謝晦、傅亮，輔佐以武臣，如檀道濟等。即位二年，爲徐羡之、謝晦、傅亮等所弑，後立文帝義隆，其寬仁恭儉，改元元嘉。元嘉之政，文景之亞也，謂之小唐虞，高出於南北朝之君萬萬。國勢既張，文治亦美，誅大惡謝晦等。爾時百姓安樂，四夷賓服，莫不抒誠貢獻，無敵國外患之虞。不知天下雖無事，而禍患起於蕭墻。其太子劭本凶肆人也，以長立爲太子。後始興王濬更淫肆無度，其母潘妃原有寵，帝疾濬，欲賜之死，誤告淑妃，淑妃以告濬，濬遂與劭謀爲逆，倉卒弑帝於座。以子弑父，何忍心之甚乎！夫文帝義隆可稱令主，又萬國來同，中外無事，則安樂壽考其宜也。乃禍起於蕭墻，不免於殺逆，得非劉寄奴之貽孽哉？

自時厥後，元凶劭既誅，孝武帝即位。是時國勢張甚，僅十一年傳其子業，無道，遂謂之前廢帝。初即位，殺大臣、功臣，後亦爲臣下所弑，乃立明帝彧，無大惡，本是平常之子耳。文帝已有景靈王作亂，兄弟相夷。至孝武以干戈靖内亂，父子相夷。此局一開，後至子業立，大殺宗室，不知凡幾。

後至竟陵王誕之亂[一]，當明帝之世，後興兵討之，大遭殺戮，至於所誅宗室十三人。明帝崩，子昱嗣立。劉氏當承平自相殘殺，至於彭城之族殄滅無餘。蕭道成從而乘之，故廢帝昱見弑，乃立順帝，道成又從而篡之。既篡其國，又殺其族，奉帝爲汝陰王，復命監者殺之，以病卒聞。而劉氏子孫以幽死，豈非立法自斃乎？

一興一亡，國家代有，未有如此之慘毒。觀之商之子孫侯服于周，漢室王公多言符命，何至芟夷斬伐如草木然！故以揖讓爲篡奪，自曹孟德始。既篡逆則亦已矣，又放毒手夷滅其子孫，故其悖理愈甚，其亡也愈促。故子孫之禍，亦未有劉氏者。自後數百年相沿不改，作俑之罪爲何如。

[一] 後至竟陵王誕之亂 「竟陵」原作「景陵」，據《宋書》卷七九《竟陵王誕列傳》改。

考《宋書》，劉氏子孫未曾與殺戮者止八人，不過無禄免害耳，而骨肉相殘者又八十。沈約之《宋書》一百卷，修於梁武帝世，一年告成。自古爲書未有如此之速者也，大約多因前人所作故耳。

其《進宋書文》云有紀傳表志，劉知幾謂紀十、志三十、傳六十，無表，想自唐之前已闕失。

如《曆志》《禮志》《天文志》《五行志》《百官志》《州郡志》，皆前人所有。其中又創《符瑞志》，自古盛德之君以祥爲懼，至侈陳符瑞，實開貢諛之風。史家所以明勸戒、觀得失，於義無取。且其爲志也，不但宋人之興，并上及古帝龜鳳紀，一概載入，直數至包羲氏，殊失限斷耳。

紀傳内回護曲筆之處，比前世加甚。如劉裕開國，弑二主而得位。當安帝時，桓玄作亂〔二〕，晉祚告終，裕與何無忌等討平之，復安帝，功德既盛，漸有篡逆之心。見讖書云『孝武之後有二帝』，恭帝即孝武之子。意劉裕欲應讖，弑安帝於朝堂，再立恭帝。當書其『弑逆』，然皆爲回護。如安帝之崩，亦謂『崩』，如平常，年三十七。《晉書》言其密使使殺之，後立恭帝〔三〕，從而篡之，奉帝爲零陵王。永初二年，書『零陵王殂』，如無事然。又如魏氏復陳留王

〔二〕桓玄作亂　『玄』原作『玄』，當爲避諱缺筆。
〔三〕後立恭帝　『恭』原作『共』，據《晉書》卷十《恭帝紀》及前文改。

故事，奉帝爲山陽公，及其葬也，以天子之禮而葬，追謚晋恭皇帝。《南史》言其逼恭帝遜位。有司草詔既成，使天子操筆，帝謂左右曰：『桓玄之時天命已改，重爲劉公所延幾二十載。今日之事，本所甘心。』乃遜於琅琊王第，固以禪位於宋王，宋王猶自謙讓未遑，凡三至，猶固讓。帝先出宫，表不得達，乃俯從即位。講得何等冠冕之至！因奉帝爲零陵王，改元永初。

又如《南史》謂：零陵王居邸第，褚妃常在帝側，至親煮食於床前，飲食之用皆出於妃手。裕使妃兄淡之候妃，妃出，軍士乃逾垣入，進鴆酒於帝。帝不肯飲，謂佛教自殺者不得復爲人身，軍士乃掩被殺之。無《南史》，人誰知之？《南史·武帝紀》又云：『零陵王殂，宋志也。』《南史》又謂：汝陰王出見丹陽宫[一]，聞墻外有車馬聲，乃監者也，遂見弑。

元凶劭之弑文帝，以子弑父，禍起蕭墻，應大書其弑，以爲勸戒，方成史裁。乃今之所書若良死者然，謂『帝崩於咸昌殿，年四十七』。

武帝將崩，恐孤子幼弱，乃於建安王幽人先賜死，應書其『殺建安王幽人』乃合，今書『建安王有罪自殺』[二]。

[一] 汝陰王出見丹陽宫　『見』，似當作『居』。

[二] 按，據《宋書》卷八《明帝本紀》、卷七二《文九王列傳》，此段所述當是宋明帝殺建安王休仁事，『武帝』當爲『明帝』，『幽人』當作『休仁』。

子昱殺其太尉沈攸之，而亦作良死者然，謂『太尉某人薨』便了。又當蕭道成之篡弑，一時之忠臣義士披肝瀝膽者，皆反以叛書之。如袁粲與道成同時，見其將篡，與劉秉結謀，矯太后令，使攻齊王。今書『袁粲據石頭反』。又劉秉與袁粲等皆忠臣也。順帝即位，詔移石頭，道成功高，秉等有異圖。秉固宋室宗人，當時宋室無事，未有變動之患，謂爲『反』，反齊乎？反宋乎？俱是曲筆，一踵陳壽之舊。袁粲之傳，沈約疑之，已問過梁武帝，武帝亦良心發見，曰：『袁粲自是宋室忠臣。』猶屬平心。既爲《齊書》，不能直筆，則謂『當時天命有歸，袁粲不知天命，自以宗室之功貳於執政』可矣，何爲以『反』書之乎？

至有一條體例，亦見其有特識，今見於《徐爰傳》〔一〕。宋世，何承天早已有《武帝紀》《功臣傳》，迨其後，文帝時屢有改政。而後到徐爰之傳袁書《宋書》〔二〕，至後廢帝之初，止欠十五年，後乃沈約所作。至貞元之末〔三〕，晉末之人皆載傳，首如桓元、譙縱、盧循、馬、

〔一〕今見於徐爰傳　『徐爰』原作『徐炫』，據《宋書》卷九四《徐爰傳》改。

〔二〕而後到徐爰之傳袁書宋書　『徐爰』原作『徐炫』，據《宋書》卷九四《徐爰傳》改。『袁書』二字疑衍。

〔三〕至貞元之末　『貞元』，晉無此年號，當有誤，或當作『元熙』。

魯等皆載〔二〕。沈約謂其『身爲晉賊，無關後代』。循吏如吴隱、謝混、郗僧施〔三〕，義止前朝，不可入《宋書》。至諸葛長民、劉毅、韓明之、何無忌等〔三〕，亦義在匡復，情非造宋，志在祚晉，事終晉室，一概删去，有所限斷是也。

陳壽之《三國志》，以有關於魏武事者皆載入焉，如袁紹、袁術、董卓、陶謙、臧洪、公孫瓚等。而曹操未篡，漢獻猶在，尚入《漢書》。又劉、馬二牧亦不宜入《蜀志》。

陶淵明以祖父爲晉臣，不肯仕宋，雖卒於宋，推其志仍入晉世，故云『義熙以後但書甲子』。卒於宋代，不得不書，别白其志，《春秋》之筆。

又附四夷於卷末，而後載二凶，猶《漢書》王莽之例，亦有法。

按沈約《宋書》不能行其直筆，歷宋而齊而梁，雖三朝，亦爲佐命，無怪其然。

〔二〕首如桓元譙縱盧循馬魯等皆載　『譙縱盧循馬魯』原作『譙晉徐道初靈循』，據《宋書》卷一〇〇改。

〔三〕循吏如吴隱謝混郗僧施　『吴隱謝混郗僧施』原作『吴隱之希生之王韵』，據《宋書》卷一〇〇改。

〔三〕至諸葛長民劉毅韓明之何無忌等　『韓明之』，根據《宋書》卷一〇〇記載，當作『魏詠之』或『檀憑之』。

蕭衍之篡齊，欲命帝爲巴陵王，以南海郡爲巴陵王食邑，沈約止之曰『不可以虚名邀實禍』，乃止。

即以文論，蔓詞太多，立傳尚欠簡。節義、忠臣許多不載，其朝章文字皆載入焉，俱見浮蔓。事減文增，難免其譏。

又沈約忌徐爰之才〔一〕，入於《佞倖傳》，真千古之冤。徐爰乃文人耳，品無咎譽，何以入於《佞倖》？

又鮑參軍正宋之大出色人，不爲立傳，僅入於《臨川王傳》内，反録其煌煌大文，亦嫌其傳少且喧賓奪主。

詳論世變，兩漢承秦世之末，殘刻相繼。入於漢世，自惠、文、景之寬仁，光武、明、章之節義，民彝天顯，與聖人六經相協，復三代之彰明。不料人倫風俗至孟德得政以後，志在篡奪。其意旨所在，一以勢力相驅使，一以權術相駕馭。把仁義道德棄於天壤，付之東流。其舉事也，屢下詔旨，雖出獻帝，實孟德爲之也。至謂有污辱之名、見笑之行、不仁不廉而能治兵治國者，一與洗除。自後天下爲之一變，朝之公卿將相以至草澤英雄，攘臂而起。其未得也，各人阿炎阿勢，互相趨附。其既得也，又窮凶肆毒，自没人理，掃地無餘。

〔一〕又沈約忌徐爰之才　『徐爰』原作『徐炫』，據《宋書》卷九四《徐爰傳》改。後同。

至於六朝，比人倫於鹿豕，儕中國於夷狄，誠有如前所云云。

魏晋兩朝之篡奪以『禪讓』爲名，如魏廢帝爲山陽公、晋氏之封陳留王，雖奪其位，仍存其生。至劉裕則不然，更出毒手矣。然裕以四月篡位，二年九月弑其故主，尚有一年餘三四月。至蕭道成四月篡位，五月弑其故主，其滅絶故主又甚於劉裕。

劉裕之篡奪，子孫相繼嗣位者八君，得六十年。蕭道成篡宋，共傳七主，不過二十四年。所謂滅理愈甚，則其亡愈速。天有顯道，厥類惟彰。如劉裕之凶毒固不待言，至蕭氏之篡殺彭城，族滅無餘。後齊氏見篡於梁武帝，梁武仍近長厚，緣其本與蕭道成同族，皆淮陰令整之後，篡奪後不甚猜忌，其殺戮無劉裕與蕭道成之慘〔一〕。始欲奉帝爲巴陵王，沈約止之，後使鄭伯禽以生金進帝，帝曰：『我死不用生金，醇酒足矣。』引滿一斗〔二〕，伯禽就而摺之〔三〕，梁人謚之曰和帝。蕭老公當日尚欲存一本之親〔四〕，平日又信佛教，不宜竟遭殺戮如此。當日所謂禍起蕭墻，骨肉荼毒，比宋氏之終更甚，乃天道也。

〔一〕其殺戮無劉裕與蕭道成之慘　『成』字原闕，據前文補。

〔二〕引滿一斗　《南史》卷五《齊本紀下》作『引飲一升』。

〔三〕伯禽就而摺之　『摺』字原爲空格，據《南史》卷五《齊本紀下》、《資治通鑑》卷一四五《梁紀一》補。

〔四〕蕭老公當日尚欲存一本之親　『老』字原爲空格，據後文補。

觀齊子孫逃於北魏，僅延一綫。後蕭老公以篡得位，未久爲陳霸先所篡，黄雀、螳螂，已窺其後耳。而其子孫立國江左，至隋代猶存，爲隋附庸。又至隋授唐之後，盛唐時蘭陵蕭氏屢爲宰相，皆梁武之後。即此一端，已食其報。然後知天人相與之際甚可畏也。如曹孟德、劉裕，雖篡奪得國，本有攘除之功，勛烈顯著，頓起覬覦，衆所愛戴。蕭道成本無勛績，因其骨肉相殘，宋代孱弱，遂乃奸人窺伺，拱手而成斷流之禍。其殺戮之甚，幾至無餘焉。故宋氏有國尚六十年，至南齊不過二十四年。

《南齊書》梁蕭子顯撰

齊高帝蕭道成既篡宋而自立，在位七年，傳其子武帝，十一年而崩，太子長懋蚤死〔二〕，乃立太孫昭業。而高帝有二兄，一曰衡陽王道度〔三〕，一曰始安王道生。道度無子，道生二子，次即蕭鸞也。至親之職，受命輔業，改元隆昌，以上年八月即位，逾年七月即廢之，立其弟昭文。十一月，又廢之而自立，是爲明帝。大殺高、武子孫，高帝子十一人，除早死

〔二〕太子長懋蚤死　『長懋』原作『祥茂』，據《南齊書》卷三《武帝本紀》改。

〔三〕一曰衡陽王道度　『衡陽』原作『鄱陽』，據《南齊書》卷四五《衡陽元王道度列傳》改。

者，鸞已殺其八。武帝子三十三人，除早夭者，鸞又殺其十六。文惠太子四子皆殺之。共殺高帝之孫有名者三四人[一]，無名者不可考。在位五年，傳其子寶卷，即東昏侯也。三年爲蕭衍所廢，立其弟寶融，是爲和帝，二年即篡之。齊七主[二]，共二十四年。

梁武見上代之所爲已甚，欲奉和帝爲巴陵王，問於范雲，雲不答。問約，約止之，卒弑之。明帝王子寶夤奔於魏[三]，又仕於魏，因有罪伏誅，明帝遂絕。蓋其子孫爲梁武所殺，存者寶夤，又見殺於魏，故無孑遺也。

武帝子巴陵王被誅時，謂法亮曰：『高祖受命，誅戮前代，不善之家必有餘殃。今日之事，理有固然。』[四]

[一] 共殺高帝之孫有名者三四人　據前後文意，『之孫』似當作『子孫』。

[二] 齊七主　『七』原作『五』，據前文及《南齊書》改。

[三] 明帝王子寶夤奔於魏　疑『王』字衍。『寶夤』原作『寶官』，據《魏書》卷五九《蕭寶夤列傳》改。後同。

[四] 謂法亮曰高祖受命誅戮前代不善之家必有餘殃今日之事理有固然　『法亮』原作『法諒』，據《南齊書》卷四〇《武十七王列傳》改。此事《南齊書》記載爲：『延興元年，遣中書舍人茹法亮殺子倫。子倫正衣冠，出受詔曰：「鳥之將死，其鳴也哀；人之將死，其言也善。先朝昔滅劉氏，今日之事，理數固然。」』

蕭鸞之殺戮既甚，故梁武建武時起兵，謂子恪曰[一]：『卿家門盡爲殺戮，吾今起事，蓋爲卿家兄弟復讎。』

梁武帝在位四十八年，六朝時爲最久，不料竟死於臺城。通觀其事，亦見慘報爲獨彰。

《齊書》《梁書》

《齊書》作於梁武帝之世，蕭子顯所撰也。子顯爲齊高祖之孫、梁武帝之臣。齊高祖長子賾，其次子即豫章文獻王嶷也[二]。蕭高立，大殺宗室，而子顯，嶷子，偶然漏，入於梁代，私撰《齊書》，表進於朝。據今所存五十九卷，劉知幾《史通》、曾鞏《叙録》云八紀、十一志、四十列傳，亦是五十九卷。《南史·蕭子顯傳》云：『子顯作《齊書》六十卷。』李延壽南、北《史》載其《自叙》尚有二百餘字，想必亡於後唐以前。大抵古人之序多在後，如《史記》《漢書》皆然，即沈約亦然。子顯繼沈約之後，蓋亦如之。則本傳謂其六十卷，其《自叙》想失耳。故《南史》云云。

[一] 謂子恪曰　『子恪』原作『子駱』，據《南史》卷四二《豫章文獻王嶷列傳》改。

[二] 其次子即豫章文獻王嶷也　『豫章』原作『始興』，據《南齊書》卷二二《豫章文獻王列傳》改。

宋朝校六朝之史，大約用劉向之例，略叙源流，加以評論。故《齊書》篇目，其中雖列數人名字，實乃曾鞏之文也。曾南豐謂[一]：『子顯之文多爲馳騁，而文體愈下。』史家至六朝以下，焉有佳史？固不及三王五帝，即前後《漢書》，亦不及其光偉。以世祚短促，其上凶冥暗昧之君，其下武斷諂諛之臣，比盛王之時事相懸殊。其事暗昧無光，其文何能比量千古？況六朝之文比於史家，亦枝葉爲文，局於時尚，伏地而蛇趨。故曾南豐所云洵然，要知其時尚駢儷也。

子顯本高祖之孫，則高祖其祖父也，焉能正詞哉？後入梁臣，焉能直筆？宋齊之間，爲祖父諱。齊梁之間，又侯服于周，不得不隱忍爲文。丁易代鼎革，比陳壽、沈約更甚焉。

自古及今作史者，未有爲祖父之傳。史公《自序》，雖序馬談之事，僅入《自序》，至孟堅亦然，沈約亦然。入於列傳與本紀，以子孫序祖父，自子顯始，更焉能行其直筆？

蕭道成之篡，其大父也。蕭衍之篡，其時君也。爲親者諱，爲尊者諱，君子諒之。而史者，國史也，史以明是非，昭得失，一秉至公。何必要作史？知時事所以傳千秋百世，以公

[一] 曾南豐謂　『豐』原作『峰』，按曾鞏，江西南豐人，世稱『南豐先生』，故改。後同。

事付於天下。何必自作？是則可責者。非必不得已，其史乃自作，訖事乃進於朝耳。欲阿其私親，曲其時主，而抹煞天下之公，是可責焉。

至於爲君親之諱，則亦已矣。於其臣，應要微而顯，志而晦，不能抹煞一概。乃於句通賣國，輔翊新朝，亦皆爲隱諱。王儉，齊高祖之腹心佐命也。齊高祖始初猶無篡逆之志，王儉從而説之：『以公今日之事勢，豈可復爲人臣？』又爲説當時之大臣，皆王儉謀也。褚淵與袁粲同受顧命〔一〕，後粲見蕭道成將篡逆，因變計〔二〕，出居石頭城。而褚淵言於道成，謂：『西師之害，猶待致討。』道成乃興兵，粲據石頭城，後敗見殺。至當時有云：『可憐石頭城，寧作袁粲死，不作褚淵生。』而本傳不載，何以知之？以有《南史》知之也。

何點當齊時隱居空山不仕，何尚之子也〔三〕。其操守之堅，高逸之趣，迥異於世，至屢徵不仕。一日謂人曰：『我作《齊書》已竟。』人問之曰：『可得讀否？』曰：『誦之則可。』贊曰：『褚淵、王儉合爲一傳，淵既世胄，儉亦國華。不賴舅氏，遑恤國家。二人爲佐命

〔一〕褚淵與袁粲同受顧命　『袁粲』原作『袁燦』，據《宋書》《南史》《資治通鑑》等書改。後同。
〔二〕因變計　此句後原有『褚與淵貳心於齊』一句，語句不通且與前後文意矛盾，當衍，故删去。
〔三〕何尚之子也　據《南史》卷三〇《何尚之列傳》，何點乃何尚之孫，非子。

功臣。』

褚淵，褚湛之子也。湛之尚武帝始安公主〔二〕，即淵嫡母也。淵長，又尚宋文帝南郡公主。而王儉，王曇首之孫，僧綽之子。僧綽亡，爲僧虔所養焉。僧虔尚主，王儉既長，又尚永康公主，皆宋帝之女也。當時赫赫，爲世所笑，而本傳不載其逆。《南史·崔祖思傳》〔三〕，廷議以道成功高，當照前代故事加九錫，崔曰：『君子愛人以德，不當如是。』後爲齊成所黜。《齊書》亦不載。

在子顯反顔事讎，行同狗彘。倘非排擊死難之臣，何以自處？自顧爲齊氏子孫，若表揚節義，詆毀奸臣，更無自己地步矣。

《四庫提要》云：『如齊高帝將行禪讓，時有袁粲、劉秉、沈攸之、張敬兒等，載沈攸之與齊高帝絶交書。於《張敬兒傳》雖寥寥數言，亦微意之所在。又述顔靈寶語於《王敬則傳》，直書無隱，尚不失是非之公。』又云：『於《高十二王傳》末論引曹冏之論、陳思之表〔三〕，感懷故國，有史家言外之意。』

〔二〕湛之尚武帝始安公主　『湛之』，『之』字原闕，據前文補。
〔三〕南史崔祖思傳　『祖思』原作『雲樞』，據《南史》卷四七《崔祖思列傳》改。
〔三〕於高十二王傳末論引曹冏之論陳思之表　『王』字原闕，據《四庫全書總目》卷四五補。

蕭鸞受命輔昭業，七月廢之，立昭文，十一月廢之，自立，大殺宗室，至奸雄睥睨其旁，拱手而成斷流之禍。雖未明言，亦有言外意。子顯非蕭高所自出〔一〕，且又深讎，故不爲之諱也。

書之篇次，如列傳内，武帝子長懋謚爲文惠太子，豫章文獻王乃武帝之弟〔二〕，何以文惠在廿一卷，文獻廿二卷？即謂列傳非同本紀，豈不亂其昭穆？

大抵因仍舊文不少。《齊書》十志，因江淹之舊故也。江淹云：『作史以志爲難。』故先爲十志。《天文》《五行》《禮樂》《律曆》《郊祀》《藝文》《刑法志》取於《史記》，又云班固。《車服》《朝會志》取於蔡邕、司馬彪，《州郡志》取於徐爰〔三〕，《百官志》取於范蔚宗。已作志，因付友人，遂失耳。淹又云：『大凡封爵見於列傳，不用立表，應立《帝女傳》《處士傳》《列女傳》。』後經王儉等朝議，謂此數傳可不立，宜立《食貨志》。今無《食貨》《刑法》諸志、《帝女》《烈女》諸傳，想自爲撰述。時或從王儉言，或從江淹言，或因或

〔一〕子顯非蕭高所自出　『蕭高』當是『蕭鸞』之誤。

〔二〕豫章文獻王乃武帝之弟　『豫章』原作『始興』，『獻』原作『憲』，據《南齊書》卷二二《豫章文獻王列傳》改。

〔三〕州郡志取於徐爰　『徐爰』原作『徐袁』，據《南齊文紀》卷三改。

革耳。

其書於時事多忌諱，不能饜乎人心。自南、北《史》出，人習《南史》多，故書遂殘闕。如《自序》已亡，各傳或有序或無序，《州郡志》及《桂陽王傳》亦多闕文，後人有將《南史》文補之。如《張祥傳》有二篇，一附於《張趙傳》後。大抵其書多殘，未及遍覽，今附《張趙傳》後，文與《南史》一字不差〔一〕。

沈史有《符瑞志》，今有《祥瑞志》，大抵亦阿附本朝耳。於殺宋室之事，《南史》書『殺陰安公燮』〔二〕，今書云『陰安公燮等伏誅』。無罪，何謂『伏誅』？

六朝之君，三綱淪，九法斁，即有作爲，亦不能光揚焉。六朝之史，暗然無光。至宋、齊之間，蹇滯極矣。但天地之運，物極必反，易窮則變〔三〕，塞極必通，所以文章之運，東漢、魏晉以來，愈降而下。李白詩：『自從建安來，綺麗不足珍。』又昌黎《薦士》詩：『齊梁及陳隋，衆手等蟬噪。搽春摘花卉，沿襲傷

〔一〕此條中『張祥』『張趙』當有誤。
〔二〕南史書殺陰安公燮　《南史》卷四作『誅陰安公劉燮』。
〔三〕易窮則變　『易』原作『亦』，據《周易》卷七改。

剽盜。』[二] 古今同嘆。下二句又云：『國朝盛文章，子昂始高蹈。』故文章之流失至甚，莫過於六朝。及隋唐人，漸有轉機。其初轉也，見於隋唐之間。如詩，陳伯玉首唱清越之音，如《古詩十九首》《蘇李贈答》及陳思王曹植、阮籍《詠懷》等，不待盛唐，文運已漸開生面。姚察、姚思廉之著史，洗除舊習，不尚排儷之文，獨尊清越之作，棄宋、齊之舊，追班、馬之風，文章之美，六朝莫及。觀《梁書》内以單行出之，不尚駢儷。自三國以來，仍循先臣之舊，文即是文，史即是史，一以警健爲主。至六朝則不然，如《齊書》《宋書》，正劉知幾所謂『加粉黛於壯夫，服綺紈於高士』者矣。

姚氏父子行文，固力摹漢代，即論贊亦以單行出之，非後人所能及。如合肥之戰，神采煥發，絡繹不斷，至於數行。唐炫載觸槐之事[三]，慷慨淋漓，非子長、孟堅不能此手筆。

姚察，齊、梁、陳之間人。姚思廉，陳、唐之間人。詩云：『國朝盛文章，子昂起高蹈。』文運將有韓柳出，即排儷者亦轉而翻新，其轉之有由也。昌黎因起六代之衰，姚氏父子首之，如月將出，黯然無光。唐初修《晉書》，一如宋、齊以來之舊，則變而

〔二〕按，韓愈《薦士》詩收入《昌黎先生文集》卷二，原詩作：『齊梁及陳隋，衆作等蟬噪。搜春摘花卉，沿襲傷剽盜。』

〔三〕唐炫載觸槐之事　『唐炫載』當有誤。

未盡變者也。内中潛移，不變而變，首見於梁、陳兩代之史。天實爲之，非人力所能也。宋子京論史，力贊南、北《史》高出於衆作，不知其史引義稍精，尚有古之遺籍意，而獨未嘗改思廉之舊。

古之爲史皆世德相承，傳爲一家之學，如司馬遷，無怪獨有千古。至班《書》爲日更久，觀『司徒掾班彪曰』[二]，可知多出於彪手。又歷其妹昭，三人而成。又有蔡邕、馬日磾等討論，然無關宏旨。

以後，世學遂希，即如有專書，亦一人所著，用功深淺之分，殫精竭慮，莫有如姚氏父子相承之爲日遲久者。

據《姚察傳》《姚思廉傳》所載，察，梁人，則察本由梁入陳，由陳入隋。六朝人歷數主，不足責。但其爲史，自陳宣帝太建末已奉詔爲書。太建，十四年，末當在十年之間。命其搜尋故事，采訪舊聞。傳後主遂亡。姚察在太建已爲吏部尚書，國亡後，與江總等北遷，稽首隋氏之庭，時以有修史之意。入隋更得顯譽，緜秘書封北絳郡公[三]，命修陳、梁兩史。

[二] 觀司徒掾班彪曰　『司徒掾』原作『司徒椽』，據《漢書》改。
[三] 緜秘書封北絳郡公　『北絳』原作『北國』，據《南史》卷六九《姚察列傳》改。

帝閱之，未嘗不數稱是焉。後帝又命内史舍人虞世基就其家寫之〔一〕，故書未成，遂入秘府。後察臨死，以二史尚未就，屬其子卒業。思廉本父之稿，覽歷朝之舊籍，訪文獻之新聞。思廉入隋，又爲漢王府參軍〔二〕，又爲代王侑記室〔三〕。【天頭批注】《通鑑》：隋煬帝丁丑十三年十一月，李淵克長安，代王左右奔散，侍讀姚思廉名簡侍側，軍士將登殿，思廉厲聲訶止之。入唐，爲秦王世民所寵愛，封文學館學士。及爲太子，置弘文館，命姚思廉以本官兼學士。即位後，命魏徵與思廉重修梁、陳二史。屬筆皆思廉之舊，徵以宰相稍涉論贊耳。文内有『侍中、尚書、鄭國公魏徵曰』。後列於官，惟兩史題思廉之名，從其實也。亦見古人之謙，不若後世官書衆手所成，無所繫屬，但以提舉官高者出名。而梁、陳二史乃一家之史也。

其書貞觀三年命再修，不敢倉卒告成，上於貞觀十年。溯太建末至貞觀十年，又五六十年。文章之美，可謂洗除積衰矣。史例之詳，仍有憾。其沿革易代均以篡奪，乃不能直筆書之。如史家有體例，亦不能守前人成規。蓋史必有表志，其大端也。自江淹草創《齊書》〔四〕，

〔一〕後帝又命内史舍人虞世基就其家寫之　『虞世基』原作『虞世機』，據《隋書》《北史》改。

〔二〕又爲漢王府參軍　『漢王府』三字原爲空格，據《舊唐書》卷七三《姚思廉列傳》補。

〔三〕又爲代王侑記室　『侑』原作『諒』，據《舊唐書》卷七三《姚思廉列傳》改。

〔四〕自江淹草創齊書　《隋書》卷三三《經籍志二》著録江淹《齊史》十三卷，故此處『齊書』當是『齊史』之誤。

以志爲難，故先作志。謂封爵係於列傳，不用年表，已差。非大事不能人人盡傳，有表則公侯卿相俱見。若具見本傳可無表[二]，謬矣。

范氏《後漢》俱有表，沈約《宋書》有表而亡之耳，蕭子顯《齊書》雖無表，亦有志。不立表志，自陳壽《三國志》始，故仿《戰國策》《國語》之例。當時三國誰爲一統，通謂之志，自不立表與志。如一統之朝，不立則非也。一代之興，必有公侯將相之事，何可不立表志？如吴任臣之《十國春秋》、崔鴻之《十六國春秋》[三]，不立亦無礙。今姚書但有紀傳，日後典章喪失，何以得知？

所以南朝自《梁》《陳》無志，北朝自《齊》《周》《隋》無志，至唐人修《隋書》成後，命作志補之，謂之《五朝史志》，庶可救思廉之闕。《梁書》五十六卷，《陳書》三十六卷，至今無失。《四庫提要》贊其用功至深，指出其年月之乖，或叙事多重，亦是少差。

如張彪起兵，忽以爲義兵，忽以爲逆寇。

〔二〕若具見本傳可無表　原『具見』前衍一『見』字，根據前後文意删去。

〔三〕如吴任臣之十國春秋崔鴻之十六國春秋　『吴任臣』『崔鴻』兩處原爲空格，今據兩書之名補充作者。

又何敬容爲吏部尚書，《江革傳》謂〔二〕：『掌選叙用，多非其人。』本傳云：『銓叙明審，號爲稱職。』〔三〕豈不是誤？

大段之差亦多。如皇后作列傳〔三〕，居首宜矣，第以開國之皇后列傳首則已。梁武帝父順之有功前代，妻張氏，武帝即位後進尊皇后，今《梁書》列傳即以太祖張皇后爲第一，已差。蕭順之無本紀，俱載入《梁武紀》，首載其生武帝時有祥瑞花云云，則本紀先言順之，次及皇后，於史例便合。今母有傳而父無傳，豈不尊母抑父乎？如史家某幾王傳，如《史》《漢》，傳及帝之身乃云其先亦然。如梁之文帝，乃追尊之詞。而安成王秀、臨川王宏、南平王偉等皆爲之傳，應稱宗室，今謂之《文王傳》〔四〕。梁朝無文帝，乃追尊，何得云然。

即《宗室傳》，先後亦失次。

〔二〕江革傳謂　『革』原作『華』，據《梁書》卷三六《江革列傳》改。

〔三〕本傳云銓叙明審號爲稱職　『審』原作『寀』，據《梁書》卷三七《何敬容列傳》、《南史》卷三〇《何敬容列傳》改。

〔三〕如皇后作列傳　『列』原作『例』，據文意改。

〔四〕今謂之文王傳　據《梁書》卷二二，安成王秀、臨川王宏、南平王偉等人在《太祖五王列傳》内，故此處『文王傳』當作『五王傳』。

又《皇后傳》，武帝皇后郗氏之傳列弟三[二]，先簡文帝王皇后[三]，後載丁貴嬪。嬪，簡文帝綱之母也，昭明太子統之母也。既爲其母，當先之，不然，豈不是媳先於姑？或者思廉之意，以其子不爲皇帝，則其母應附於皇后末。以丁貴嬪附郗皇后末，豈不合史例？何爲以王后先之乎？

其中遺漏亦多矣。以大者言，如昭明太子蕭詧與梁元帝不諧[三]，元帝討侯景有功，詧知不能與敵，逃於西魏，魏入周，當陳篡梁時，周人乃封詧於江陵，於是臣服於北朝，亦號稱，改元天定，是爲後梁中宗宣帝。歷三世，由周至隋，皆爲附庸。由隋繼於盛唐，繼承歷三世，稱後梁者三十二年，烏得而遺之？雖封疆有大小之分，仍是一國，况蕭詧，武之親孫，又昭明太子之親子也，以宗室而不記，未免疏略。

又侯景陷臺城，迫武帝崩。景王綱，武帝第三子也，二年弒之。湘東王繹討景，即位江陵，是爲元帝。既立爲帝，應載之而不載。

〔二〕 武帝皇后郗氏之傳列弟三　「郗氏」原作「郄氏」，據《梁書》卷七《高祖郗皇后列傳》改。後同。

〔三〕 先簡文帝王皇后　「王皇后」原作「元皇后」，據《梁書》卷四《簡文帝本紀》及卷七《太宗王皇后列傳》改。後同。

〔三〕 如昭明太子蕭詧與梁元帝不諧　按，蕭詧爲昭明太子蕭統第三子。

元帝不旋踵爲魏所陷，遂降見殺。陳霸先立方智時年十三爲天子，謚敬帝。先專權，有不臣之迹，王僧辯欲立長君以奪其勢。時魏人送淵明於梁，先欲拒不納，僧辯迎立之。先以專權之故，原不欲立，遂又廢之。魏見不立，復迎之去。此亦不載。按《綱目》：丙子，梁太平元年，「夏五月，梁建安公淵明卒」。曰：「齊人召建安公淵明〔一〕，詐許退師，陳霸先具舟送之，會其病卒。」與此載「魏見不立，復迎之去」互異。

又如元臣宿將係心王室，如王、劉諸人皆不載〔二〕。梁末忠義之臣如王琳者，百戰不回，不有《南史》，其事遂泯。

其餘年月之差錯，每因避諱而然。又載事互相舛誤，非但《梁書》，各史亦多有之。梁武帝郗皇后甚妒，不載。梁元帝徐妃甚淫，至引人入宫，亦不載。又昭明太子非順受而死也，聽術士云葬丁貴妃地不利長子，當於其地以腊鵝埋墓右以解脱之，事漸發，懼罪憂卒，不載。又臨川王宏，武帝弟也，爲魏所敗，自南北交争，喪失未有如宏者。宏攻魏，魏乘之，遂大敗，至潰走，失敗者十之八九焉。無《南史》，焉知之？《梁書》謂其「師次於外，有詔遂還」，大約亦因舊聞所傳。

〔一〕齊人召建安公淵明「建安」原作「建康」，據《資治通鑑綱目》卷三四改。
〔二〕如王劉諸人皆不載「王劉」，據下文，似當作「王琳」。

自宋、齊以來，子孫絶滅，亦見天道好還。惟梁武不大殺戮，稍存忠厚，欲留故主，故亡國，餘裔尚得立國江陵至卅年。至盛唐時，子孫蕭舉、蕭嵩屢爲宰相〔二〕，後亦多相。繼此一事，亦見天道何以。武帝，開創之君，英豪偉烈，又復恭儉謹約，卒爲侯景迫，餓死臺城，不保其身，要亦有致之之故。如齊和帝已遜位，年十五，與武帝始斷服兄弟也。帝知上代之所爲已甚，本欲奉帝爲巴陵王，厚其生。問范雲，雲不對。後以沈約言，乃止。帝欲爲之，何必謀於其臣，而聽沈約之言？又并寶嵩、寶寅皆殺之〔三〕，雖沈約，亦武帝之過也。

統而計之，立爲君者弑二人，未爲君者弑四人。明帝之子皆死其手，所謂小人難與以權也。又東昏侯妃余氏、吴氏，取入宫，更污辱。後入宫七月，生蕭綜〔三〕，吴氏失寵，謂其子曰：『子非武之子。』故其後蕭綜作反。所以有天下後留心奉佛，無非見殺弑已甚，欲儌福免禍。而佛家之淫孽，躬自蹈之，雖求免，得乎？其捨身同泰寺，以麵爲犧牲，殊爲可笑。初改元天

〔二〕子孫蕭舉蕭嵩屢爲宰相　『蕭舉』，唐朝宰相無名蕭舉者，當是『蕭瑀』之誤。
〔三〕又并寶嵩寶寅皆殺之　『寶嵩寶寅』原作『保嵩保寅』，據《南齊書》卷五〇《明七王列傳》、《南史》卷四四《明帝諸子列傳》改。
〔三〕生蕭綜　『蕭綜』原作『蕭中』，據《梁書》卷五五《豫章王綜列傳》改。後同。

監〔二〕，次改普通，次改大通，又次改中大通，次改大同，又次改中大同，末改太清元年〔三〕，仍第三度事佛，後竟餓死。

又武帝講經，勸臣戒殺放生，專心奉佛。袁簡齋詩：『世人苦惱皆求佛，入手拈花笑不應。道我至今猶抱歉，未曾一粒示臺城。』言外見武帝事佛惟謹，至盡日一食，無益也。武帝比前慘酷之君猶爲不甚，而其時築裦堰之役，召康絢主其事〔三〕，欲障大流。城崩，百姓隨波如蟻之湮没。雖持齋崇佛，究何足補耶？

沈約晚年讖佛，年六十。晚而多病，因思生夢，見和帝以劍斷其舌，醒而甚懼，讖佛求免，其文托云：『夏月寢，蚊蚋嘬膚，手所殲動以萬數。』又云：『追維少時，血氣方盛。濮上桑間，固屬不少。分桃斷袖，亦既已多。』實其罪何止如此。

一代帝王之興，必侈陳其家世，每攀及於古之興王將相以爲遠祖。後人考定依托之迹，殊可笑。

〔二〕初改元天監　『天監』原作『天鑒』，據《梁書》卷二《武帝本紀中》改。
〔三〕末改太清元年　『太清』原作『大清』，據《梁書》卷三《武帝本紀下》改。
〔三〕召康絢主其事　『康絢』原作『康炫』，據《梁書》卷一八《康絢列傳》改。

三國魏氏之興，至三易其祖。顓頊之後曰安，其第五子曰六宗〔一〕。又謂周文王之後曹叔振鐸，文之昭也。又謂爲舜後，以舜爲始祖，配享上帝。夫一代帝王何等隆重，至三易其祖，殊令人可笑。今讀齊、梁之書更奇，本一家之親，觀蕭子顯《齊書》謂：高帝，漢相國蕭何之後，六世傳至望之，屢世衣冠不絶。至二十代，淮陰令整，整生儁，儁生樂子，樂子生承之，承之生道成。自蕭何後廿三代至高帝，合蕭何廿四世。於是數其家世云：蕭何封酇侯，後其子延酇定侯〔二〕，居於沛。後侍中彪免官，遷居東海蘭陵縣中〔三〕。後至廿代，淮陰令當晋南渡，於是過江南，遷居武進〔四〕，南蘭陵人也。隨元帝過江，居晋陵。淮陰令整至高帝凡五世，皆居江左。而不然也，其説謬甚。漢《蕭望之傳》固蘭陵人也，而未有云蕭何之後。望之已徙入關中杜陵，非至廿代淮陰令整始遷武進也。據《望之傳》，未有云何之後，且云『世爲田家』。如何之後，則世胄也，何云『田家』？望之因居杜陵，其子蕭育，《漢書》自是杜陵男子。如彼所云，全無

〔一〕顓頊之後曰安其第五子曰六宗　按，有記載曹氏出自顓頊玄孫陸終之第五子晏安，則此處記述當有誤。

〔二〕後其子延酇定侯　『延』原作『賢』，據《南齊書》卷一《高帝本紀上》改。

〔三〕遷居東海蘭陵縣中　『陵』字原闕，據《南齊書》卷一《高帝本紀上》補。

〔四〕遷居武進　『武進』原作『武晋』，據《南齊書》卷一《高帝本紀上》改。後同。

此事。

據《漢書》，蕭何自是沛人。望之，東海人。攀附望之，又附蕭何，謬甚。於《梁書》講武帝世系，皆出於淮陰令整，歷數上二十代，自是蕭何，大家相同。其有不同者，齊一支，自整生即丘令儁[一]，儁生樂子，樂子生承之，以『之』爲派，承之生道成，以『道』爲派。梁一支，自整生鎋，鎋生副子，副子生道賜，道賜生順之，順之即高祖之皇考也[二]。兩代相較，《梁書》必誤。考諸王派，『之』字方繼『道』字，而梁『子』字後繼『道』字，『道』字後繼『之』字，知《梁書》之誤矣。《梁書》之皇考順之，齊高帝始族弟也[三]。自高曾祖父以及子孫曾玄，并已身爲九族。高帝與武帝一本之親，未離於服。不料考兩朝之史，以祖父近親派行如此到置，殊爲可笑。

李延壽南、北《史》如此載，《齊書》如此載，可知出自當日之梁史。但姚氏父子湛深兩史，至於數十年之久，不應如是之可疑。

[一] 自整生即丘令儁　『即丘』原作『積陰』，據《南齊書》卷一《高帝本紀上》改。

[二] 自整生鎋鎋生副子副子生道賜道賜生順之順之即高祖之皇考也　『鎋』『副子』『道賜』原作『核』『胡子』『道務』，據《梁書》卷一《武帝本紀上》改。

[三] 齊高帝始族弟也　『弟』原作『帝』，據《梁書》卷一《武帝本紀上》改。另，『始』字當衍。

又如劉裕，楚元王交之後。陳霸先，又謂太邱長陳寔之後〔二〕。或依托貴顯，或依附名賢，均靈芝無根，醴泉無源。

《陳書》

是書，姚思廉因其父之遺稿，而其父所撰者僅二卷，餘皆本於一手。列傳體例，秩然畫一。惟江總、袁憲之屬已仕隋，而入之《陳書》，殊失限斷。蓋姚察亦入隋爲秘書丞，思廉欲移其父入陳，則不得不先入總等。此足見一涉私心，鮮不自亂其例矣。

《魏書》

《魏書》，北齊魏收撰。凡十志、十二紀、九十二列傳，共一百一十四篇，分一百三十卷，有上下卷故也。

高齊高歡次子高洋篡魏，國號曰齊，篡魏二年，命魏收作《魏書》，五年成而上之。其時去元魏孝

〔二〕又謂太邱長陳寔之後　『寔』原作『實』，據《陳書》卷一《高祖本紀上》改。

文帝改拓拔氏爲元，即舊臣亦命改氏，如呼延改呼氏之類，見《魏書·官氏志》，未遠。據《魏書》及《北史》云，黄帝二十五子，次子昌意，昌意少子申爲招受封北國，其地有鮮卑山，國以爲號。北人謂土爲拓，謂后爲跋，故以爲氏。其裔始均仕堯時，逐女魃於弱水，北人賴其功，舜命爲田祖。積六七十代，至成皇帝毛，統國三十六，大姓九十九，威振北裔。至晋有什翼犍者，秦苻堅遣其大司馬苻洛率衆攻犍，破之。犍時不豫，乃率國人游於陰山之北，其子寔君弑之〔一〕。《晋書》作翼圭〔二〕。寔君之子即道武皇帝拓跋珪也〔三〕，乃魏稱帝之始，在位二十三年。至十二傳，乃日就衰弱。其子如孝文帝宏，可稱一時之盛。

道武帝已徙都平城，《地理通釋》謂在雲州保昌縣，即今山西之大同府大同縣也。孝文帝以爲居北方，風俗樸陋，以《詩》《書》《禮》《樂》爲可愛，欲遷都，恐宗族有懷土之安，托言南伐，群臣皆諫，不從，曰：『不然則遷都耳。』至是遷河南洛陽。至孝明帝爲母胡太后所害，尒朱榮大舉兵，定内亂，濟河弑胡太后及幼子，立彭城王勰第三子攸，是爲孝

〔一〕其子寔君弑之　『寔』原作『實』，據《北史》卷一《魏本紀一》改。後同。

〔二〕晋書作翼圭　『圭』原作『毫』，據《晋書》卷一一三《苻堅載記上》改。

〔三〕寔君之子即道武皇帝拓跋珪也　根據《晋書》《北史》等的記載，拓跋珪的父親爲拓跋寔，寔君乃其伯父。

莊帝。大殺元氏之族於河陰，魏氏遂弱。孝莊帝既立，殺尒朱榮。其子尒朱兆及尒朱世隆弑莊帝於永寧寺，及皇子。後高歡破尒朱氏，立渤海太守元朗即皇帝位於信都〔一〕，尋廢之，是爲廢帝。又立孝武帝修，修畏高氏之逼，時宇文泰在西安，武帝入關就之，改國號曰西魏。帝以三年入關，泰弑之，立孝文孫寶炬爲文皇帝，在位十七年，傳其子欽，立三年，爲宇文泰所廢，是爲廢帝。復立文帝第四子廓，爲宇文泰子覺所弑，而西魏以亡。東魏自高歡立清河王世子善見爲孝静帝，立十七年爲高洋所廢，尋見弑，而東魏亡。東魏始都洛陽今河南府洛陽縣，繼遷鄴今河南彰德府臨漳縣。東魏都長安〔二〕今陝西西安府長安縣。

成書之後，人皆不平，謂之黨齊讎魏，號爲『穢史』。高齊文宣帝洋見人情如此，令收與魏人後代子孫置辦法，以法禁之。

收之本傳，或言尒朱榮之子與收多金，減其父罪。盧同之子上言於朝，謂其父官至開府儀同三司，不立傳。又楊欽、高德政黨附收〔三〕，得立傳。齊亡之後，收冢爲盗發，移其骨於外。

〔一〕立渤海太守元朗即皇帝位於信都　『元朗』原作『元郎』，據《北史》卷五《魏本紀五》改。

〔二〕東魏都長安　按，『東魏』當是『西魏』之誤。

〔三〕又楊欽高德政黨附收　『楊欽』『高德』，據《魏書》卷七七，似應爲『楊機』『高崇』。

清代《四庫提要》：謂《魏書》於納尒朱榮之子金故薄其罪，且以韓、彭、伊、霍比之，非也。况河陰之役，《北史》謂其殺二千餘人，《魏書》謂千餘人，所差甚少耳。又謂：若修德義之風，即韓、彭、伊、霍，夫何足數？不過反言以見意，亦史家恒見耳。大抵黨齊貶魏信有之，如高洋弑孝静帝，則謂『帝以罪，囚於門下』，史家未有如此書法者。試問何罪也？與宋文帝爲蕭道成所弑，其宗室則書『伏誅』，同一不是？

又如孝武帝西奔之後，謂爲出帝。又書寳炬之後立爲僭位。如欽、廓等不立紀猶可也，并其名亦不登，非也。至其以東魏爲正統，緣高齊受禪於東魏也。

隋文帝楊堅命魏澹、顔之推、辛德源修《魏書》[二]，之成上之，文帝悦。又煬帝廣令楊素、褚亮、孔穎達再修，未成而隋亡。至唐太宗命陳叔達等十七人修六代之史[三]，太宗以爲

[二] 隋文帝楊堅命魏澹顔之推辛德源修魏書　『辛德源』原作『由德元』，據《史通》卷一二《古今正史》改。

[三] 至唐太宗命陳叔達等十七人修六代之史　『陳叔達』原作『陳升達』，據《唐會要》卷六三《史館上》改。此處言唐太宗命陳叔達等十七人修史事，不確，根據《唐會要》記載，當屬唐高祖武德五年之事。

《魏書》前有魏收，後有魏澹，可不必修，衹修五代之史而已。《梁書》《陳書》《北齊書》《周書》《隋書》爲五代史。據劉貢父、范祖禹校論云：『魏氏一朝，百官無俸，吏治甚污，奇謀至計亦無其文。』考其書，斷缺不存者二十九篇，今不知其所補何處。南朝謂北朝爲『索虜』，北朝謂南朝爲『島夷』。如稱土夷劉裕、蕭道成列傳猶云可也，至稱晉司馬睿即元帝列傳則大不可也。拓跋珪皆晉氏所封，何以謂之僭而斥其名？又如『燕慕容垂遣使朝貢』，又稱『遣行人安同、長孫賀徵師於慕容垂』。當時道成改稱魏王，改元登國，尚藉庇蔭於燕，衹可乞師，今云『徵師』，又云『朝貢』，皆失實也。又如『劉義隆宋文帝使人朝貢』，亦不是。

道武開國之初，虛追帝號，自成皇以下二十八代，從古所未聞。如殷人立玄王，桓撥上加於『始祖契』而已。周追王太王、王季、文王，亦三代而已。又魏明帝之世有阿附之徒，謂：『武帝撥亂反正，宜稱太祖。文帝受命，宜稱高祖。陛下守文郅治，宜稱烈祖。』又以厮養作縣令，何異於以奄人作刺史？《魏書》皆不能駁正之。至政尚酷烈，自道武以來，衆人皆以族誅，三族不已，至於五族。後崔浩受命修史，人謂其暴揚國惡，太武帝大怒，合十八人皆誅之，至僕吏皆不免。按太武帝，拓跋燾也。崔浩、高允等作《魏紀》，至孝文帝太和十一年十二月詔秘書丞李彪、著作郎崔光，改《魏國記》依紀傳體。後文帝朝邢巒上《高祖起居注》〔二〕，及高洋篡位，乃命魏收修之。魏氏立國共一百六十八年。

後高洋大殺元氏子孫二十五族，至老弱童孩皆束斬於東市。洋嘗問元韶曰：『光武何以中興？』對曰：『王莽殺劉氏不盡，光武是以中興耳。』於是大殺元氏族，盡棄其尸於漳水。鄴中居人剖魚，多得爪甲，後不食魚。

又文宣爲紙鳶之戲，令元氏宗室乘紙鳶而飛，其能去遠者得不死。元王台自隨風飛至陛乃墜〔三〕，卒亦餓死。後北齊爲周所滅，亦族誅。所謂君以此始，即以此終，天道好還，信然也。武帝西奔，時云：『江水南，朕將西去。』

《釋老志》不必立。又《靈徵志》實開貢諛之端。

《北齊書》

唐李百藥撰。其父德林有舊稿，已有條理，百藥不過續成之。

齊之祖，渤海人也。傳至高歡字賀六渾，後高洋追謚爲神武皇帝，先是爲尒朱榮所用，尒朱

〔二〕後文帝朝邢巒上高祖起居注　『邢巒』原作『嬴鸞』，據《魏書》卷一〇四《自序》改。

〔三〕元王台自隨風飛至陛乃墜　『王台』，《北史》卷一九《獻文六王列傳》叙此事時作『黃頭』，當是。

榮爲孝莊帝所殺，其子兆弑孝莊而立長廣王曄。高歡先與兆約爲兄弟，至是起兵，以誅逆爲名，大敗尒朱兆，殺之，遂立孝武帝修。至其長子澄即文襄帝，將受魏禪，爲蘭京所殺。次子洋文宣帝，始篡魏，國號曰齊。洋英果有餘，而性殘酷，曾問太山道士：『吾得幾年爲天子？』對曰：『得年三十。』帝憂，謂李后曰：『十年十月十日，得非三十乎？』果及期而崩。長子殷立，尋廢爲濟南王，是爲廢帝。遂立神武帝第六子、文宣帝同母弟演，是爲孝昭帝，立後殺濟南王。後病，屢見爲厲，遂崩。詔追長廣王湛入繼大統，手書云：『宜將吾妻子置之好處，勿學前人也。』湛立，是爲武成皇帝，乃歡第九子、演同母弟。後禪位於長孫緯，是爲後主，人謂爲『無愁天子』。因嘗作《無愁》之曲，自彈琵琶以唱之。時諸官奴婢、閹人、商人、胡人、雜户、歌舞人、見鬼人濫得富貴者以萬數。鷹犬皆有儀同郡君之號，故有赤彪儀同、逍遥郡君、凌霄郡君，鬥鷄亦號開府。其亂政害人，難以備述。及周兵來逼，遂依天統故事，授位於長子恒，是爲幼主。後城破，欲東走爲入陳之計，爲周將尉遲綱所執，并太后、幼主、諸王俱送長安，周武帝封爲温國公。至建德七年，誣與宜州刺史穆提婆謀反，及延宗等數十人，無少長，俱賜死，神武子孫所存者一二而已。北齊共享國二十八年。

《後周書》唐令孤德棻等撰

以上六書皆無取，又疏略甚多。蓋是時，天下瓜剖豆分，文獻不足。及唐李延壽作南、北《史》，始補正之。延壽，北人也，故《北史》則詳，而《南史》仍略。六朝之史，就史論史，尤以沈約之《宋史》、魏收之《魏史》爲彼善於此也〔一〕。

周之先亦居朔野，有葛烏菟者〔二〕，雄武多智略，鮮卑奉以爲主，遂總十二部落，世爲大人。其裔孫曰普回，獵得玉璽三紐，文曰『皇帝璽』。普回以爲天授己，獨異之。其俗謂天子曰宇文，故國號宇文，并以爲氏。普回子莫那，自那九世至侯豆歸〔三〕，傳其子陵，陵生系，系生韜〔四〕，韜生肱即追謚爲德皇帝者，肱生泰字黑獺，即太祖皇帝，徙居代郡武川。泰父戰歿於陣，始從尒朱榮，繼從賀拔岳。入關後，岳爲陳悦所害。岳死，三軍未知所屬，時泰爲夏州刺史，乃率輕騎馳赴平涼，諸將推泰爲主。後孝武帝爲高歡所逼，

〔一〕尤以沈約之宋史魏收之魏史爲彼善於此也　『宋史』『魏史』，當作『宋書』『魏書』。

〔二〕有葛烏菟者　『菟』原作『兔』，據《周書》卷一《文帝紀上》改。

〔三〕自那九世至侯豆歸　『侯豆歸』原作『侯歸豆』，據《周書》卷一《文帝紀上》改。

〔四〕陵生系系生韜　『系』原作『仔』，據《周書》卷一《文帝紀上》改。

遂輕騎入關。泰備儀衛奉迎，謁見於東驛，免冠，流涕謝罪，乃奉魏帝都長安，軍國之政咸取決焉。後至西魏恭帝，其子覺篡魏，是爲孝閔帝泰第三子，爲宇文護所弒。宇文毓立，是爲世宗泰長子明皇帝，立四年崩，弟魯國公邕立泰第四子，是爲高祖武皇帝，破齊，性果決，能斷大事，宣政元年崩。長子贇立，是爲宣皇帝，立四后，窮凶極欲，立二年崩。長子衍立，後改名闡，是爲静帝，後遜於隋。共享國二十五年。

此書合衆手而成，總其成者令狐德棻，故題其名。

現武英殿版《後周書》開篇附宋仁宗時之人所校，計當時所謂臣林希、臣安燾、臣王安國者〔二〕。本劉向校書天禄閣體，即《四庫提要》所自始也。按今附載《周書》前校人名，俱不聞有補缺，然細讀之，未嘗無也。其文氣有斷續處，及無史論者許多，想後人移《北史》改之。觀其稱述，當稱廟號，今稱『孝文帝』之類，明是《北史》之文。

晋魏以來，文尚騈儷。至周人開國，宇文泰與蘇綽主臣相臣〔三〕，綽力爲反古，所作文字俱用《尚書》謨訓之體。綽自作《大誥》，以誥誡群公，當時效之。又改官制，以《六典》

〔二〕 計當時所謂臣林希臣安燾臣王安國者　『臣林希臣安燾』原作『臣林喜道』，且『道』前有空格，據武英殿本《周書》開篇所附宋文補改。

〔三〕 宇文泰與蘇綽主臣相臣　『主臣相臣』當有誤。

爲法。至各官參用古官名，綽之制也。後人譏之其變文，《史通》謂其矯枉過正。至復《六典》，權德輿、杜牧之謂其學古而誤後，行之無功。至宣帝傳位太子詔、修洛陽宫，俱用駢儷之文，而《六典》之作未嘗有所變更。

惟有兩事不失爲美政。魏不設官禄，周設官禄之外，有田厚極，故吏治肅服，官者無内顧憂，法至善也。始蘇綽建議府兵，分天下爲三府，上府設兵額一千二百人，中下府設兵額八百人，設折衝校尉主之，復設果毅校尉以貳之。其兵更番入衛京師，有事則校尉統於軍帥，軍帥統於朝命。事畢，兵歸耕於野，帥還命於朝。朝無養兵之費，將無擁兵之權。唐朝因之，削平禍亂，百年强盛。後有藩鎮之禍，至於亡國，説者謂張説當國廢府兵所致。宇文泰弑武帝修，因食糖糭而卒，泰主之也。《周書》謂遇毒而卒，不揭其事以書之，何爲信史？以唐人修《周書》，何必爲前代諱？【天頭批注】自宋以下，七代之史皆無取，而《宋書》《魏書》爲較勝也。

《南史》《北史》

唐李延壽撰。是書與《北史》同出一手，而義例頗爲兩歧。多詳於《北史》而略於《南史》。大抵因四史舊聞頗爲删潤，補缺者少，削繁者多，不及《北史》成一家言，特較四史稍爲簡要而已。

延壽於《北史》用力獨深，如周則補《文苑傳》，齊則補《列女傳》，皆不似《南史》之缺略。出酈道元於《酷吏》，附陸法和之《藝術》，亦不似《南史》之因仍。殆世家北方，見聞較近，故綜核特爲詳密焉。

西晋當懷、愍之世，天下擾亂，自崔浩作《十六國春秋》，自後分南北朝，地醜德齊，莫能相尚。距至二百餘年，北朝拓跋氏分爲東西。東十年篡於高齊，西二十一年篡於宇文周。南朝以宋劉裕爲至長六十二，齊蕭道成爲至短，梁五十六年，陳三十三年，通南北各有史。然中國本一區宇，朝事、時人亦相交貫，不可無紀綱以統之。故李大師遠欲法《史記》，近欲法梁武帝之《通史》，南朝爲一書，北朝爲一書。書未成而卒，其子延壽承父志作成之。宋子京作《延壽傳》，甚許可其書。然《北史》略優於《南史》。其人生長北方，故其議論多右北而左南。《南史》成書八十卷，《北史》成書百卷。

大凡尺有所短，寸有所長。史家之法，不虛美，不隱惡。自陳壽《三國志》創爲迴護之法，蓋其身爲晋臣，晋篡魏，魏篡漢者也，皆不能行其直筆。自後沈約之《宋書》因之，梁、陳《書》亦因之，無怪劉知幾云：『前人之爲史，使亂臣賊子懼。後人之爲史，使忠臣義士羞。』史書之才，反以長惡，故延壽明乎此，特定主意。故其書得是非之正，誅奸雄於既死，發潛德之幽光。宋子京贊不及此，其識淺甚。自有《南史》，然後宋、齊、梁、陳篡弑之迹徹底呈露。至各代之史，不但於易代之處不能行其直筆，即太子劭之行弑，亦祇云

『崩於別殿，年三十七』，若無事然，惟《南史》特書之。扶天綱，立人紀，後人爲之致仰。又褚淵、王儉、侯安都、王敬則皆能直筆指其奸〔二〕，《袁粲傳》謂其能發兵誅蕭道成，皆紀實也。

梁祚之衰，衰於昭明太子蕭統之死，非得其書補之，則不知昭明太子之死之由。其餘梁元帝繹，徐貴妃宮闈瑣屑之事，及貞陽侯蕭淵明爲陳霸先所廢，復歸於魏，死於道，得是書補之，然後知之。而其錯處，未始或無。

顧亭林謂其『鈔録舊聞，事多複出』。《四庫提要》謂其作《南史・文苑傳》從梁、陳起，而不從宋、齊起。其作《北史》，因後周無《文苑傳》，以庾信等補之，何以作《南史》而不補入？又《南史》無《列女傳》，因以二女附於《孝義傳》，是男女亂行，不可也。

沈約作《宋史》〔三〕，以子孫附於祖父，不另立傳。魏收作《魏書》因之，可也。蓋義例本之前人，如《史記》之世家、本紀，皆以祖父統其子孫。至班固斷代爲史，亦稍循其例。如絳侯周勃附其孫亞夫，張湯附其孫延平，李廣附其子陵〔三〕，諸如類，皆一代之人也。《後漢書》班

〔二〕又褚淵王儉侯安都王敬則皆能直筆指其奸　『褚淵』原作『儲淵』，據《南齊書》卷二三《褚淵列傳》改。

〔三〕沈約作宋史　『宋史』當作『宋書』。

〔三〕李廣附其子陵　據《漢書》卷五四《李廣傳》，『子』當作『孫』。

彪、班固以文字起家，可同傳，至班超以武功起家，衹可以子勇附之，故雖父子異傳可也。今李延壽不然，合南、北史二百餘年之久，人以子孫附於祖父者，以言其人則是父子，以言其時則各分朝代，詳於前朝即略於後代。今讀者耳目紛繁，如讀《宋書》，忽言其子入於梁、陳，更遠入於隋，甚不可也。如褚淵、王儉爲蕭齊之佐命功臣，乃附於宋朝。考其事，一非宋朝之事，駢拇枝指，更不可也。他自云「令人讀是書如讀家傳」，然既名是書爲國史，不可以家傳論也。

宋武帝之奉恭帝爲零陵王，及弒零陵王等事，皆書曰「宋志也」，直筆得《春秋》之意。而梁武帝奉齊和帝於巴陵，何以不書「梁志也」？大約因書多，且一手一足之烈，偶然錯誤，亦未可知。又書湘東王繹篡奪一事，及書江州刺史王子亮反〔一〕，未始非其錯處。又其書中多集小説之言。

《隋書》

唐魏徵等撰。其《志》兼及於南朝之梁、陳，北朝之齊、周，似於斷代之例不合。不知

〔一〕及書江州刺史王子亮反　據《南史》卷四《齊本紀上》「江州刺史晉安王子勛反」、卷三九《劉勔列傳》「江州刺史晉安王子勛爲逆」，疑此處「王子亮」當作「晉安王子勛」。

其《志》乃于志甯、李淳風、韋安仁、李延壽諸人所修之《五代史志》，至長孫無忌上之，始詔編入《隋書》。緣梁、陳、齊、周之史未有志故也。比不得班固之《古今人表》也。猶陳壽《三國志》無志，習鑿齒《漢晋春秋》亦無志，故沈約《宋書》諸《志》并前所缺者補之，同此意也。見《日知録》。

《舊唐書》《新唐書》

石晋時劉昫之《舊唐書》，至宋代以其文蕪雜，而命歐陽修、宋祁再修唐史，謂之《新唐書》，而《舊唐書》由是遂微。至清朝開修《四庫》，始命儒臣將新、舊《唐書》并列爲正史。

宋祁《進新唐書表》謂『事增於前而文省於舊』，蓋《新唐書》乃簡煉者也。然不如《舊唐書》之詳明，所以《新唐書》纔告成，而吴縝即有《新唐書糾繆》一書。雖吴縝之作此書，因初中進士，求入史局，爲歐陽修所抑，乃挾嫌而作，引繩批根，亦多中其失。《新唐書》，憲宗以前之事則詳，穆宗以後之事則略。緣憲宗以前之事，在史館者有劉知幾、韓愈一輩人，所據事而直書故也。觀憲宗以前史贊，直稱爲『史臣某某曰』，知御史能舉其職也。

唐人凡制敕皆用駢偶，《舊唐書》盡載入，牽連簡帙，幾不成書。《新唐書》多所割棄，使一朝制詔，天語煌煌，尚且不能彰布，非史之善筆也。夫不聞太史公言乎，『擇其言尤雅者著於篇』，何以不知所擇也？

《舊五代史》

北宋人薛居正等撰。自金泰和中立《新五代史》於學官，此書遂散佚。今從《永樂大典》録出，稟承睿鑒，復得於正史。蓋《新五代史》惟主褒貶，事迹始末究，不及此書之賅備也。

《新五代史》

宋歐陽修私修之書也。原名《五代史記》。宋人多行之，薛居正所修《舊史》漸廢。其書創立《雜傳》一傳，五代時士氣因仍，常有歷仕數朝，靦然面目者，立此傳以載此等人，是也。然既有《雜傳》，又何以復立《六臣》一傳〔一〕？《六臣傳》，唐臣之降梁者，此不足數之人，何以不并入於《雜傳》？故《六臣傳》可不必立。又如宋王本唐之藩臣〔二〕，并未降梁，何以入於《雜傳》？厚誣古人，其不察實甚。而其書之最謬者，莫如不立志。五代之中，其間禮樂兵刑，豈無足采？即遺文散失，極力搜羅，要當存其一二。觀王溥作《五代會要》〔三〕，尚能收拾遺文，成書三十餘卷。而《五代史》僅有《天官考》《職方考》兩篇〔四〕，餘皆闕如。而《天官》《職方》篇仍從簡略，亦史家之陋也。

《史記·世家》，乃周、漢諸臣封有國邑，大君有命，開國承家，傳之子孫，謂之世家。《五代史》爲宋接周統，以梁、唐、晋、漢、周爲正統，猶有取義。若前後蜀、南北漢諸國，非梁、唐、晋、漢、周所封，日事干戈，相爲敵讎，一介之使未通，三節之義何在？爲立世

〔一〕又何以復立六臣一傳　「六臣」原作「戮臣」，《新五代史》卷三五有《唐六臣傳》，故改。後同。

〔二〕又如宋王本唐之藩臣　「宋」後原有一字空格。查《新五代史》，并無宋姓名中有「王」字者，此處當有誤。

〔三〕觀王溥作五代會要　「王溥」原作「張溥」，據《宋史》卷二四九《王溥列傳》改。

〔四〕而五代史僅有天官考職方考兩篇　「天官考」，《新五代史》作「司天考」。

家，謬矣。當如《晋書》之立於《載記》爲合。石勒、劉淵諸人，猶五代之十國耳。《十國世家》謂吴、南唐、前蜀、後蜀、南漢、楚、越、閩、南平、東漢，俱爲立《世家》。

新舊《五代史》總論

五代時，其瀆亂甚矣。天下之瓜剖豆分，無是之甚。運短祚促，無是之甚。可憐之極！可笑之極！合五代共五十三年，計至周恭帝被篡之年，共五十四年。顯德十三年，即宋之建隆元年也，故仍稱五十三年。梁朱温六年，子友貞十一年，共十七年。唐李存勗稱後唐，共十三年。晋石敬瑭以契丹爲父[一]，借兵滅後唐，共十一年。劉知遠多少經營[二]，始有天下，僅四年。周郭威共十年。

又易八姓。後唐之明宗，李克用養子，賜姓李，非真姓李也。少帝從珂[三]，又明宗之養子。郭威又以妻柴皇后之姪柴榮爲嗣。故歷五代，區區五十三年，凡八姓。三綱九法斁，本

〔一〕晋石敬瑭以契丹爲父　『石敬瑭』原作『石敬塘』，據《舊五代史》《新五代史》等書改。

〔二〕劉知遠多少經營　『劉知遠』原作『劉智遠』，據《舊五代史》《新五代史》等書改。

〔三〕少帝從珂　『從珂』原作『明圭』，據《舊五代史》《新五代史》等書改。

末事皆不足以見録。但謂之爲史，無問於治亂興衰。善於興者，足以爲法。極於惡者，足以爲戒。

宋太祖建隆六年，命司空、平章事薛居正監修梁、唐、晋、漢、周各代之史，實不過提舉其事，本不與修史之列。修史者，如盧多遜、李穆、李昉、扈蒙、李九齡等〔二〕。據《會要》云：『六年，奉詔起修。以明年之十月書成，表上之，合一百五十卷，目録二卷。』原書本各代自爲編，載完一代，始載下代，儼如六朝之《宋書》《齊書》《梁書》一類。但因國運短促，事迹亦少，雖分各代，而實聯成一書。本名《梁唐晋漢周書》，後人嫌其難於稱謂，遂改爲《五代史》。

宋神宗五年，奉詔取歐陽修所撰之《五代史記》，遂上於朝，命頒於國子監鏤刻通行。然未嘗廢《舊五代史》也〔三〕。然自《新史》爲朝廷所與，遂習《新史》多，而習《舊史》少。以文筆論，四史以外，《晋書》以下，誰能與之方駕？至金章宗命人專習《新史》，而《舊史》漸廢。然其書尚存，至明中葉，《文淵閣書目》尚有其書。而鼠蠹塵封，其書遂失，

〔二〕 如盧多遜李穆李昉扈蒙李九齡等　『盧多遜李穆李昉扈蒙』原作『劉多遜李牧李倣顧蒙』，據《文獻通考》卷一九二《經籍考十九》、《澠水燕談録》卷六《文儒》改。

〔三〕 然未嘗廢舊五代史也　『史』字原闕，根據文意補。

徒有其名。觀《野獲編》，謂『大學士楊廷和之子升庵名慎恃其父當國，借觀書爲名，盜去甚多，至今指萬曆年間片紙俱無』云云。此時《舊五代史》若存若亡。及清朝開修《四庫》館，《舊五代史》一書出於邵晋涵二雲先生之手。蓋是書得於《永樂大典》者十之五六，得於群書者十之二三。將《舊史》所未備者，又搜采諸書所引《舊五代史》者，本《舊史》之義例一一編回。故《舊史》之得存者十已八九，大爲儒林之幸也。成書上於朝，奉詔編入正史。

二書各有所長，不可偏廢。《舊史》詳於紀載。蓋藝祖，周臣也，有天下纔六年即命修史，修史之臣見聞較近，且朝廷之紀載，民間之簿籍，猶多存者。特文筆單弱，此其憾也。

歐陽公以紀序失法，去取無倫，其意欲借五十三年之事大展其筆墨。筆法仿《春秋》，一依歸名義上，不肯假藉。紀傳仿《史記》，可從删削者，不令污其筆端。特删略過多，遂有不備不全之憾。

《新史》立《義兒列傳》《伶官列傳》二傳，皆創古人所未有，以垂爲炯戒是也。當晦盲否塞之秋，尚有一二人以維持大節，故特立《死節列傳》《死事列傳》，皆所以扶世教也。《舊史》仿前六朝之書，截開各一部，志則合五代而爲之，猶隋之修五代史也。其紀略各代事，先皇帝，次宗室，但運祚短促，君則朝更莫置，臣則朝秦莫楚，其臣子之間不能截開，孰爲梁臣？孰爲周臣？然當仿女子改嫁之例，以其終嫁之夫爲主可也。其文筆不獨不及歐《史》，且不及《舊唐書》。

《舊史》爲《世襲列傳》，指吴越、南平未稱帝，而奉梁、唐、晋、漢、周正朔者，猶之可也。爲《僭僞列傳》，指前後蜀、南唐、南漢既稱帝者諸人，皆自角立。同是篡竊，與梁、唐、晋、漢、周無異，焉能指爲僭僞？此則不可也。至歐《史》稱爲《十國世家》，亦非也。說見前。史家紀傳以紀君臣事迹，書表以紀一代典章。今《新史》無志，《舊史》有志，說見前。論者比之《左傳》《公》《穀》，以其或優於紀事，或優於筆削也。

李彦威始終仕梁，段行盛始終仕晋〔一〕，不應入《雜傳》。

周之韓通，當藝祖陳橋兵變之時，獨反出朝歸家，將集家衆以拒藝祖。及王彦昇追及，殺之。此周之忠臣也，宜爲之立傳，冠於彦昇之上。今《新史》闕之，説者謂韓通貳於藝祖，故不敢爲之立傳，非也。觀太祖贈韓通中書令，其表首句云：『易姓受命，王者所以建大功；臨難不回，死士所以敦大節。』爲宋朝第一篇詔令。後吕祖謙輯北宋一朝詔令，亦載之。然則歐陽公之遺漏也。

《宋史》

元時託克託原名脱脱，《三朝國語解》改爲託克託撰。其意表彰道學，故於《儒林傳》外創立

〔一〕 段行盛始終仕晋　『段行盛』，疑爲『段希堯』之誤。

《道學》一傳以冠之。《道學》一傳，首列周敦頤，別字濂溪，程大程子顥〔二〕，別字明道，小程子頤，別字伊川，朱熹，別字晦庵，張載，別字横渠，邵雍，堯夫、康節，六君子，及其師友淵源。其意以爲數子之功在萬世，不宜同列《儒林傳》，所以極其尊崇之意耳。按『儒』字自周公以來已分別言之。《周禮·天官·太宰》：以九兩繫邦國之民，三曰師，以賢得民；四曰儒，以道得民。《地官·大司徒》：以本俗六安萬民，四曰聯師儒。【天頭批注】『聯師儒』，鄭康成解以德行型人謂之師，以六藝教人謂之儒。孔子訓子夏亦曰：『女爲君子儒，無爲小人儒。』《莊子》有云：『通天地人謂之儒。』《老子》又謂：『以魯國之大，而得儒者一人。指孔子言。』莊周雖狂，猶不敢詆毀夫子，而以是稱之。又魯哀公謂孔子曰：『終没吾世，不敢以儒爲戲。』以孔子大儒，始稱之爲儒而無歉。故自《史記》立《儒林傳》，以後歷代之史莫不因之。雖間有稱《儒學傳》，然『儒學』亦『儒林』意耳，何從另有《道學傳》？如謂不立《道學傳》，而列六君子與諸子相等，無以極推尊之意。果然，則不將六君子另立一列傳？觀於各史之中，其《儒林傳》《循吏傳》《逸民傳》皆不過偏端見長，故合數人或數十人爲一傳。若有功德出人者，皆得獨立專傳。如《史記》，孔子則立世家，七十二子則立列傳，孟子、荀卿同一列傳，皆不合傳；《漢書》賈誼、董仲舒，《後漢書》鄭元，各有列傳；《唐書》韓

〔二〕大程子顥　『顥』原作『灝』，據《宋史》卷四二七《道學列傳》改。

愈亦有列傳，史贊所謂『莫不仰之如泰山北斗』者也。後乎《宋史》者，如《元史》之許衡、吴澄，《明史》之王守仁、劉念臺，皆另爲列傳，不列於《儒林傳》中，尊之也。此仿《史記》之例也，又何必創立《道學》一傳耶？且就《道學傳》而論，亦豈能與《儒林傳》鴻溝清劃哉？是傳因六君子而作，故其師友并列於是傳中。然就朱子之友而論，如張栻敬夫，別字南軒，呂祖謙伯恭，一字東萊，陸九齡子壽，一號象山，九淵子静，皆朱子至交也，何以張南軒則入《道學傳》，而呂伯恭、陸子壽、子静則入《儒林傳》？外如陳止齋、陳龍川、葉石林、葉水心[一]，皆朱子志同道合之友，又何以不入《道學傳》？又如程伊川之高弟謝良佐、游酢、呂大臨、楊龜山[二]，時皆無分高下，稱爲『程門四先生』者也，何以謝、游、楊皆入《道學傳》，而呂大臨獨不得入？抑謂呂大臨其父有列傳，故附於其父之傳，而不入《道學傳》。然之父既有列傳，又何以不附於其父之傳[三]，而列於《道學傳》中？又如及李延壽皆

[一] 外如陳止齋陳龍川葉石林葉水心　『陳龍川』原作『陳安川』，據《宋史》卷四三六《儒林列傳六》所載，當指陳亮，號龍川，故改。『葉水心』原作『葉水石』，據《宋史》卷四三四《儒林列傳四》所載，當指葉適，號水心，故改。另，葉石林指葉夢得，與朱熹并無深交，置此不當。

[二] 又如程伊川之高弟謝良佐游酢呂大臨楊龜山　『游酢』原作『游胙』，據《宋史》卷四二八《道學列傳二》改。

[三] 然之父既有列傳又何以不附於其父之傳　『然』『附』後原皆有空格，疑兩空格處爲『張栻』。

朱子之友也〔二〕，故入於《道學傳》，而朱子之師胡静三人〔三〕，又何以不入？故《宋史》創立《道學》之傳，其義固非，而其例亦多出入之處。

又如廣東人張鎮孫〔三〕，以待制回籍，城下之日死難，《文天祥集》有《哭張待制》詩，何以謂之『降元』耶？抑謂其非即死，而死於城下之日乎？獨不思文天祥亦死於燕京，隔宋亡一年之久。自來言節者莫如蘇武，而武之留匈奴也，秉漢節者十九年而不死。張巡、許遠，節之最著者也，張巡死，許遠乃後四十餘日乃死，豈得以死速論節耶？

又如光宗雖不孝，【天頭批注】孝宗禪位於光宗，是爲太上皇帝，稱壽皇，居重華宮。光宗本無他，因其妻李后最悍，一年始一朝重華宮。壽皇病，不侍疾，稱病，與李后游。壽皇崩，仍稱疾，不往守喪。留正屢疏請立太子，不報，遂遁去。趙汝愚矯太后詔，嚴勒禁衛，廢光宗，立嘉王擴〔四〕，是爲寧宗。在寧宗，與趙汝愚於光宗，則君父也，亦涕泣而道之可矣，安可爲此僥倖之舉乎？設光宗不甘廢棄，左右之人稱光宗之

〔二〕又如及李延壽皆朱子之友也　『李延壽』當是『李延平』之誤。查《宋史》卷四二八《道学列傳二》，李侗爲朱子老師，學者稱『延平先生』，故稱『李延平』。另，『又如』後有空格。

〔三〕而朱子之師胡静三人　『師』後原有空格，根據朱熹師從及前後文意，空格處或爲『劉子翬、劉勉之』。又，『胡静』當爲『胡憲』之誤。

〔三〕又如廣東人張鎮孫　『張鎮孫』原作『張振孫』，據《宋史》卷四七《瀛國公本紀》改。

〔四〕立嘉王擴　『擴』原作『郭』，據《宋史》卷三七《寧宗本紀一》改。

旨，擁戈相向，彼趙汝愚將使如商臣之事，抑自效里克之事？幸而不勝，如衛太子以巫蠱事稱兵犯闕，兵敗出奔而自經。如秦堅亦兵敗自經，其罪猶未彰著。不幸而勝，則石曼姑之義，亦可爲之？蒯聵在戚，石曼姑帥師圍戚，其罪名孰甚？而未至傾危國家，趙汝愚乃廢光宗而立寧宗。夫寧宗即光宗子也，父既以不孝，而不得立子，乃乘父之過而得立，是寧宗豈得爲孝耶？廢昏立明，如霍光之事，猶謂出於萬不得已，而趙汝愚所爲，實則廢父立子也。衛出公之立也，夫人之所主，公子郢之所讓，夫子且不是之。而光宗爲汝愚所廢，寧宗爲汝愚所立，立者安之，爲之廢立者亦安之，僥倖成事而已。設光宗不甘於廢置，爲汝愚者將使寧宗效商臣之事乎？抑汝愚自效里克之事乎？《宋史》乃比之周公、伊尹，真不可解也。

元順帝三年三月，命託克託等原名脱脱，繹國語改託克託。蓋急讀滚舌，則爲『脱脱』，緩讀則爲『託克託』。滚舌音者，不自今始也，古之人已有之。昔公羊本邾人，其言『邾』則曰『邾婁』，是其土音合『邾婁』二字，則滚舌音是爲『鄒』，戰國鄒即春秋邾也。『婁』讀『閭』音，則『邾婁』仍是一『邾』字。『婁』讀『流』音，則『邾婁』便成一『鄒』字。又如陳公子完奔齊，顓孫自齊來奔，後魯始有顓孫氏。故子張姓顓孫，其子姓申名詳，急讀則爲『申』字，緩讀則爲『顓孫』。修宋、遼、金三史。《宋史》成書四百九十卷〔二〕，斷代之史至大部頭也。宋不過三百年，成書如此之多，即此知其繁蕪。又

〔二〕宋史成書四百九十卷　按，《宋史》共四百九十六卷。

不過二年餘，連金、遼二史俱已告成，共成書八百餘卷，所以諸多脱略。《提要》謂其本紀與傳志不對者甚多，如洪皓歸自燕〔一〕，本紀謂七月，傳謂八月。《朱倬傳》謂徽宗宣和五年登進士第〔二〕，《徽宗紀》謂宣和六年始開進士科。諸如此類，舛錯甚多。然不止此。匡卯鋭〔三〕，《宋史》謂其戰死，《遼史》謂其戰敗而降，後爲保勝軍節度使〔四〕。又黄堅守峽州〔五〕，至元憲宗親臨城下，攻之不下，守城五月，以軍士死亡既多，遂班師而還。後宋運告終，亦能死難，應入《忠義傳》，今不入，非也。又《錢居禮傳》云『其孫長文自有傳』〔六〕，今并無其傳。又葉夢得既入《文苑傳》，以文藝見長，今并其《避暑録》《石林燕語》等書概不

〔一〕如洪皓歸自燕　『洪皓』原作『洪浩』，據《宋史》卷三七三《洪皓列傳》改。

〔二〕朱倬傳謂徽宗宣和五年登進士第　『朱倬』原作『朱卓』，據《宋史》卷三七二《朱倬列傳》改。

〔三〕匡卯鋭　檢《宋史》無此人。據《宋史》卷四四六《忠義列傳一》、《遼史》卷一四《聖宗本紀五》相關記載，當爲康保裔。《遼史》因避耶律阿保機之諱，作『康昭裔』，實爲一人。

〔四〕後爲保勝軍節度使　『保勝軍節度使』，據《遼史》卷一四《聖宗本紀五》，當作『昭順軍節度使』。

〔五〕又黄堅守峽州　檢《宋史》無黄堅守峽州事，或爲王堅守合州之誤。

〔六〕又錢居禮傳云其孫長文自有傳　檢《宋史》無錢居禮傳，卷三八五有《錢端禮列傳》，且言『孫象祖……自有傳』。據此，『錢居禮』當作『錢端禮』，『長文』當作『象祖』。

載入，通傳述其政績，何與於《文苑》？又《循吏傳》全載北宋九朝之人，後南宋七朝虚無其人，明明疏漏。《文苑傳》南朝衹得數人，全載北朝之人，亦豐瘠不均。何以詳於北而略於南乎？亦有故焉。因李仁甫《續通鑑長編》〔二〕，其意欲續温公以後百餘年之事，然不敢襲其名，故曰《長編》。是書自太祖建隆元年載至徽、欽北狩之事，共七百餘卷。今失去徽、欽二宗時事，僅得五百餘卷。元人有所資藉，無怪其詳於北而略於南也。

又南宋《謝深甫傳》無一彈駁〔三〕，皆詳其政績。後作傳論，比之陳賈、胡紘一流〔三〕。韓侂胄禁道學之時，彼正當國，與陳、胡醜詆正人，皆其謬誤處。又《王淮傳》謂其阻止張栻〔四〕，因孝宗欲用之。後論贊又云其意見與張栻同，屢欲薦用，亦與本傳異。

北宋仁宗艱於嗣，以濮安懿王之子宗實養於宫中，嘉祐七年立爲太子，賜名曰曙。八年，仁宗崩，即位，是爲英宗，年號治平。二年，議所以追尊濮王者。時濮王死已久，司馬温公云：『已爲仁宗子，爲人後者，爲之子也。濮安懿王宜封之大國，稱之以皇伯。』當時歐陽永叔

〔二〕因李仁甫續通鑑長編　『李仁甫』原作『李仁溥』，據《宋史》卷三八八《李燾列傳》改。

〔三〕又南宋謝深甫傳無一彈駁　『謝深甫』原作『謝申甫』，據《宋史》卷三九四《謝深甫列傳》改。

〔三〕比之陳賈胡紘一流　『胡紘』原作『胡宏』，據《宋史》卷三九四《胡紘列傳》改。

〔四〕又王淮傳謂其阻止張栻　『王淮』原作『王洪』，據《宋史》卷三九六《王淮列傳》改。然此處所言亦有誤，沮張栻者爲趙雄，非王淮，因趙、王二傳相鄰，或將趙雄事誤附之王淮。

建議，據《儀禮》云『爲人後者爲其父母報』，疏云：『言「報」者，既深抑之。』故宜稱考，不宜稱皇伯。是時，從温公説，永叔爲諸人所遏止，後貶官亦因此。後元人《宋史》亦右温公而左永叔。平心論，永叔未嘗不是。英宗自幼養於宫中，爲人後者，爲之子也，禰廟屬之仁宗無疑。然『皇伯』二字非古義，古人稱伯舅、叔舅、伯姬、叔姬、伯父、叔父，皆分老幼之稱，父之兄弟無稱伯叔者。古人幼則稱名，二十稱字，五十以後稱伯仲叔季，如子路後稱爲季路，子弓後稱爲仲弓，皆是。又如『伯也執殳』『自伯之東』，婦人之稱其夫。『將伯助予』，呼行路之人也。『侯主侯伯，侯亞侯旅』，即俗人亞大、亞二之稱。令稱之爲皇伯，嫌其不典。然則如何而可？如漢宣帝繼昭帝，既爲昭帝立禰廟，又爲悼王孫立悼考廟。悼王孫，衛太子之子，宣帝又悼王孫所出也。光武復漢祚，立元帝爲禰廟，而又立南頓君四廟，皆是也。

梁武帝作《通史》〔二〕，誤引《世家》，以魏屬之本紀，以吴、蜀爲之世家。其後歐陽修《五代史》亦沿其誤。至元人修《宋史》，更誤之又誤。五代之末，與宋祖割據之群雄，或死而無後，或爲宋蕩平，或歸命新朝，不旋踵而盡滅，無世可傳，無家可及，謂之爲世家，不亦誣乎？不知在周以前者不必録，在宋初者可謂之群雄，如《史記》功臣傳前列陳涉，

〔二〕梁武帝作通史　『通史』原作『史通』，據《梁書》卷三《武帝本紀下》改。

《唐書》於功臣傳前列宋金剛、劉黑闥、劉武周等是也[一]。然其誤更不止此，如竇貞固、李常本五季遺臣[二]，入宋遂不仕，無與於宋臣，何以爲之立傳？又程師孟已入列傳[三]，又入《循吏傳》，何也？皆誤也。所以柯維騏作《宋史新編》[四]，因其繁蕪，欲釐正之。

《遼史》

元託克託等撰。遼制，國中不得傳於鄰境[五]，故五京兵燹，蕩然無存。託克託修史之時，無可考證，僅據耶律儼、陳大任二家所紀以成是書，故頗傷疏略。惟《國語解》一卷，

〔一〕唐書於功臣傳前列宋金剛劉黑闥劉武周等是也　『闥』原作『撻』，據《新唐書》卷八六《劉黑闥列傳》改。另，今本新舊《唐書》皆無宋金剛傳。

〔二〕如竇貞固李常本五季遺臣　『李常』，根據《宋史》卷二六二記載，當是『李穀』之誤。

〔三〕又程師孟已入列傳　『程師孟』原作『陳孟』，據《宋史》卷三三一《程師孟列傳》、卷四二六《循吏列傳》改。

〔四〕所以柯維騏作宋史新編　『柯維騏』原作『何維祺』，據《明史》卷九七《藝文志二》改。

〔五〕國中不得傳於鄰境　《四庫全書總目提要》卷四六《史部·正史類二》載：『考遼制，書禁甚嚴，凡國人著述，惟聽刊行於境內，有傳於鄰境者，罪至死。』據此，『國中』或爲『國史』之誤。

仿古人音義之意，其例甚善，而訛舛亦多。今稟承睿裁，與金、元二史《國語解》均爲改譯，謹并以新本著録，俾不失真焉。

《金史》

元託克託等撰。《金史》，一代典制修明，圖籍亦備。因有元好問、劉祁諸人私相綴輯，故是書有所依據，較《遼史》爲詳賅。承修者明於史裁，體制亦見嚴整。《金史》之詳明，賴有歐陽原功一輩人。觀原功集中所有，於每事中列引小傳，如許詳明，則《金史》之詳也宜矣。

《元史》

明宋濂等撰。太祖洪武二年二月開局，命宋濂、王禕等修《元史》〔二〕。至八月告成，各賜金而歸。然尚欠順帝一朝實録，復命詞臣如上都采訪得之，復修《元史》，七月乃

〔二〕命宋濂王禕等修元史　『王禕』原作『王瑋』，據《明史》卷二八九《忠義列傳一》改。

成。合兩次修史，不過年餘耳，故碑誌之語、案牘之文，往往不及修改；即一人一傳，屢屢重複。具見朱竹垞《曝書亭集》中。故摘其妄言之，耶律楚材在列傳三十三〔二〕，張宏範在列傳三十四卷〔三〕。

《明史》

清世祖入關以後，即命修《明史》，然未開史局。至聖祖康熙十六年，奉旨舉行博學鴻詞，試者一百四十三人，取列一等者二十人，二等者三十人，《吾學録》具載其名。人才鼎盛，洵堪登著作之堂也。十七年，詔修《明史》，以葉方靄、張玉書總裁其事，所取鴻博科五十人皆命入史局。繼又以王鴻緒號橫雲、湯斌謚文正、陳廷敬、徐乾學、張英先後爲總裁官，而所纂修官皆博學能文、論古有識之士。其作史也，張

〔二〕耶律楚材在列傳三十三　「三十」後原有空格，《耶律楚材列傳》在《元史》列傳三十三，據補「三」字。

〔三〕張宏範在列傳三十四卷　疑「卷」字衍。另，《張弘範列傳》在《元史》列傳四十三，而非三十四。

玉書任書志，王鴻緒任列傳，陳廷敬任本紀。其時則有萬斯同字季野者，明季御史黄梨洲之弟子也[二]，在黄梨洲家中得讀有明十三朝《實録》。當時下詔徵黄梨洲，梨洲命萬季野往，後入史局，爲王鴻緒之客，史事皆取資焉。其於《明史》也，考核十三朝《實録》，又博采百家，以及天下志乘、稗官野史，信者傳信，疑者傳疑，故每作一傳，列書高至二三尺。或匝月而成一傳，或數月而成一傳，可謂盡心焉耳矣。至康熙五十三年，王鴻緒列傳稿先成，表上之，而本紀、志、表尚未就。王鴻緒又加纂輯。至雍正元年，本紀、志成，表上之，至是成一《明史稿》。

世宗復命張廷玉爲總裁，即王鴻緒本選詞臣再加訂正。然是時，康熙朝史官物故已多，雍正十一年再開博科，無論已官未官俱得應舉，但現任翰林及三品以上官不在内。至乾隆元年，與試者一百七十六人，取列一等者五人，二等者十人，二年續考，取列一等者一人，二等者三人，選入史局與纂修事。閲六十年而後訖事。古來修史，未有如此日久而功深者也。一本云乾隆十六年己未開史局訂正《明史》，至嘉慶十六年己未書乃成。即重修，亦花甲一周云。

[二] 明季御史黄梨洲之弟子也　『黄梨洲』原作『黄酈州』，按，黄宗羲，别號梨洲老人，學者稱梨洲先生，音同字誤，故改。後同。

明朝用刑最酷，設立錦衣衛、東廠、西廠、鎮撫司等官，四出天下，搜訪罪惡。尤異者，朝廷之上用刑，而有廷杖之例。唐明皇杖周子諒於明堂，偶一爲之，非著爲例也。古之刑法有律令格式而已，刑官則大司寇或刑部等官而已，不聞如此之濫也。故《明史》爲立『廠衛』，尚特創也。

《建文帝紀》：『乙丑，燕兵犯金川門。左都督徐增壽謀内應，伏誅。谷王橞及李景隆納燕兵〔一〕，都城陷，宫中火起，帝不知所終。燕王遣使出帝后尸於火中。越八日壬申，葬之。或云帝由地道出亡。』

四川、雲南、貴州、廣西俱有土司，叛服不常，等之於四夷，上下恬嬉，兵備不飭，可慨。

《資治通鑑》

《通鑑》一書，乃司馬温公奉詔而作，同事者又得范祖禹諸人。故其包涵萬有，義例精嚴，真如日月經天，江河行地，《春秋》後獨有之書，亦宇宙間不朽之業也。公言：『一生

〔一〕谷王橞及李景隆納燕兵　『谷王橞』原作『谷王穗』，據《明史》卷四《恭閔帝本紀》改。

精力在此書中，字字皆從戥子稱過來。』其居洛八年，書僅至六朝及隋耳，共閲十九年而成。張新甫時過公署〔二〕，尚見其遺稿至於盈兩屋。此書之精良爲何如哉！其間如序《孟子》『齊人伐燕』一段，改『湣王十年』爲『宣王十年』之類見《日知録》，不無舛錯，然不足爲是書病也。書既成，元豐七年上於朝，神宗賜名《資治通鑑》。洵帝王之宏規，豈但爲書生稽古之助哉！非惟《通鑑》不可及，即胡三省之注亦宏通博洽，後人無復加也。

又《通鑑》修時用卷，寫四丈爲卷，後人見手卷，字如黑蟻，無不端楷。

南宋袁樞字機仲作《通鑑紀事本末》，因《通鑑》之文分類排纂，以一事爲一篇，各詳其起訖，使節目分明，經緯條貫，遂於史家之外自爲一體，迄今不可磨没。溯其根柢，實則《尚書》每事爲篇，先有此例，究亦史家之支流也。以三百多卷約歸四十二卷，與李燾仁甫《通鑑長編》俱爲同時朱子所許可〔三〕，蓋事簡而賅也。宋金履祥仁山之《通鑑前篇》亦爲善本。金氏以劉恕之《通鑑外紀》失之好奇，乃引據經典以矯其失。李燾《通鑑長編》專紀北宋一祖八宗之

〔二〕張新甫時過公署　『張新甫』，《文獻通考》卷一九三《經籍考二十》作『張新叟』。

〔三〕與李燾仁甫通鑑長編俱爲同時朱子所許可　『仁甫』原作『仁虎』，據《宋史》卷三八八《李燾列傳》改。

事，今缺徽、欽二宗事，僅留二百五十卷〔一〕。今惟江蘇常熟縣張氏活字板爲佳。其名爲『長編』者，以《資治通鑑》温公奉詔所作，其名皇朝所賜，故不敢居於《續通鑑》，而謂之《長編》。

明人陳桱、王宗沐、薛應旂皆有《續通鑑》〔二〕。清朝徐乾學開書局於蘇州洞庭山太湖内，其時名人如閻若璩百詩、馮景、王沂、顧祖禹、熊宜、胡渭、萬斯同皆助之〔三〕，而内府圖籍、世家藏書隨其調取，其書高出於元、明諸作之上矣。其《續通鑑》，非奉朝命而作也，以刑部尚書丁憂，奉詔閑居，爲丁、唐、許三典所參引，時人詩有『中朝寶玉歸東海』之句。厥後畢沅秋帆亦有《續通鑑》，其時名人如邵晋涵二雲、嚴長明、程晋芳魚門、洪亮吉北江、孫淵如星衍、吴泰來號江南七子，皆在幕下。畢公之書雖不能繼美温公，而略存古人梗概者，比徐氏更爲美備。

〔一〕僅留二百五十卷　今實存五百二十卷，『二百五十』當作『五百二十』。

〔二〕明人陳桱王宗沐薛應旂皆有續通鑑　『桱』字原爲空格，據《四庫全書總目》卷四七補。且陳桱爲元人，非明人。『薛應旂』原作『薛居旂』，據《四庫全書總目》卷四七改。

〔三〕其時名人如閻若璩百詩馮景王沂顧祖禹熊宜胡渭萬斯同皆助之　據《漢學師承記》卷一《胡渭》記載：『徐尚書乾學奉詔修《一統志》，開館洞庭山，延〔胡〕渭與黄儀子鴻、顧祖禹景范、閻若璩百詩分郡纂輯。』此處『熊宜』似爲『黄儀』之誤。另，『王沂』似誤。

《通鑑綱目》

是書非朱子之書，乃其門人趙師淵等之書〔二〕。觀於集中所與師淵書，則是書多非朱子所手定，并非朱子所目見者。朱子於注經、注『四書』，又旁及《楚詞》，至《參同契》之書皆有注，固已日不暇給，安能再從事於《綱目》？其發凡起例，則朱子所定耳。間指其一二舛錯：

『唐貞觀元年徵隋秘書丞劉子翼，不至』，尹起莘謂『特書隋官以美之，與陶潛稱徵士一例』云云，不知《唐書·劉禕之傳》明載子翼出爲著作郎、宏文館直學士，則彼且全書未見也，如是可以知人論世乎？猶成風爲僖公之母〔三〕，明載《左傳》，而趙鵬飛《春秋經注》謂不知莊公之妾、僖公之妾同一，悠謬。

『莽大夫楊雄死』，謂書『死』，奪之也。獨不思生死者，人之常事，聖人之予奪豈在此一字見耶？人之賢不肖，自有賢不肖事，據事直書，予奪自見，乃在此『死』字耶？鄭伯

〔二〕乃其門人趙師淵等之書　『趙師淵』原作『趙子淵』，據朱熹《晦庵先生朱文公文集》卷五四改。後同。

〔三〕猶成風爲僖公之母　『僖』原作『禧』，據《左傳》及後文改。

射王中肩，不臣之罪莫過於是，然《春秋》何嘗不書『鄭伯寤生卒』？季平子逐君，《春秋》何嘗不書曰『季孫意如卒』？其書曰『死』，蓋本於《檀弓》。《檀弓》曰：『君子曰終，小人曰死。』所謂以『死』字奪之如此。然《虞書》之言舜曰『陟方乃死』，然則亦奪之耶？

又《綱目》一書，惟楊雄書『死』，莽、操、懿、裕且得書『卒』，此又何故？謂之爲『莽大夫』即奪之矣，乃以一『死』字奪之耶？更有學《春秋》而誤者。《春秋》凡書『公在乾侯』者三，是時平子逐君，魯無君也。國既無君，豈可爲國？書『公在乾侯』，正以見國之尚有君也。特季氏專權，逐之於外耳。且平子逐君，依然以之爲君也，未嘗廢故君立新君也。國不可以二君，亦不可以無君，《春秋》之所書以此也。而《綱目》於武氏之時既廢中宗而立睿宗，後又廢睿宗而自稱制，改國號曰周，是唐家之天下早已中亡矣。後張柬之諸人反周，爲唐復立中宗耳。前後越十八年。而《綱目》凡十書『帝在房州』，意蓋仿《春秋》之『公在乾侯』也。而不知中宗已廢，所謂『帝』者，則惟睿宗得稱之，睿宗又廢，則惟武氏得稱之，猶以爲『帝在』者何耶？亦幸而終反周爲唐耳，設不然，則終《綱目》一一書『帝在某地』者，伊於胡底耶？

朱九江先生講學記

門人順德簡朝亮謹纂

光緒二十有三年仲冬，《朱九江先生集》及《年譜》刊成。季冬，先生《講學記》乃編，再傳弟子校刊於讀書草堂。

朱先生引疾去襄陵，既歸，講學其鄉之禮山下，有古大夫歸教州里之風。朝亮年二十有四，從學焉，三年而歸。每聞先生曰：

烏虖！孔子殁而微言絶，七十子終而大誼乖。豈不然哉！天下學術之變久矣，今日之變，則變之變者也。秦人滅學，幸猶未墜。漢之學，鄭康成集之；宋之學，朱子集之。朱子又即漢學而稽之者也，會同『六經』，權衡『四書』，使孔子之道大著於天下。宋末以來，殺身成仁之士遠軼前古，皆朱子力也。朱子，百世之師也，事師無犯無隱焉者也。然而攻之者互起，有明姚江之學，以『致良知』爲宗，則攻朱子之『格物』。乾隆中葉至於今日，天下之學多尊漢而退宋，以考據爲宗，則攻朱子爲空疏。一朱子也，而攻之者乃相矛盾虖？學術之變，古未有其變也。烏虖！古之言異學者，畔之於道外，而孔子之道隱。今之言漢學、宋學者，咻之於道中，而孔子之道歧。何天下之不幸也！彼考據者，不宋學而漢學矣，而獵璅文蠹大誼，叢脞無用，漢學之長，有如是哉？孔子曰：『德之不修，學之不講，是吾憂也。』吾今爲一二三子告，蘄至於古之實學而已矣。學孔子之學，無漢學無宋學也。修身讀書，此其實也。一二三子其志於斯虖？

修身之實四，曰：惇行孝弟，崇尚名節，變化氣質，檢攝威儀。

今之學者，其聞古之孝弟，則曰：『吾心固如此也，其事則不能矣。』及其有失也，則曰：『事如此，吾心不如此也。』然則汝心則是，汝事則非，孰使汝心不能達於事邪？抑汝心未誠耳。誠以行之，如古之孝弟也，家人且化焉。鄭濂舉治家之道曰：『不聽婦言而已。』夫有言而不聽，豈若化之而無言虖？且骨肉之間，學者動以理争也。夫烏知争財者罪，争氣者罪，争理者亦罪。《禮》曰：『門外之治誼斷恩，門内之治恩揜誼。』蓋不可以理争也，有變則以仁術全之可也。《孝經》曰：『立身行道，揚名於後世，以顯父母。』『立身』也者，名節之謂也。今天下之士，其風好利而鮮名節，二百年於兹矣。學者不自立，非君子人也。昔者伊尹辨誼，武侯謹慎，辭受取與出處去就之間，昭昭大節，至今照人，如日月之在天也。張子曰：『形而後有氣質之性，善反之，則天地之性存焉。』《洪範》曰〔一〕：『沈潛剛克，高明柔克，變化之道也。』能自克而勝氣質，則剛柔濟事，是攸好德也。攸好德則宜在五福。不能自克而氣質勝，則剛柔害事，是弱也。弱則宜在六極。此學者之元龜也。今之學者輒曰不羈，威儀鮮自力。《詩》曰：『不吊不祥，威儀不類。』言亡國徵也。以言學者，亦亡身徵也。故鬼幽鬼躁，管輅猶覘之矣。

雖然，修身者不讀書不可也。讀書之實五，曰：經學、史學、掌故之學、性理之學、辭章之學。夫經明其理，史證其事。以經通經則經解正，以史通經則經術行。掌故者，古今之成法也。本經史之用以參成法，則用法而得法外意矣。性理非空言也。《易》曰：『翰音登

〔一〕洪範曰　『洪』原作『鴻』，不合書名，後文實出自《尚書·洪範》，據改。

於天，何可長也。』性理者，所以明吾學之大，皆吾分也。用之無所驕，不用無所歉。古來才大而器小，或矜伐自用，若管仲、姚崇、李德裕、張居正者，猶譏焉。吾以爲性理之書，誼如懿戒，足以自箴矣。歐陽氏曰：『文章止於潤身，政事可以及物。』夫信以文章非及物者虖？君子之學，以告當世，以傳來者。書以明之，詩以歌之，非文章不達也，皆及物者也。孔子曰：『言之無文，行而不遠。』南宋而後，古文之道浸衰，天下必當有興者。二三子其志於斯虖？烏虖！有明季年，流賊乘之。今吾衰矣，金陵之盜，憂方大也。《孟子》曰：『下無學，賊民興。』可不懼哉！以上講學大旨。

先生曰：讀書者，格物之事也。王姚江講學，譏朱子讀書，曰致良知可也。學者行之，流弊三百餘年。夫良知、良能皆原《孟子》，今舉所知而遺所能虖？既不讀書，何以致良知也？不讀書而致良知，宜姚江不以佛氏明心爲非也。此心學之弊也。子路佞於孔子曰：『何必讀書然後爲學？』則孔子之讀書爲學其常也。昔者姚江謫龍場驛，憶其所讀書而皆有得，姚江之學繇讀書始也，故其知且知兵，其能且能禦亂。

先生曰：陳文恭之學非不宗朱子也，文恭自謂於古聖賢之書無所不讀也。其詩曰：『吾道有宗主，千秋朱紫陽。』此其所繇入德也。明英宗北狩，弟景帝立。及英宗歸，景帝錮之。英宗太子，皇太后所立也，景帝廢之，而立己子，人倫蔑矣。於是虖文恭不赴禮闈。憲宗即位，復赴焉。此其知出處之大誼也。昔者，定公元年，孔子不仕，而仕於定公九年。當是時，賊臣意如既卒，終使昭公合墓，二子無猜，道成孝友，春秋之變而得其正也。文恭足知之矣。文恭之學，讀書而静養也，朱子所法虖孔子者也。文恭之教，使學者端坐澄心，未讀書而静養，則所養者未必端倪之正也，非朱子所法虖孔子者也。

先生曰：六經者，古人已然之迹也。六經之學所以踐迹也，踐迹而入於室，善人之道也。所謂深造之以道，欲其自得之也。子張問善人之道，子曰：『不踐迹，亦不入於室。』陸子静，善人也，未嘗不學。然始事於心，不始事於學，而曰『六經注我，我注六經』，雖善人虖，其非善人之道也。

先生曰：顧亭林讀書亡明之際，抗節西山。《日知録》《遺書》，繇體及用，簡其大法，當可行於天下，而先王之道必不衰。

先生曰：紀文達，漢學之前茅也。阮文達，漢學之後勁也。百年以來，聰明魁異之士多錮於斯矣。烏虖！此天下所以罕人才也。

先生曰：小學非六書而已也，紀文達必從漢志，非也。朱子《小學》，小學之道也。《大戴禮》曰：『古者年八歲而出就小學，學小藝焉，履小節焉。束髮就大學，學大藝焉，履大節焉。』《尚書大傳》略同。是故小學養大學。

先生曰：《皇清經解》，阮文達之所詒也，殆裨於經矣。雖然，何偏之甚也！顧亭林之學不分於漢宋也，今采其説，尊宋者芟焉。如《日知録》於《易》謂『不有程《傳》，大誼何繇而明虖』之類，今不采。書以國朝爲目，當時之儒非皆漢學也，若方靈皋者流，乃一言之不録也。

先生曰：宋儒言去欲，漢學者以爲非，曰：所欲與之聚之，孟子誼也。彼漢學者東視不見西墻矣。人欲有公而有私也，《樂記》所謂『滅天理而窮人欲』者也。《漢書》：黥布反，高祖險謂布曰：『何苦而反？』布曰：『欲爲帝耳。』然則布之欲也，其宜去虖？抑不去虖？

先生曰：荀爽九十五日而登台司，視鄭君何如哉？『比牒并名，早爲宰相』，鄭君之素風無失也。此行虖經學者也，漢學之真也。

先生曰：經誼，所以治事也，分齋者歧矣。邱文莊《大學衍義補》嘗辨分齋之非。經學，所以名儒也，分門者窒矣。近人著書，有以經學名儒分門者。

先生曰：儒有君子小人，然《儒林傳》外立《道學傳》焉，則《宋史》之失所尊也。《漢書》鄭康成、《唐書》韓退之皆列傳也，奚必標異虖？

先生曰：今之子弟所志者科名而已，所力者八股八韵八法而已，故今之所謂佳子弟，皆古之所謂自暴自棄之尤者也。以上申古之實學。

先生曰：讀書者何也？讀書以明理，明理以處事。先以自治其身心，隨而應天下國家之用。

先生曰：古之學者，六藝而已矣。於《易》驗消長之機，於《書》察治亂之迹，於《詩》辨邪正之介，於《禮》見聖人行事之大經，於《春秋》見聖人斷事之大權。

先生曰：《漢書・藝文志》云，『古之學者耕且養，三年而通一藝，存其大體，玩經文而已』。是故用日少而畜德多，三十而五經立也。吾聞經師之法，日誦三百言，數以貫之。《荀子》『誦數以貫之』，言重習也。不及三年，雖在中人，五經皆辯。『辯』同『徧』。昔者，東方朔年二十二，上書自言，十六學《詩》《書》，誦二十二萬言；十九學孫吴《兵法》，亦誦二十二萬言；凡已誦四十四萬言。繇今考之，朔六年之中，日誦二百言有奇，中人無不能也。少苟失學，何患於無年虖？

先生曰：《王制》『樂正崇四術，立四教，順先王《詩》《書》《禮》《樂》以造士』，此古者大學之教也。《左傳》：韓宣子適魯，觀書於太史氏，見《易象》與《魯春秋》，曰：『周禮盡在魯矣。吾乃今知周公之德與周之所以王也。』夫《春秋》，魯史也，周官以太卜掌《易》，故宣子，晉之賢大夫也，猶於是始見其書。宣子之所見者，周之制也，而嘆之若此，况益以孔子之文虖？《史記》：孔子以《詩》《書》《禮》《樂》教弟子，蓋三千焉，身通六藝者七十有二人，孔子曰：『皆異能之士也。』是故六藝之學，不可無序。

先生曰：《樂經》亡而不亡也，樂章存虖《詩》，樂節存虖《禮》。孔子雅言非不及樂也，有存虖《詩》《禮》者也。

先生曰：注疏者，學十三經之始也。古今名家，聲音訓詁，去其違而終之經誼焉可也。

先生曰：漢興，諸經復出秦火之殘，釋者難之。漢制治經，專經也。國朝初制，未改專經，今之困學者師焉，或拘而失矣，以視荒經，不猶愈乎？

先生曰：韓子云，『士不通經，果不足用』。然則通經將以致用也，不可以執一也，不可以嗜瑣也。學之而無用者，非通經也。董子云，『《詩》無達詁，《易》無達占，《春秋》無達辭』。此董子之能通經也。孟子言《詩》，皆無達詁。班氏云：『後世經傳既已乖離，博學者又不思多聞闕疑之誼，而務碎誼逃難，便辭巧說，破壞形體。說五字之文，至於二三萬言。後進彌以馳逐，故幼童而守一藝，白首而後能言。安其所習，毀所不見，終以自蔽，此學者之大患也。』今之漢學，其免班氏之譏否也？

先生曰：朱子，師程子者也。朱子釋經，不或匡程子之失乎？志遜而辨，辭恭而直，朱子事師之誼也。今之漢學喜攻朱子，蜩沸者無譏矣，將或中焉，惜夫其不如朱子之事師也。

先生曰：六書，小學，治經者所時資也。必謂先盡讀小學諸書而後可通聖人之道也，將徒蔽之也，爲其書之不能無鑿也。

先生曰：《傳》云，『《易》有聖人之道四焉：以言者尚其辭，以動者尚其變，以制器者尚其象，以卜筮者尚其占』。是故後之易家執其一焉則賊也。

先生曰：《書》僞古文，亂經也。

先生曰：《詩序》傳之子夏，而不皆子夏所傳者也，學者辨焉。

先生曰：《春秋》之作，懼邪說也。孟子其通《春秋》之微，告戒於百世者矣。《左氏》

《公羊》雖佐《春秋》，惑邪説者十二三焉。《穀梁》頗鑿，然罕惑也。故《春秋》之學，捨傳不能通經，違經不能正傳。

先生曰：《記》云『禮，時爲大』，學禮者，宜何如會通也。

先生曰：史之於經，猶醫案也。

先生曰：《書》與《春秋》，經之史，史之經也。百王史法，其流也。正史紀傳，《書》也；《通鑑》編年，《春秋》也。以此見治經治史，不可以或偏也。

先生曰：二十四史，讀之者其要可知也。四史《史記》《前漢書》《後漢書》《三國志》，史之冠也。《明史》，史之近也。《史記·六國表序》：『以其近己而俗變相類。』

先生曰：《明史》屬藁，有布衣萬季野焉。史局諸臣鴻博選也，越六十年而書成，故史誼之精獨逾群史。

先生曰：《資治通鑑》，史學之大用也，雖百世可爲王者師矣。畢氏之續未逮也，然續者獨推焉。

先生曰：《通鑑》立文，先書之要，後書之詳，蓋綱目存焉矣。若夫《綱目》，非朱子成之也，纂於門人趙師淵諸人。其文竄而疏。

先生曰：《通鑑》書戰者詳，兵謀之蓄也。

先生曰：紀事本末，其尋之也易，不亦宜備虜。

先生曰：孔子雅言，周之掌故備其中矣。《詩·商頌》而外，皆周詩也。《書》則《周書》爲多。夏、殷之禮微，所執者周禮也。

先生曰：『九通』，掌故之都市也。士不讀『九通』，是謂不通。杜佑《通典》、鄭樵《通志》、馬端臨《文獻通考》、續三通、皇朝三通。

先生曰：掌故之學，至賾也。繇今觀之，地利軍謀，斯其亟矣。

先生曰：知掌故而不知經史，胥吏之才也。

先生曰：古無所謂理學，經學即理學也，顧氏之言是矣。雖然，性理諸書，翦其繁枝，固經學之佐也。

先生曰：《易》尚《文言》，後之語録則無文矣。

先生曰：人有鄉黨自好之人，文亦有鄉黨自好之文，君子不爲也。

先生曰：經史之誼，通掌故而服性理焉，如是則辭章之發也，非猶虖文人，無足觀者矣。宋劉忠肅每戒子弟曰：『士當以器識爲先，一命爲文人，無足觀矣。』

先生曰：有古誼然後有古文。明之七子學古文而未能無古誼也。韓子讀三代兩漢之書，志其誼，法其文，文成古文，誼求古誼也。學者爲文，志過其師，乃及其師，故學文不徒自韓子始。韓子以來，名家輩出，皆有可師，然莫如韓子。唐以前之文多華，唐以後之文多樸。唐以前之文多曲，唐以後之文多平。唐以前之文句多短，唐以後之文句多長。散文、駢文，古無別出。《堯典》申命，孔傳《繫辭》，可類明也。故曰：駢文有氣即爲古文。壽文非古也，君子謂之諂。古詩三百，今之詩法通焉。李杜韓蘇，詩之四維，得於詩三百者尤多。

先生曰：爲韓侂胄作《南園》《閲古泉記》者，陸務觀也；爲石亭作族譜跋者，吴子傳也；爲嚴嵩作《鈐山堂集序》者，湛元明也。皆君子而失之者也。故曰：許人一文，猶許人一女。以上申讀書之實。

先生曰：居父母之喪，不可以居講院也，功令之所嚴也。然而知之者罕也。哀哉！

先生曰：《易·坤》爲吝嗇，處婦人者宜知也。

先生曰：予昔居南沙陳氏賓館，其主人，今所稱埽地北也。予聞諸徐佩韋之尊甫曰：北少貧，爲埽地傭，既而市利，家少有。厚懷其弟，妻子一布一粟，兄與弟平。兄奔走，面目蕉萃，弟不知艱難，食兄之力，嘻嘻虖皤腹而游。兄妻弗説，夫歸，私告叔過。夫摇手陽驚曰：『汝未知也，汝勿言。汝視吾貌，貧人也。汝視叔貌，富人也。吾以弟名入市，市利三倍。若吾名，則秏矣。凡汝之食，皆叔之福也。』妻改禮其叔，家臻富有而不睽。繇是觀之，埽地北一市人耳，不愛千金而愛其弟，又能使家人之相愛也。孟子曰：『是乃仁術也。』

先生曰：雖有國賊，敢不畏直節之士哉？淮南王安日夜爲反謀，曰：『漢廷大臣，獨汲黯好直諫，守節死誼，難惑以非。至如説丞相宏等，如發蒙振落耳。』《資治通鑑》。然則漢之丞相苟有汲黯之風也，淮南必不動矣。

先生曰：士之於名節也，終身之力，豈一日之幸虖？《宋史》：盧秉謁蔣堂，坐池亭，堂曰：『亭沼粗適，恨林木未就爾。』秉曰：『亭沼如爵位，時來或有之。林木非培植根株弗成，大似士大夫立名節也。』

先生曰：施彦執有言，『今人或處己廉，然掊克百姓，上以媚朝廷，下以諂權貴，輒得美官。雖不入己，其入己莫甚焉。此劫盜也』。《北窗炙輠録》。

先生曰：今之學者，寧爲其介，毋爲其通。

先生曰：朱子稱吕伯恭變化氣質，何哉？伯恭之少也，性暴怒，及讀《論語》曰『躬自厚而薄責於人』，遂自克也。朱子稱之，將以告吾學者也。讀書自克，吾學者之事也。

先生曰：吾聞西門豹性急，佩韋以自緩。董安于性緩，佩弦以自急。《韓非子》。何古人之善變虖？吾宦晋所知者，有王令性急，五板即殺人也，人稱之曰『王五板』；有陰令性緩，三年不浣衣也，人稱之曰『陰三年』。烏虖！若二令者，不自治而治人邪？

先生曰：宰相者，士之所爲爾。士無威儀，雖與之宰相，非其器也。鄭綮曰：『歇後鄭五作宰相，事可知矣。』《新唐書》。以上申修身之實。

附記

道光二十有三年，或曰頻年河決東南，多大水，何也？先生喟然曰：宋蒲宗孟有言：

『臣陰象，兵陰物，夷狄陰之方，佞邪陰之黨，奸臣陰之極。』繇今觀之，兵燹雖衰，群陰何如也。

有島族人因潮州明經求見，先生以佗出辭，而謂明經曰：『子而忘經誼虖？古之大夫非有君命不私覿。《禮》曰：「爲人臣者無外交，不敢貳君也。」今雖在籍，敢自貳虖？昔旅都門，俄人有求見者，吾未之見也。子其辭焉。』

滇之外徼英人馬加利死焉，山苗戕之也。英人布七事而抵其人主者，弗與争也。先生論其事，手書存之，其終曰：『□情無厭〔二〕，得寸入尺。我既弱如此，彼之要求，將何可問？《易》所謂「自我致戎，又誰咎也」。』

有聞使英者以告，先生閔然悲之。於後先生既歿，門人啓其篋衍，乃得手書曰：『派員往英之事，何辱國至此！□□可謂無人。□□身係安危，先自屈辱，損中國之威，長□□之氣，天下何望矣〔三〕！回憶咸豐之事，喋血郊園，盟於城下，乘輿出遜，晏駕不還。《公羊》

〔二〕□情無厭　據《朱九江先生集注》卷六，『□情』當作『夷情』。

〔三〕□□可謂無人□□身係安危先自屈辱損中國之威長□□之氣天下何望矣　按，簡朝亮在編書時因顧忌而删除部分文字，用方框代替。民國時期，簡朝亮指導弟子張啟煌爲《朱九江先生集》作注時，便補上了缺字。三處缺文分别爲『舉朝』『李相』『夷虜』。參見蔣志華：《朱次琦札記補正》，《廣東社會科學》二〇〇七年第六期，第九十六頁。

所謂百世之讎，無時焉，而可與通也？今重有此大辱之事，此志誼之士所以言念國耻，當食而嘆，中夜憤悱，誓心長往，終已不顧者也。』

門人問曰：『今之用兵，如機器何？』先生曰：『兵莫患於不堅，上下軍民聯爲一體，我之堅也。《管子》曰：「攻堅則瑕者堅，攻瑕則堅者瑕。」敵雖機器，不有瑕者在虗？彼諜者何爲也？』門人曰：『今之機器，泰西兵法也。然則先生奚取於《泰西水法》虗？』先生曰：『卑高之水，晷分寸而灑潤焉。《泰西水法》，而不必自泰西爲之也，我用泰西也。非泰西而不必可爲之者，泰西機器也，漏卮也，泰西用我也。』《農政》諸書有《泰西水法》。

朱子襄先生講義

朱次琦 述　劉熽芬 校録

讀書之實，不敢高語聖賢，不敢高談性命。

立身之要，朱子《白鹿洞》《小學》篇言之詳矣，而吾尚恐其繁，今復照朱子之意，約之以四大端，俾學者易於遵守而立德。一則敦行孝弟，一則崇尚名節，一則變化氣質，一則檢攝威儀。

敦行孝弟

堯舜之道，孝弟而已。則孝弟但行之可已，何以敦？敦者，篤厚也。厚之又厚，而後孝弟無歉。人子事親，當全副精神注在父母身上。委曲承志，視無形，聽無聲，正所謂大孝不匱也。小孝用力，中孝用勞，至於不匱，直無可形容。勿謂吾問心亦能知此，特做不來耳。豈知天下斷無有做不來的事，做不來者，誠未至也。試思古人年雖老而依然孺慕，至戲斑衣以娛親，又爲親滌污穢，如此等事，敢謂做不來耶？饒雙峰先生謂，子見齊衰者、冕衣裳者與瞽者，見之雖少必作，過之必趨。今人無是心而僞飭是貌，是其中漓也。然此等人少，惟每每有是心，不能本是心以行之，遂諉於做不來者最多。故事親者必不容有未盡之心，其未盡者皆不誠也，皆其性薄也。雖家庭間或有難易之不同，然究視自家本領何如耳。天下豈有難處之家庭？以云難，處之未善也。至於事偏存之父母，及晚年之父母，此中更有許多難告人處，要視事之何如耳。《晏子春秋》云：朝廷之上，恩不掩義。家庭之内，義不掩恩。世人之處骨肉，其争財争氣者固罪不勝誅，即争理亦當樸責。一家之内，何處任爾講理乎？但於其難處之事，委曲求全，自家任過以冀親心之悟已耳。昔宋英宗有疾，兩宫爲左右讒間，遂成嫌隙。當韓琦、歐陽修在朝，琦獨見帝，帝曰：『太后待我少恩。』琦對曰：『自古聖帝明王不爲少矣，獨稱舜爲大孝，豈其餘盡不孝哉？父母慈而子孝，此常事，不足道。惟父母不慈而子不失孝，乃爲可稱。但恐陛下事之未至，父母豈有不慈哉？』英宗大感悟〔一〕。又觀漢萬石君之子石建，官至二千石，常竊問侍者取親中裙厠牏，身自浣灑，乃不敢令萬石君知之，以此爲常。蓋不欲以年老父母致人厭賤也。

天下無不是之父母，人間最難得者兄弟。世有以兄弟異母多生變故，豈知母異而父則同，以繼統論，則有嫡庶之分；以性天論，實無親疏之異也。温公年六十餘，事兄如其少時，出入隨行，一飯而問寒暖者三。趙臨終〔二〕，其子請遺訓，曰：『夫子之道，忠恕而已矣。

〔一〕英宗大感悟　『英宗』原作『仁宗』，據前後文意及歷史事實改。

〔二〕趙臨終　『趙』後原有空格，所闕字難以考求。然清人梁章鉅《退庵隨筆》卷一一有言：『吾鄉林文安公瀚臨終時，子孫請遺令，公曰：「學吃虧而已。」』與此事相類。

忠恕之道，吃虧而已矣。』又請，曰：『堯舜之道，孝弟而已矣。孝弟之道，吃虧而已矣。』吃虧，猶言忍讓也。《唐書·孝義傳》，張公藝九代同居，高宗封禪太山，幸其宅，因問家道何以雍睦若此，張公藝書『忍』字以進，高宗爲之感泣。所謂委曲求全也。要知『忍』字，以之處世則可，至於九代同居，亦必有先正其心以垂爲家法者。如《明史·孝義傳》，鄭濂亦九代同居〔一〕，至濂七世，解糧入京。太祖以布衣崛起，欲周知民間疾苦，故每詔糧長入見，因問濂以治家之道。濂對曰：『無非慎守祖宗家法，不聽婦人言而已。』帝賜之果，濂懷歸，分給衆人。《詩》云：『亂匪降自天，生自婦人。』孔子繫《易》，『家人』之後，繫之以『睽』，云『家道窮必乖，故承之以《睽》』。兑下離上，『二女同居，其志不同行』。火炎於上，澤潤於下，必至家道窮而睽，可戒也。孔子繫《易》又云：『風自火出，家人；君子以言有物而行有恒。』蓋身不行道，不行於妻子也。至『有孚威如，終吉』，孔子曰：『威如終吉，反身之謂也。』蓋婦人之性，一則好自私，二則好自是，三則厚於外家而薄於夫家。且家中婢僕各有所主，一旦婢僕播弄是非，婦人即以訴之於夫，則是非顛倒，家道無成，比比皆是。所謂『衹因枕畔鶯聲巧，遂使天邊雁影疏』，不可不慎。唐李勣官至相國，尚爲姊烹藥，焚其鬚，姊不忍，呼以僕代，勣曰：『不必。今姊已老，勣亦老，他日欲常爲姊烹藥，其可得乎？』又

〔一〕鄭濂亦九代同居　『濂』原作『廉』，據《明史》卷二九六《孝義列傳一》改。後同。

國朝張問陶之妹筠，葬於京師，問陶哭於其墓，有詩云：『日下重逢惟斷隴，人間謀面剩來生。人到自憐天亦悔，生無多日死偏長。』兄弟姊妹之情可謂篤矣。

擇葬地

擇地葬親，亦聖人所重，但斷斷不可惑於風水耳。如惑於風水，存一利害禍福之見，則是擇地非以爲親，直欲以親之遺體而市利也。忍乎哉？漢以上擇地俱以指陽宅而言，程子嘗云：『擇地但求本山有氣，四面峰巒朝拱而已。』知此便不易。然山之有氣無氣，但觀其草木之榮枯，一望便得。沈周號石田，《明史》入《隱逸傳》，亦書畫家也，集中有《過郭公墓》詩云：『水泛沙飛豈可居，先生卜葬意何如。日中數莫逃兵解，天下人猶信葬書。』郭公名璞，晋室忠臣，在江蘇金山寺，古所謂潤洲，今尚有郭公大墓碑在。前於大江水中凸處塋葬其父母，越數年而墓之左右前後竟成沙漠，人服其神。後郭璞被殺時正日中，言日中，殺時也。然不數年，墓之左右前後又復崩陷如故。可知風水不足據也。唐吕亦云：『賈人之謀利，四海爲家，一有不幸，葬於江魚之腹，其家貲巨萬猶在也。猛士赴敵，今日死難，明日受蔭，身爲沙泥，肉飽烏猿，而羽林孤兒且紆金曳紫，何嘗有葬地哉？』

擇葬日

至於擇葬日時，與夫臨終而延僧尼、會男女頂禮焚香者，於理更謬。司馬公云：『吾於高祖以上，所葬不用金錫珠玉之物。及將葬曾祖，太尉也，族人云：「葬事大，何不詢知地師？」吾兄伯康詰之曰：「安所得良師？」族人曰：「近村有張生者。」兄乃密令致意張生云：「用吾意當有厚謝。」張生師其意，且飭以《葬經》之言，族人乃悦。蓋吾兄位至侍郎，後年已七十有九，不才亦位至宰相，年今六十九矣，族姓子弟簪纓者二十七人，豈必憑地師而後有此福蔭耶？然不如是，亦必不足以塞族人之口也。』孟超然字瓶庵，福建儒者也，嘗云：『古人行有不得則怨天，今人行有不得則怨地。』知泥風水而遷葬者，不足當孟超然之一哂。

奪情

奪情之事，三代無之。魯公伯禽墨縗而伐淮夷，蓋金甲無備之時，不得已也。至漢始有奪情之事。至吴大帝孫權，有奔父母之喪，擅離職守者，罪大辟，衰世之政也。有明一代，如李賢、張居正之奪情，羅倫、趙用賢、吴中行諸人交章奏劾〔二〕，其章奏具載《明史》，令人感泣。至國朝奪情之事，踵背相望，即素稱理學諸公且爲之，如李厚庵文貞公名光地，熊文端名賜履，莊滋圃名有恭，皆可嘆也。按李文貞公一代偉人，國朝議禮制度考文多出其手，當其奪情視事，以禮部侍郎出直隸提督學政。及歿後，議從祀孔廟，議者謂康熙之朝非

〔二〕羅倫趙用賢吴中行諸人交章奏劾　『趙用賢』原作『超用賢』，據《明史》卷二二九《趙用賢列傳》改。

金甲無備之時，學政之官有矜式士林之責，厚庵身爲學政，且奪情視事，設諸生有匿喪赴考，厚庵將何以正之？卒格於是議，不果從祀。宋富鄭公弼居喪，仁宗命奪情視事，弼辭詔命，有云：『何必循故事以遂前日之非，但當據禮經以成今日之是。』仁宗感其言乃已。又如唐蘇瓌卒，其子頲居喪，制詔起復頲爲工部侍郎，頲固辭。上使李日知諭旨，日知還奏曰：『臣見其哀毁，諭旨懼隕其身，不敢發言。』上乃聽其終制。古者喪不葬，服不除，又三年之喪不吊，惟朋友之厚情者則往哭之，蓋知死者哭，知生者吊也。人子若遇父母重喪，亦須著足五十四個月服，此鄭康成之説，是也。

畫像

死後畫像，程子云：『若少一莖鬚，更非吾父母。』司馬君實有云：『尊禮父母之遺像，不如保守父母之遺迹，如書畫手澤之類。』然細思之，不必充類至義之極。古人以子弟爲尸，謂子弟皆父母餘氣所生，對之如見先人之神氣也。三代以後，不復設尸，然與其設木主而書父母之銜名，孰若見音容而覺父母之如在？是亦仁孝之心不可已也。

稱考名

又如皇考之名，今時惟帝王能稱之。《禮記》曰『考廟』，曰『王考廟』，曰『皇考廟』，曰『顯考廟』，亦有『皇考』之稱。不知考廟，父廟也；王考，祖廟也；皇考，曾祖廟也；顯考，高祖廟也。宋儒歐陽修《隴岡阡表》云『惟我皇考崇公，卜吉於隴岡之十六年〔一〕，其子修始克表於其阡』云云。稱父爲皇考，似失考。至如今人寫訃音、神主、墓碑，皆動稱『顯考』，均是誤用，不如從俗稱『先考』爲是。

地券

又如今人於墓中或用磚瓦書其父母生死年日、子女名次，以及峰巒名目、壟墓界域，至藏諸棺上，以爲地券，不知《大清會典》云：『百官庶民不得擅作地券。』則地券惟帝王可稱，官民止稱壙誌可也。又遷葬之事，如王季葬於鄠縣之南山，後其墓爲欒水所嚙，文王遷葬於畢，皆古人不得已之所爲。今人動輒遷葬，獨不思父母骸骨與膚魄均是先人遺體，葬則膚魄漸漬於泥土。又惑於風水，至奉骸骨而改葬，則父母膚魄所在之處，是委而去之，更何異以蚩尤三冢待其父母耶？此不智，因以不仁不孝也。按裴駰引《皇覽》云：『蚩尤冢在東平郡壽張縣鄉城中〔二〕，高七丈。肩冢、骸冢在山陽郡鉅野重聚〔三〕，大小與闞冢同。傳言黃帝

〔一〕卜吉於隴岡之十六年　『十六』，《歐陽文忠公集》卷二五《瀧岡阡表》作『六十』。

〔二〕蚩尤冢在東平郡壽張縣鄉城中　據《皇覽》，此句『壽張縣』後闕一『闞』字。

〔三〕肩冢骸冢在山陽郡鉅野重聚　《皇覽》記載此事作『肩髀冢在山陽鉅野縣重聚』，此處『骸』當是『髀』之誤。

殺蚩尤於涿鹿之野，身體異處，故分而葬之。』禮有文有情，如父在而丁母憂，雖其文略殺，而不飲酒，不茹葷〔二〕，不處内，人不得而禁之，此禮之情也，爲人子者所當盡。至欲以父命而應試，則更不可。五經無『淚』字，《喪帖》云：『「泣血」非「骨血」之血，血即淚也。』人子禮喪而宜淚泣擗踴，今人之泣血稽顙，薄情之甚矣。

崇尚名節

朱子《小學》首篇『明備』，次篇『敬身』，敬身者，即崇名節之謂也。士君子後日建施，皆於辭受與取出處去就得其正而已。《孟子》七篇，數引孔子『志士不忘在溝壑』數句，又云孔子進以禮，名節尚矣。漢代爲王莽勸進者八千人，名節掃地。至世宗光武即位，首崇名節，致禮嚴光諸人。東漢之季，直道不忘，曹操令民有不仁不孝，被污辱之名、可笑之行，而能治兵治民者，皆得見用，故曰敗壞名節自阿瞞也。後遂有六朝之亂。唐興，不知崇名節，至有五季之亂。宋興，即褒韓通，雖曰『未爲吾妻，欲其媚人；既爲吾妻，欲其詈人』，不免權術，然自後士風亦能自振。明洪武初，承宋

〔二〕不茹葷　『葷』原作『暈』，據文意改。

儒講學之風，士子皆不苟於自待，雖慕聲名，立門户，未嘗非東林講學諸君子，意氣不平，故合百餘年之風俗，皆是好名。及攝政王入關之後，中國一切民情土俗未諳，山林遺逸之士未出，故照舊還用亡國大夫。陳名夏、馮銓等。然明季屢興大獄，其忠良者皆斃於獄，所存者皆閹、獻之黨，故國朝二百餘年來，士氣大抵皆廉隅不立，一好利之天下也。好名尚有所不爲，好利則無所不爲矣。明劉大厦中山先生中進士〔二〕，入内閣，托辭歸里，云：『文字非我所長，欲歸習文字以終老耳。』康熙末年，宰相蔣廷錫文肅公，蘇州常熟人，當在内閣，時有同鄉陳祖範中進士，欲致之門下，因云：『子幸今科得中，我又在内閣當事，今科大魁，非子而誰？』祖範出，即命僕急治裝，恐遲有誤大事。僕問其故，不答。及去京已遠，始宣於其僕曰：『恐他日大魁天下，將以我爲相門私人也。』及乾隆十六年下詔徵遺逸，祖範但獻其著述，亦不見當道官員。後授國子監司業。又湯金釗文端公，年十七，中浙江解元，時和珅當國，亦欲致之門下，金釗托病不入場。直致嘉慶四年，和珅被誅，然後會試。至如荀爽爲董卓所召，九十六日，以布衣爲三公，則又更不足言矣。秦檜之薦楊時，石亨之薦吴與弼，雖不就，究不似鄭康成

〔二〕明劉大厦中山先生中進士　按，明有名臣劉大夏，人稱東山先生，此處『劉大厦中山先生』或爲『劉大夏東山先生』之誤。

之見定。觀於裴度中立，知事君之大節，無憚殺身。可知古人每以介節自守，全爲自立起見。包希仁拯，合淝人，早年與友讀書山寺，朝夕歸食，道經富人家，富人慕其名，每見，以手挽之，謂『何必勞勞歸食，吾家可給』。拯不爲動色。其友曰：『富人亦人情耳，吾子何不稍遜顔色？』拯曰：『吾人爲學，將以建白也。他日安知不服官而宰鄉里乎？且吾與子貧者也，以貧人而入富家，後有何面目乎？』陳無己名師道秉持士節，貧極，其妻以衣薰之。妻家與蔡京有姻婭蔡爲陳之僚婿，衣乃其所遺。無己知覺，乃即反之。觀堯舜之聖以耿介稱，桀紂以猖狓稱。孟子云：『同乎流俗，合乎污世，不可與入堯舜之道。』又謂伊尹學堯舜之道，必自一介不與、一介不取始。至湯以幣聘之，放太甲於桐，又反之，民大悦，良由磊落大節，不以去就取與間易其心。他如諸葛武侯，先主知其謹慎，托孤白帝城，而竟能志伊尹之志。然當布衣時，躬耕南陽，不求聞達，僅存性命於亂世而已。大抵士人守身如女子，餓死事小，失節事大，信然。但朝廷禁人沽名，講學戒人好名，豈知名也者，有以爲義，亦以爲教也。觀『君子疾没世』『君子去仁』兩章可見矣。《管子》論治，禮義廉耻，是謂四維。四維不張，國乃滅亡。歐陽《五代史·馮道傳》云：『不廉則無所不取，不耻則無所不爲。』後漢許劭字子將〔二〕，少

〔二〕後漢許劭字子將　『劭』原作『邵』，據《後漢書》卷六八《許劭列傳》改。

峻名家，而袁紹之四世三公，富貴極盛，嘗云：『吾輿服豈令子將見乎？』晉蔡充子尼〔二〕，陳留人，時劉景亦貴家，嘗語人曰：『見蔡子尼在坐，令人不安。』宋倪文節名思，有集云：『儉有四美，亦有四惡。儉而好施，仁也；儉而寡求，義也；儉而立家，禮也；儉而教子孫，智也。若儉而貪吝，不仁也；儉而多求，不義也；儉以養親，不禮也；儉以蓄積貽子孫，不智也。』宋説部《北窗拓話》云〔三〕：『士大夫有兩忌，居己好貪財，居朝廷則聚斂。他過可以滌除，惟此二者永不齒於士大夫之列。』今人或儉以自處，而好爲朝廷言利，則是上以媚朝廷，下以媚上司，皆爲一己爵禄起見，名節何在？古今爲宰相不乏人，每厭厭無提拔氣。廉頗、藺相如，千古猶有生氣，正如齊景公有馬千駟，死而無稱，夷齊餓死首陽，民到今稱之，則名節尚矣。包拯又嘗遺戒其子孫云：『吾後人仕宦，有犯贓者，不得放歸本家，死不得入大塋中。不從吾志，非吾子孫也。』宰鄉里注。明洪武後始不得官於鄉，即不同省，亦要隔原籍五百里。本朝因之。

〔二〕晉蔡充子尼　『尼』字原闕，據《世説新語·輕詆》『王丞相輕蔡公』條注補。後文『見蔡子尼在坐』，『尼』字亦闕，同補。

〔三〕宋説部北窗拓話云　『北窗拓話』當有誤。

變化氣質

氣質之於人大矣哉！中人不可多得，則學者不免偏於剛、偏於柔之弊。不知變化，將窮居終老，害猶未甚，若時至事起，或以躁急殺人，或以廢緩誤事，將朝廷之慶賞刑罰因之而不中矣，安可不時加省察哉？蓋人受生於天地皆氣也，然氣與理非二也，氣之精英即理。猶木之發榮滋長，氣也，枝柯條理，質也，不能判而爲二。但天地之氣，有清濁純雜之異，人不能自拔於流俗，皆其不能自克耳。自克者，所謂剛克柔克之謂也。韓文公高弟皇甫持正，一日蜂破紙窗而入，遂撲蜂，爲蜂刺其手，怒，即以錢數千，命村人捉蜂，不旋踵蜂如邱。又嘗食鷄子，滑不盛箸，怒擲於地，以履碎之，鷄子藏於履齒之內，不爛，愈怒，復執而置於口，嚼碎唾之。又嘗命其子謄文字，有一不端楷者，即着僕捧杖來撲，僕不及至，乃以口嚙其臂，出血乃止。此性急而不知變者之可哂也。六朝陰子春，性緩，每數月不易衣，三年不濯足，至人不欲與之同立。此性緩而不知變化之可哂也。王照爲官，凡原告者先笞之，後至枉殺多人。又自恐，入廬山爲道士。每念爲官時枉殺人多，常以刀刻其臂，痛自刻責，竟至心痛而卒。皆不知變化之爲害也。蓋理性情，化氣質，爲行道之本；正倫理，篤人類，爲行道之用。觀《中庸》所云達道可見，善哉！呂伯恭祖謙者，即東萊先生也，少時血氣未平，嘗因食品不適，傾掃盤盞。一日讀《論語》『躬自厚』章，憬然曰：『吾未能自厚其躬，安可以責人？』遂折節自祛其蔽。朱子嘗曰：『學如伯恭，可謂變化氣質矣。』然伯恭相門之胄，呂蒙正、呂夷簡、呂公著，其祖宗也，能如是，是足師矣。又如白沙先生曰：『當先理其氣質，氣質厚則百事能當。』但吾人進修，非知之艱，行之維艱，故當先立志。志有在而不能如是者有之，未有無是志而能如是者也。又《朱子語類》載李愿中先生〔二〕，朱子師也，謂其一生未嘗疾言遽色，如光風霽月，終身不能及也。按人不能平其氣質，不特他日爲民物之害，即目前亦不可行之一夫，正所謂身不行道，不行於妻子者矣。『哀公問：「弟子孰爲好學？」孔子對曰：「有顏回者好學，不遷怒，不貳過。」』以此視之，豈知聖賢做到盡頭，不外『變化氣質』四字。如張横渠先生云：『有氣質之性，善反之，則天地之性。』『反之』即變化之謂也。又董安于性緩，佩弦以自急；西門豹性急，佩韋以自寬。皆能變化氣質者。又如『求也退，故進之』『柴也愚』之類，皆是欲其變化耳。《渾子居集》載一朝決二十七案〔三〕，不免酷吏之譏，過於急之故也。又《左傳》：『晏安鴆毒，不可懷也。』《東

〔二〕又朱子語類載李愿中先生　『李愿中』原作『李彦中』，據《宋史》卷四二八《李侗列傳》，朱子之師李侗，字愿中，故改。

〔三〕渾子居集載一朝決二十七案　惲敬字子居，乾隆四十八年舉人，後任富陽、新喻知縣，有整肅地方吏治之舉，著有《大雲山房稿》。疑此處『渾』爲『惲』之誤。

萊博議》作一篇《晏安鴆毒論》，説至喪家敗國，覆宗亂族，皆由於此，讀之令人驚省。人能變化氣質，便是攸好德，宜在五福之中；不能變化氣質，便爲弱，即在六極之内也矣。

檢攝威儀

威儀不過細事耳。然仲山甫一代名臣，而詩人誦之曰：『古訓是式，威儀是力。』亡國之荒，則云：『不吊不祥，威儀不類。』是知威儀誠非細事。又《洪範》五行配五事，威儀之失，不特於義理不合，如『動乎四體』，朱注云『如執玉高卑』之類。且關於利害，禹之言『惠迪吉，從逆凶』，『作善降祥，作不善降殃』，豈真有尸神以司之哉？類相感召也。如腥臭之招蠅，香花之引蝶，勢使然也，要其中有本焉。本者何？心是也。形骸之放，心放之耳。《家人》之卦，『言有物』二句攬其全，『威如之吉』二句提其要。俗士輒言不羈，羈者，絡馬頭也。馬受羈勒，然後歸於天閑。若馬不受羈，則野馬耳，宜置之山巔水涯；若置之廟廊，不類矣。康成解《禮運》之説云：三百之禮，三千之儀。其事雖繁，實關於人心之檢制。先王制爲威儀，於行禮之會心有不在，必多失禮。觀於樹，一葉之黄即有一枝之隕，足以驗心神之存亡，不徒關於德性，禍害亦因之。解得透闢。人不檢攝威儀，則必漸流爲輕佻一輩。如管輅所謂：『鄧之行步，筋不束骨，脉不制肉，起立傾倚，若無手足，此謂鬼躁。何之視候，魂不守宅，血不華色，精爽烟浮，容若槁木，此爲鬼幽。』鄧颺、何晏，管輅早知其將亡者，亦不過此。如晉虢錡來乞師，將事不敬，孟獻子曰：『虢氏其先亡乎？』楚子使椒來聘，而叔仲惠伯早知其覆[一]。若敖之宗，莫敖舉趾高[二]，鬭伯比早知其必敗。及邾子昭公執玉俯仰，而子貢早知二君之將亡。又觀於唐之四傑，裴行儉云：『獨楊子頗厚静，宜得縣令。』

至於朋友之間，言行尤須細謹。詩人善戲謔予，不爲謔予，皆有分寸。若媟瀆無等，必至終凶，不特非所以處己也，并非所以處友，不可不慎。如夫子『前言戲之耳』，乃不傷於戲。若處世之道，更不可不知。吾人非獨處之日，即與人之日，大約有兩端。其居鄉黨而與宗族親戚相見，則宜情誼浹洽。若在師友，則惟在取益。孟瓶庵先生《焚香録》[三]：『吾人講學，開口便言物我一體。究之鄉黨親戚之間，尚有許多未安頓得妥貼處。見得是物我一體，然則何如安頓得妥貼？』觀孔子於『鄉黨』一節，又觀『鄉人儺』一節，不外謙、卑、遜、順四字盡之矣。否則，正如莊子所謂『三命而名諸父』矣，不可笑耶？又所謂取益若

〔一〕而叔仲惠伯早知其覆　『叔』原作『椒』，據《春秋左傳·文公九年》改。
〔二〕莫敖舉趾高　『莫敖』原作『若敖』，《春秋左傳·桓公十三年》有『莫敖必敗，舉趾高』，據改。
〔三〕孟瓶庵先生焚香録　『孟瓶庵』原作『孟評庵』，據前文『擇葬日』條改。

何？惟在擇交。觀朱子集中有《訓子書》一篇，語極警切而有味。又如在官，假令當著下僚末職，在京不過部曹，在外不過爲州縣，自然不得不接上官。接奉之若何？備其禮數，遜順其言語，其餘拜起儀節，一依《大清會典》而已。至若《會典》之中，近來各省風氣不無減省，以歸簡便，君子行禮不求變俗，從之可也，若一切奔競之事，斷斷不宜。至若於案情之出入，利害之興革，則更不能阿附大官，動於利害之見稍爲圓融。如陸清獻公爲縣詳一案，爲上官所駁，公言案者據也，若可以私自改易，則何以爲據？至以去就爭之，此意也。韓昌黎《裴氏晋公讓官表》云：『秉事君之節而不憚殺身，盡在官之忠而不敢計利。』是語也，終身行之可矣。又有私人、惡人者，斷斷不可。何也？就道理言之固已差了，而就利害言之，亦復不可。如謂『子視太尉爲泰山耶？在吾則以爲冰山耳』，此卓識之言也。蓋吾人仕不擇官，苟有所長，何地不可表見？所謂好官做得盡耶？孔子，大聖人，不過爲中都宰。程子不過爲上元縣主簿，朱子不過爲南康縣主簿。生平自念許多朋儕，至今尚役役於會試，何能爲官？尚更有許多役役於鄉試小試，求一科一第而未得而已。已得所藉手，可以見長天地父母之恩，已不薄矣，尚汲汲於求進，何爲耶？

處世之道既明，又不可不知爲學。夫子之教人爲學也，以求知而已。求知亦讀書以期實用而已。孔子曰：『我非生而知之者，好古敏以求之者也。』又子所雅言『詩書執禮』，子路故作與夫子對針之言，不過亦曰『何必讀書』。然則夫子之教人爲學也，確教之以讀書而已。國朝二百年來，鑒於明代言心説性之空，如黄梨洲名宗羲、顧亭林名炎武、朱竹垞名彝尊、閻百詩名若璩諸先生，急救以學問之事。然自乾隆開修《四庫》之後，戴東原名震以考據之學教人，曰：『聖人之道見於辭，而辭則見於字，人先識字乃可以明道。』遂支離蔓衍，而所講求者，不外《玉篇》《廣韵》之書。殊不知聖人教人，下學而上達。學者求知，下學之事。五十而知天命，上達之事也。戴東原之教人，乃下學入手工夫，尚有許多升堂入室工夫，何孜孜以一名一物之數教人而已耶？雖《爾雅》爲周公所作，亦未嘗不教人博雅，然以之入手耳。故爲學必先讀書，讀書正以求知，求知則必由下學而求上達，以期實用。如是庶不失聖人教人爲學之意也。而書之可讀雖多，約之不過有五，曰經學，曰史學，曰掌故之學，曰性理之學，曰詞章之學，餘者亦由志士之廣博耳。

經學

古人衹言經學，無所謂道學，觀孔子雅言之教可見。孔子亦由行古之道也。先王之教人，惟《詩》《書》《禮》《樂》《易象》《春秋》，夫子因之以爲教。經，六經也。聖人之言，無離六經以爲道者。六經之名，見《禮記》，見《莊子》，見《史記》，又名『六藝』。劉向《七略》，其一曰《六藝略》，見《漢書》。《易經折中》、《詩》《書》《春秋》傳説、三禮義疏，是爲《御纂七經》。乾隆年間，加《周易述義》《詩義折中》《春秋直解》爲十經。然到底不若《十三經注疏》古義之多。統有宗，會有源，群言淆亂，折衷於聖，故經學貴焉。讀經之法，先熟讀本經正文，以《注疏》爲底本，以御纂《折中》爲指歸，餘覽諸家衆説可也。注疏之始，唐貞觀年間命孔穎達一字仲達，一字沖遠〔一〕作正義，仲達又以『三傳』命賈公彦等爲疏。唐本九經，宋人加《論》《孟》《爾雅》《孝經》，遂名十三經。明永樂年春，奉詔作《五經大全》，乃何以於《易》專取程子《易傳》、朱子《本義》，於《詩》專取朱子《集傳》，於《書》專取蔡九峰？洵屬苟且之至。論孔仲達所作正義，亦多可議。如《易》，莫善於鄭康成所集漢《易》，而孔氏棄康成之舊説，存輔嗣之野文，而繁詞又爲輔嗣弟子韓伯康所續，其根源本於老莊，是不無可議也。按康成之《易》，可謂集漢《易》之大成，《唐·藝文志》鄭注尚存十卷，至宋僅存一卷，後竟無存，惜哉！蓋田何之《易》，孔門之《易》也，諸家皆不離於象數。如《易》有聖人之道四焉，以言者尚其詞，何輔嗣之書僅得一句？蓋有象數，然後有義理，輔嗣以空言説《易》，非也。又如《書經》，當以鄭

〔一〕一字沖遠　『沖遠』原作『种遠』，據《舊唐書》卷七三《孔穎達列傳》改。

康成注爲善。孔穎達專取梅賾所上之僞孔安國《書傳》爲底本，而《書》義終多缺焉。此又可議也。若《詩經注疏》，其中包含宏大，注疏中第一善本。其次爲『三禮』，全用鄭康成原注，而其注全用賈逵、鄭衆古說，故佳。

《通志堂經解》出自徐健庵先生名乾學所輯，納蘭太傅之子成德捐資梓鐫行世。《皇清經解》刻自阮文達公名元。二書，經中之最大部頭者。唐李鼎祚《周易集解》、《皇清經解》内《古易述》、國朝惠士奇《易説》、虞氏《易》，皆足見《易經》古義。《書》以孔安國《孔氏傳》作主，朱子以下皆心疑之，謂晉梅賾僞造上之也。《春秋》用杜傳《集解》，至若何休之《公羊》、楊士勛之《穀梁》、何晏《論語集解》、郭璞《爾雅集解》、趙岐《孟子注》，皆古義也。六經垂訓於天下久矣，即不能人人誦習，然人心曲中皆有六經在。誠使融匯經義，布爲言詞，不論入告君父，次達憲胥，下諭子民，能以古證今，會切義理，未有不改容聽者也。何者？蓋取證經義則托體既尊，言之易聽也。不然，人云亦云，其足動君民聽者幾何？匪直此也，多讀經書，做人胸中自有把握。前聖賢之言可見矣。孔子作《孝經》，章章引《詩》《書》，所謂君子之言，信而可徵也。今之天下即古之天下，古之天下即今之天下，儒服立於東門，魯國一人而已。漢雋不疑引《春秋傳》定衛太子之獄，感動昭帝，曰：『公卿大臣，須用明於經述者。』《爾雅》是學問階梯，又不可不讀。《釋詁》《釋言》，或謂作自周公，《大戴禮》孔子對哀公所引可見；或言孔子、子夏所作，觀所引詩可見。陸子静九淵云：『我注六經，六經注我。』又云：『學既通，則六經皆我注脚。』此言似覺太誇，以孔聖好古敏求，尚不敢言，子静何人，而謂是言耶？

近時三年之喪未畢，輒寫『從吉』二字，沿爲俗套。不知例中有云：『三年之喪，百日後有棄喪從吉者，罪同十惡，杖一百，流三千里。士人永遠幽錮，不許應考。在官人員摘去衣頂，永不得復用。雖朝服棄喪從吉者，仍杖八十。』按『從吉』二字出《晉書》。孟軺，孟嘉之弟也，守喪十年，其友勸之，然後從吉。又《唐律》，三年之喪有棄喪從吉者，徒三年。是以除官書外，凡有益於官用者，不可不讀。孔子一代聖人，而當日所學多周朝之書。觀其删定《詩》《書》，於《典謨》《商頌》而外，録取周朝居多。又觀其考禮則從周，可知聖人無生今反古，不過於先代之典章，求其沿革之迹，以明所當法守耳。觀其與顔子論夏時殷輅，更可見。甚矣！時王之書，不可不讀。

史學

讀經之外，須讀史以佐之。經以明其理，史以達其事。又史以證經，前事不忘，後事之師也。《資治通鑑》自三卿分晋至五代止，《續通鑑》自藝祖陳橋兵變至元朝止，洵六經注脚也。三代以前，史即經也，《尚書》《春秋》是也。至《漢書·藝文志》，劉氏父子校書天禄閣，作《七略》，與夫太史公《史記》，止名《太史公書》，及一切《世本》《長短書》，皆附『春秋』之後。即至荀悦之《漢紀》，亦未嘗以史稱也。自晋荀顗，乃於經之外別分出史家一類，而《唐書・藝文志》始爲經史子集四大部，至今因之。

《明史》，時近本朝，典例大半多因之，讀之足以達用。《明史》修之百餘年，其事信，其詞雅，其文質直。故四史以外，所最要者，其爲《明史》。南宋袁機仲樞《通鑑紀事本末》以三百多卷約爲四十餘卷，與李仁甫燾《通鑑長編》俱爲同時朱子所許可〔二〕，蓋其書事簡而賅也。司馬光作《資治通鑑》，如劉奉世、劉道原、范祖禹等，皆相與助之，積至十九年，采求二百二十四種書，而《通鑑》始成。當脱稿時，書帙浩繁，後删繁就簡，分成《目録》三十卷，《考異》三十卷。又劉道原作《通鑑外紀》三十卷。司馬公作《通鑑》，用卷寫四丈爲一卷，積至七八百卷。後人見其手卷，書如黑蟻，無不端楷。公嘗云：『吾於《通鑑》，盡心焉爾。』

編年之史，《春秋左傳》以外，尚有《國策》，原名《長短篇》。至《漢書・藝文志》，因其書多載戰國事，乃改爲《戰國策》。《國語》即《春秋》外傳也。

四史。自《漢書》乃改不用『世家』，又改八『書』爲『志』，後皆因之。讀之可以得

〔二〕與李仁甫燾通鑑長編俱爲同時朱子所許可　『編』原作『篇』，據前後文改。後同。

史家體例之備，而筆墨之高又非後代史之可及。李仁甫燾作《通鑑長編》，專紀北宋九朝之事，今缺徽、欽二宗事，僅留五百二十卷，今惟江蘇常熟縣張氏活字板印。元陳桱，明王宗沐、薛應旂，國朝徐乾學、畢沅，俱有《續資治通鑑》。徐氏已佳，而畢氏更佳。乾學開書局於洞庭山太湖内，蘇州交界地，其時名人如閻百詩、馮景、王沂、顧祖禹、熊宜、胡渭皆助之〔一〕，而内庫典籍、衙門策牘隨其調取，其書高出於元明之上。畢沅之《續通鑑》，其時如邵晋涵號二雲、嚴長明號道甫、程晋芳號魚門、洪亮吉號稚存、孫星衍號淵如、吴泰來入江南七子，皆在幕下助之。畢公之書，雖不能繼美於温公，而略存古人梗概。

《史記》《前漢》《後漢書》《三國志》爲四史，合《晋書》、南北朝各史、新舊《唐書》、前後《五代》、《宋》、《遼》、《金》、《元》，與本朝所修《明史》，爲廿四史，是紀傳之史。至編年之史，以《資治通鑑》爲最，與畢氏《續通鑑》俱不可少。其包含宏大，莫可及也。紫陽《綱目》，不過發凡起例，其門人趙師淵爲之，本朱子之意云爾，非朱子手輯之書也。况是書成時，朱子捐館已久。《宋史紀事本末》《元史紀事本末》，明陳邦瞻所輯。《明史紀事本末》，康熙朝谷應泰所作，其評語更爲可觀。作是書時，《明史》未出，乃采各

〔一〕其時名人如閻百詩馮景王沂顧祖禹熊宜胡渭皆助之　「王沂」似誤，「熊宜」似爲「黄儀」之誤，見前文《朱九江講義·廿四史》「資治通鑑」條注。「胡渭」原作「胡衛」，據前文改。

家之書而成，雖間有訛誤，究不可不讀。

史體不同。紀傳之史原之《尚書》，讀之則得其詳浹。編年之史本之《春秋》，讀之則得其會通。所記五經中，史占其二也。

歐陽公教人日讀三百字，四年半可以畢通九經。朱子又云：『看書百遍，背讀百遍。』漢東方朔年二十二，上書自言十二學書，三冬文史足用；十五學擊劍；十六誦詩書，二十二萬言；十九學兵法戰陣之具，亦二十二萬言。似涉張皇，然約而計之，亦不過每日讀二百零數字耳。夏侯孝若作《東方朔像贊》，云：『經目成誦於口，過耳不忘於心。』然以其課程言之，非難也。

國朝儒者能通經以致用，莫如顧亭林。平生於宋板十七史、十三經注疏，背誦略皆上口。然考其課程，常以經史自隨。擇士友耳目聰明、聲音洪亮者四人，分設於先生之前後左右，各授以經史，四人輪流接换，以二十頁爲率，高聲洪讀。間有考據字義之未明，即命止讀。每日以二百字爲度，風雨寒暑不輟。先生淹博，蓋有由也。

掌故之學

經史兼通之外，須及掌故之書。唐杜佑《通典》此書叙事自上古至唐肅宗止、宋鄭漁仲《通志》、元馬端臨《文獻通考》、南宋王應麟《玉海》人謂此書似詞章類，不知叙事之詳明，亦不失爲典章制度之書也、朱子《治平通鑑》、明鄧元錫《函書》上編事迹，下編典章制度、明朱傑《治平略》、《册府元龜》、《太平御覽》、真西山《大學衍義》、邱文莊《大學衍義補》、《漕運全書》、《錢法考》、《雲南銅政考》。餘外掌故之書，如天文，則明唐之弼、利馬竇、湯若望皆有書〔二〕。地輿，則如李吉甫《元和郡縣志》、宋《太平寰宇記》，皆至古也。

本朝梅氏文鼎《全書》、《天文大成》。占驗書，則有《開元吉海上星占》、《管蠡玩占》。輿地則有《輿地紀勝》、元明《一統志》、洪亮吉《乾隆府廳州縣圖志》、《瀛寰志略》、《大清一統志》、《皇輿圖表》、《嘉慶重訂皇輿圖表》、《西域圖志》。如伊黎、烏魯木齊，新疆諸域皆載。本朝掌故之籍如國朝《通志》《通考》《通典》，續《通志》《通考》《通典》，并以前朝之三通，名爲九通。《大清會典則例》《通禮》《禮器圖式律例》《六部則例》《六部處分則例》《河防一覽》《天下鹽法志》《錢法通志》《漕運通志》《授時通考》《治河通考》《律吕正義》《欽定數理精蘊》。天文則有《欽定儀象考成》《曆象考成》。政書則有《康濟録》《皇朝中樞區正考》《三流道里表》。考地理有圖，不可無表，《大清一統志》中有輿圖沿革五表，甚明備。《皇清一統志》，按之《明史·地理志》，十沿八九。禮則有朱子《儀禮》、

〔二〕則明唐之弼利馬竇湯若望皆有書　『唐之弼』，當有誤。

《經禮通考》、陳祥道《禮書》、朱子《家禮》、吕祖謙《藍田鄉約》、《明會典》。喪禮則有《讀禮通考》、秦文恭公《五禮通考》、江永《禮書綱目》。兵書之傳世者，如《吴子》、《孫子》、《尉繚子》、姜太公《六韜》、黄石公《三略》、李衛公《問答》，以上武經。諸葛武侯《心書》僞造，唐《陰符經》、戚繼光《練兵實紀》、戚繼光《紀效新書》二書最佳、茅元儀《武備志》、明唐順之《武編》二書最大部頭、《登壇必究》、《金湯十二籌》、吕申公坤《守城救命書》、無名氏《火心法》[二]、吴宫桂《洴澼百金方》此書至好、鄧紹《鄉團紀略》此書又佳。農田水利則有熊三拔《泰西水法》、利馬竇、徐光啓《農政全書》、《明朝救荒本草》倪國璉《康濟録》從此出[三]、《行水金鑑》、《淮黄必讀書》。

元創海運，江浙苦之，遭風溺没者甚多。其時虞集開水利局於京東，招人來耕。明徐九思之子徐貞明《明史》有傳力言京東水田之利，請於朝廷，開河墾田，南漕可減。其友伍袁萃諫曰：『北人懼東南漕儲派於西北，煩言必起矣。』後果劾其不便，如袁萃言。今京東之昌黎、金州、復州俱有水田，咸食其利，以蜚言中止，惜哉！

[二] 無名氏火心法 『火』後原有空格。

[三] 倪國璉康濟録從此出 『倪國璉』原作『倪國連』，據《四庫全書總目》卷八二改。另，此句原爲正文大字，據前後文意語境改爲小字注。

齊文襄嫌當時錢法不便，欲以五銖錢爲式，設一錢於各郡市門，合式乃用。後不果行。至隋文帝始用之，唐亦用之。今所存開通元寶是也。讀『開元通寶』者，誤耳。以後宋元明因之，國朝亦因之也。

掌故之學，用世之學也。在經史中除修身教家之外，抽出治術言之，如《史記》有紀傳以明治亂興衰，書表以記典章制度。班固以後，斷代爲書，易『書』爲『志』，自後史家以爲權衡。獨惜不能觀其會通，以明治亂之迹。至司馬温公《資治通鑑》，記事自戰國以後至五代，千三百餘年，觀其會通，無斷代之嫌。但其詳於治亂之迹，略於典章制度。非力不能也，體例然也。故掌故雖雜見於各史中，然時代不同，是非各别，不合歷代之沿革，使之源源本本，此『三通』諸書所由作也。所謂掌故之學也。至斟酌損益於其間，而良法美意於是出焉。宋末元初，馬端臨以《通典》尚有所缺，自中唐以至宋末未有續補，因作《文獻通考》三百八十四卷，内分二十四門，多杜佑《通典》一半。曰：『文者，書籍也。獻者，上自公卿奏議，歷代名儒名臣俱采入，附於賢人君子之列也。』鄭樵漁仲之《通志》，通史也，名始於梁武帝年間作《通史》，仿《史記》之例。南、北《史》亦通史也。其議論云：『史家莫詳於《史記》，具載歷代；莫短於《漢書》，止載一朝。』其書載典章制度，有二十略，有紀傳譜，但紀傳譜據史氏原文直書，未見精采。論者謂其精義在二十略，獨得之處如《六書》

《七音》《昆蟲草木》《侍從》〔一〕，各史所無也。『三通』之後，宋初宋白，太宗時人，有《續通典》，此書不行於世。南宋魏了翁鶴山有《國朝通典》，此書未脱稿，不傳。至明朝王圻〔二〕，隆、嘉人，作《續文獻通考》，今其書尚存，然不足追配《通考》。高宗純皇帝開《四庫》，搜羅典籍，隆備極矣，作續《通典》《通考》《通志》，言前朝者也；皇清『三通』，言本朝者也。但坊間止有舊『三通』單行之本，若武英殿板不易得。

唐高宗度僧尼甚多，皆冗於食。時李叔敬爲西川節度使〔三〕，上言云：『寺設三等，上等廿一人，中等十四人，下等七人。觀設二等，上等十四人，下等七人。』當時不用，至武宗朝行。明太祖亦行之。寺觀許修輯，不許締造。僧尼以一人度一人，不得多。

明洪武至景泰郕王崩，俱用殉葬如天子禮，但殉葬非景帝命，英宗使之也。後因李賢言而止。及英宗，人雖不足道，然早年讀朱子『三良』之詩序有感，晚年遺詔免殉葬。可知聖賢立言，雖非爲後日起見，要之，至理名言，實是爲後人興感。

〔一〕獨得之處如六書七音昆蟲草木侍從　按，《通志》二十略無《侍從》，『侍從』疑爲『氏族』音誤。
〔二〕至明朝王圻　『王圻』原作『黄岐』，據《四庫全書總目》卷八一改。
〔三〕時李叔敬爲西川節度使　『李叔敬』當有誤。

夫儒者知古而不知今，有時陷於大罪而不知。如明之廢宰相而設左右相也。太祖嘗問宰相胡惟庸於劉基，基曰：『胡惟庸宰相，譬之駕，慮其僨轅也。』帝連問某某，基俱不可。帝曰：『然則無如卿者。』基曰：『臣之爲人也，疾惡太甚，不可以平天下也。』後胡惟庸竟以宰相反，明自是不設宰相，設六部。又謂殿閣大學士以備顧問〔一〕，仍稱五品。至本朝學士，乃稱一品，位宰相。明中葉間，會元陸樹聲者〔二〕，號平泉，謚文定，江蘇人，官至禮部尚書，亦正人也。在中明之世，固縉紳之羽儀，朝廷之宿望。其平日議論，嘗曰：『欲國家平治，非復立宰相不可。』一日檢看《明例》，有一條云：『中外百官軍民人等，有妄言復設宰相者，文武官登時執究，凌遲處死，妻子戍邊。』陸子常語人曰：『例不可不讀。前日陷於大罪，今始覺耳。』

孔子，一代聖人，而當日所學多周朝之書。觀其刪定《詩》《書》，於《典謨》《商頌》而外，録取周朝居多。又觀其考禮，則從周。可知聖人無生今反古，不過於先代典章求其沿革之迹，以明所法守耳。與顏子論夏時殷輅更可見。甚矣！時王之書，不可不讀也〔三〕。

〔一〕又謂殿閣大學士以備顧問　『謂』疑爲『設』之誤。

〔二〕會元陸樹聲者　『陸樹聲』原作『陸士升』，據《明史》卷二一六《陸樹聲列傳》改。

〔三〕按，此段與前文重複。

性理之學

經史既通，掌故既備，如韓昌黎所謂能大而博者也。但讀書既多，則識日廣，志氣亦漸粗豪。自古居於有用，而藐天下之人，將記醜而博，爲聖人所必誅矣。是又不可不讀性理之書，如《性理大全》、《朱子全書》、周子《通書》、張子《正蒙》、二程《通書》、朱子《近思録》、吕新吾《呻吟語》、《類記》。宋王安石、夏竦輩何嘗非博學中人？卒至禍國破家，貽患後日者，以不知聖賢之大道，而讒諂之人附之也。千古知『分定』二字者，三代以下，惟諸葛武侯一人而已。周公光臨天下，勤施四方，而讓美於人。所謂至名無名，上德無德也。曹彬平江南凱還，見上曰：『臣奉差江南公事勾當畢。』未嘗有一毫矜功，此可法者也。天下之事，無才做不得，即有才亦做不得。所謂小有才，未聞君子之大道也。後世文人才士，所遭不幸，至以七尺之軀不能自保，大都恃才傲物而不容於世也。丹朱之不肖，不過一個『傲』字，所謂凶德莫如傲也。讀性理之書，然後能反身修德，將見己病痛驅除，由博返約，然後知性命源頭。雖躬功施天下，澤及一時，亦分内事。如父母授子以一家事，其成非己功，其不成則己咎。如此將任咎之不暇，何暇計功？

詞章之學

學至如此，幾於全矣，未也。詞章之學所以彰身，不得以爲末務而偏廢也。古人立德、立功之外，必繼以立言。又蓄道德必加以能文章。

韓魏公爲相，或曰：『公爲相，勛業極矣，惜文章未備。』公曰：『歐陽永叔爲翰林學士，天下文章孰大於是乎？』此固宰相之才、宰相之度，以天下爲量者也。東坡謂永叔論道擬韓愈，論事似陸贄，記事似司馬遷，詩賦似李白。永叔曰：『文章可以潤身，不如政事可以及物。』識者以東坡爲知言。魏叔子曰：『吾之學爲古文，欲不廢吾意耳。』按古今名彥多矣，其赫赫於人間，大都以詞章之留貽居多。會文切理，自能使人心目開也。

唐元結爲縣令，作詩，使民行歌，卒感玄宗。白太傅爲縣令，作新樂府，使民誦之，德宗爲之感動，詔入翰林。二子者，所謂仁人之言，其利溥哉！

顧亭林謂張子《西銘》有民胞物與之氣象。得位，救世以事；不得位，救世以言。詩、歌、詞，本亦暢發性情，不可不學也。人生拂意之事十常八九，得詩以陶淑之而抑鬱宣矣。

今人論文，輒用單行而輕排偶，非也。天地之道，有奇有偶，孔子作《文言》，非偶句即韵語，可知排偶未可賤也。周公曰：『青與赤謂之文，赤與白謂之章。』則文章之道可想矣。

孔子曰：『修詞立其誠。』又曰：『言有物，行有恒。』又曰：『言有序。』又曰：『辭達。』按『達』字宜對『險怪』言，不宜對『彬雅』言。若謂文不貴彬雅，何以爲命亦須潤色？又曰：『言之無文，行而不遠。』則文章之道又可想矣。

魏文帝曰：『文章者，經國之大事，不朽之盛業。』年壽有時而盡，榮瘁止乎其身，二者必至之常期，未若文章之無窮。而世人多不致力，貧賤則攝於飢寒，富貴則流於逸樂，日月逝於上，體貌衰於下，忽與萬物遷化，斯志士之大痛也。彼生無益於時，死無聞於後，洵可悲也。

跋〔一〕

南海朱子襄先生棄官歸，講學九江，海内稱爲九江先生。平日教人，大都未出此卷内四條，門人耳熟焉，因録成此書，非先生自撰也。宋芸禮得之，鈔録粗率，且多訛脱。介陳玉壺先生屬余校改，余讀數過，因易訛補脱，凡二百餘字。再録净本，既又再增易，要求不背先生大旨而已。後於陳簡墀處得其雜文數十篇，另集爲卷，合藏於塾，以識景仰云爾。余嘗因省墓過甘蜀灘，與九江甚近，欲一訪先生隱居，以同行速歸未果。今先生已歸道山，不能晤其言論豐采，唯有遺書想見之而已，可弗寶諸？

光緒乙酉冬十一月，私淑劉熽芬敬跋。

〔一〕按，此標題爲後加，原文無。

朱九江先生論史口説

朱次琦　撰　　邱煒萲　校

校刻朱九江先生論史口説序

粤東南海大儒朱氏次琦，家在九江鄉，學者稱九江先生。道德學行醇粹篤實，足爲國朝巨擘。臨歿，手著作全稿投諸烈炬，遂盡無傳。其爲憤世嫉俗而然與？防誤讀之弊？皆不可知。或曰：先生不欲以《文苑》中人自位置也。而世之得其片楮遺文愈益寶貴視之，争相刊行。煒菱所嘗見者，詩百餘首，駢文二篇，經解十餘，算若干則，蓋皆門人弟子所鈔存，久而乃出者也。

此篇論前後《漢書》、《三國志》，煒菱顧得之南海佛山人譚炳軒太守彪，據言其獲此書即於九江弟子，書中悉筆記體。又當日師弟之問之應亦乙乙質書，似皋比講學時，弟子從旁之載筆，而非九江之手撰。原書不名，既爲校刻以傳當世，遂名曰《朱九江先生論史口説》云。

其書於史才、書法詳哉言之，且不憚再三言之，中多前人所未言。亦有前人所已言，要爲作史者必不可不知之義。

其於兩漢三國兵、農、禮、樂、政治沿革諸大端，雖甚缺而勿論，當時或記者之未詳，或所言之未及，顧第弗深考。惟至表揚義烈，誅斥權篡，以後證前，即彼例此，一篇之中凡三致意，則此書之宗旨已，誠讀史者所不可不講也。

觀先生此書之存微言大義，揭日月以行天，因前代爲忠爲逆事迹加之筆削，上追良史，而顯爲萬世植其常，固非忍料後人必蹈此局，乃先爲之防也？弟子聞其説而乙乙筆於書，閱時至今，煒菱復因之校焉刻焉，亦猶夫扶植綱常之義云爾。傳之後世，使人曉然於爲忠爲逆之迹，不幸而睹變局、蹈危難，心惺惺然，俾無迷向。一若嚴師大賢，或左或右，特立之監者，是信仁人之言溥矣。

故煒菱之急謀校刻此書，或疑其必有所以也，謂其與時事有關耳。夫九江先生名世大儒，其言豈獨爲一時諧耶？且先生前卒已廿年，又安預料今時之必蹈此局者乃先爲之防耶？乃按諸時事，同而不同，不同而同，斯又奇已。獨恨未能起先生于九京下，一再筆削之於此，而苟有曉然大義之人，當亦先生所樂承，有前言之益者乎？

嗟乎！忠與逆之迹本不難知也。古之人時或不獲徑行其忠，至委曲以求伸，孤抱激於義烈，有弗遑顧者矣。而逆之名因爲天下所同畏棄，彼其力足以匡君戡亂之大臣，乃屈伏一世，不敢稍有舉動，良由拘此而誤耳。而巧于權篡者愈無忌憚，一若顛倒名義，亦可爲所欲爲，浸復陰持其枋，關天下之口而奪其氣。夫至忠與逆，亦爲疑似假竊之互相雜揉，而使人無能猝辨。悲夫！悲夫！古人于此當甚願有良史才者，爲之一正其筆削。蓋不如是，不足以泛掃天下晦塞沉霾之否，即無以爲一代綱常之扶植也。故善讀史若朱九江先生者，則亦古今良史之有賴也。

光緒二十六年庚子十一月海澄後學邱煒萲序。

朱九江先生論史口説

閩中後學邱煒萲菽園輯

《前漢書》

《漢書》，計其通體之漏，不若《史記》之多。自高祖創業至王莽之誅，爲時近則傳聞亦真，不若史公之承訛踵謬，難於辨僞。又得漢朝儒者通經傳者傳二百餘年，至彪父子相繼，經術日明，傳時甚近。況《史記》上通三千年之事，而《漢書》二百四十餘年之事，又易於辨僞得真也。

《晋書》内有張輔論《史》《漢》兩家優劣。人問《史》《漢》何如？曰：『史公紀三千年之事，書僅二十五萬言〔一〕。固紀二百餘年事，竟至八十餘萬言。觀其書之多少便知其高

〔一〕書僅二十五萬言　《晋書》卷六〇《張輔列傳》原文作『唯五十萬言』，知此處『二十五』誤。

下。』意蓋右遷而左固，亦以繁簡論其高下，不得也。

史公之著書也，志在傳事，務宜將三千年之事迹緯之以文理，繪之以筆墨，善於序事，易於動聽，使千秋萬世永垂不朽，人皆知之。而於内有關學問經濟之文字、博古通今之著述，未之及載。蓋在序事，則文章焉能載得各明一體也？

班固著書另一意志在詳一代之事。斷代爲書，皆漢朝之事，凡有益學問、有益經濟之文，以及經術之文、幹濟之文，皆載入，故不覺其詞之多且費。其本原盛大，皆與史公不同。

如《賈生列傳》，在史公，正惜其爲人，謂懷才不用，無異楚屈原見棄於楚，遺於澤畔。賈生見棄，居於長沙，故用屈賈合傳。屈原則載《離騷》《天問》《懷沙》《漁父》等篇。賈生，求其可與屈原相配，故載入《吊屈原文》《鵩鳥賦》等篇。

至班固，則并《過秦論》三篇、《陳政事疏》皆載之。其深明大略，皆見於此。故劉歆論漢廷儒者，獨有賈生一人而已。賈誼於漢朝，名作不爲不多，求有益於經濟學問者，不可忽略。故當日班固爲之作傳，力表其經濟，當日所建白於朝廷者皆載入，即伐匈奴、王淮南等皆載入。晁錯則載其《教太子書》《論兵疏》等篇。又如《鄒陽傳》載一篇《諷諫吴王濞書》，《枚乘傳》亦載一篇《諫吴王濞謀逆書》，《路温舒傳》載《尚德緩刑書》，賈山《至言》諸等篇，皆救時良藥，經國大猷，不可不載入以見其人之能事者也。

賈山之用意同於賈誼，開國之主易流逸欲，賈太傅、賈山俱以秦爲殷監焉。

至太史公終於太初，以後不及知。《漢書》之載韓安國事，當匈奴入寇，韓主和親，王恢主用兵。其傳内載王恢彼此往來之書，往返之間，至十餘篇，一主於和，一主於戰，各爲論斷。雖十餘篇之文，皆保國安邊之遠略也。

又《韋元成傳》議宗廟之禮。漢初祀典未備，元成論禮制皆引經據典，皆可爲後世法。又附入後來劉顔、匡衡之議。元成在武帝之世，數人在景帝之後，何以合載其議宗廟之禮？皆是引經據典，與元成之論都是本本原原，可爲大文者，故皆載焉。

又《劉向傳》載一篇《諫昌陵疏》，其疏多言灾異，皆汪洋大文，規切陳詞。有時亦不以人廢言，如谷永、匡衡，雖氣餒，亦儒者，故於本傳録其奏疏不少。既如此，則書自不能少，故語優劣不以長短論。

至草草文無關緊要者亦有載，如司馬相如之《上諫獵書》《諭巴蜀檄》者應載，即如《大人賦》等篇亦皆載焉。又如《楊雄傳》，《諫伐匈奴》與作《法言序》述，固有用之文，即至《反離騷》《解難》《解嘲》《長楊》《羽獵》之賦，可以不載，而亦載焉。史家之載，備一朝之文章，有於其奏疏見之者，而亦有於詞賦見之。如《書》《詩》所載不廢《雅》《頌》之類，人皆知同體之善。班固乃詞賦大手，於沈博絶麗之文不能捨去，亦即歐陽修、宋祁之修《唐書》，於韓、柳二公《韓文公全集》《柳河東集》，其洋洋大篇皆載入，并采入紀志内者，或無當於是非。而文章希世間作，亦皆載焉，何止班固爲然？

至若與《史記》相較，如昨日所言以《史記》之不合者，如陳涉、項羽、惠帝等篇皆是。即如高帝之子惠帝，吕后所出，迎爲太子，天經地義。《史記》載許多母后刻薄衆子之事。即如齊王肥，惠帝之庶兄，高祖之時固已受封爲齊王。高祖既崩，楚元王與齊王肥來朝，吕后固拒。惠帝之爲人仁慈，在宫中於諸兄弟用布衣昆弟之禮，故其來朝於吕后宫，惠帝以其兄坐於上座，吕后惡之，乃酌兩卮鴆置前，令齊王起爲壽，齊王起，孝惠亦起，取卮欲俱爲壽。惠帝爲人仁慈，見其兄將受鴆，心甚不忍，故先取酒而自飲。高后恐，急取酒棄之。《史記》於《吕后紀》載之。

又趙幽王友，惠帝之弟，娶其妃乃吕后女〔二〕。趙王弗愛，愛他姬，諸吕妃怒〔三〕，讒於太后，太后幽於宫中，遂餓而死。此事之瑣屑亦載焉。吕后殺戚夫人一事，所謂『人彘』者也，亦載焉。

至如《漢書》，將鴆酒一事收入《齊悼惠王肥傳》，蓋以鴆酒之事乃小耳，非關國家之大，不載入焉。此亦是也。又趙幽王友之事，亦不載入《吕后本紀》。

〔二〕 娶其妃乃吕后女 『吕后』當是『吕氏』之誤。《漢書》卷三八《高五王傳》即言：『友以諸吕女爲后。』

〔三〕 諸吕妃怒 疑『妃』字衍。

《漢書》另外立傳，各歸其本傳，故《漢書》之體較《史記》爲得其當。又於戚夫人之事載入《楚元王傳》，不載入本紀，况其瑣瑣之細事可載之乎？本紀之體最尊，首歲月以定四時，次帝王以尊國統，非體國經野之事不入焉。以其爲本紀，當紀天子之大事、一國之大事，非若列傳傳一人而已。

有不如《史記》者，如《匈奴列傳》，匈奴冒頓浸驕，當高后之世，乃爲書使使遺高后，曰：『陛下獨立，孤僨獨居〔一〕。兩子不樂，無以自娛。願以所有易其所無。』污辱已甚，應削而不載，但書『以污辱之言致於高后』，得其意焉可耳。其事《史記》不載，是也。班固羅列出來，不明《春秋》爲尊親者諱之義。

如蒯通可不必立傳，説韓信背漢，反覆多言，而韓信不聽，可知其後斬於宫中之事，誣其爲反，實千古之冤。當兵權既削，如遯居谷處，豈尚反乎？雖有通之言，乃心公室，匪石不轉。史公之載入《韓信傳》，正所以表白其事。而《漢書》以其事另列於《蒯通傳》，不列於信傳，不知史公之意，如《韓信傳》見蒯通，《淮南王傳》見伍被，另立傳，未免蛇足。

長沙王吴芮，史公亦不立傳，亦史公之疏。漢家分封五十餘開國之功臣，克守藩封者，

〔一〕孤僨獨居　『僨』原作『憤』，據《漢書》卷九四上《匈奴傳上》改。

惟吴芮也。史公不爲立傳，亦疏。

又重儒術，《史記》見之。班彪父子謂史公『是非頗謬於聖人，論大道，先黄老而後六經』，前日已講明。《自序》謂『自文王以至孔子，又五百餘歲，至於今』，歷數文王、孔子、周公之學。至老子，則屈與申、韓同傳，何得謂之『先黄老』乎？况史公之尊孔子，謂夫子『可謂至聖矣』，千古定評，至今依之。

但其序事，經術不如《漢書》之多。於名臣之傳，漢朝一代風氣都見。凡大疑難，皆引經據典，斷大事，釋大疑，亦孟堅之特識。

前所言以《春秋》决獄，以《禹貢》行水道治河，以《洪範》明灾異，以三百五篇作諫書，以《禮記》定郊祀大典。

如夏侯勝諫昌邑王一事之類。

如昭帝時惠太子入朝之類。

又如《蕭望之傳》，匈奴大亂，議者多曰匈奴爲害日久，可因其壞亂，舉兵滅之。在朝諸臣皆欲伐之，訪於望之，獨望之以爲不然。因引經據典以斷之曰：『昔春秋，晋士匄帥師侵齊，聞齊侯卒乃還。君子大其不伐喪。』亦是以經斷事。

又如《毋將隆傳》，哀帝時董賢用事，上欲以兵送董賢及上乳母，將隆上疏曰：『家不藏甲，所以抑臣威，損私力也。孔子曰：「奚取於三家之堂！」臣請收還此事。』亦是引經。

張湯雖酷吏，仍用博士弟子爲廷尉。有獄未成，欲得經學之士以斷讞。

兒寬名臣，亦是以經斷獄。

張敞爲京兆尹，亦每引古義斷獄，時公卿皆重之。

《蕭望之傳》：大將軍光既薨，子霍禹、兄子山仍繼世用事。地節二年夏，雨雹，望之因上疏，願賜清閑宴，口陳灾異，因曰：『昭公時大雨雹，謂當時臣下之權太重，使魯君察於天變，宜無此害。』

其餘如賈太傅之《治安策》、董江都之《賢良策》、賈山之《至言》、谷永、匡衡之上疏皆是。有經術之文，故盡收之。故以繁簡論優劣，猶屬皮相也。

昨日所言置王莽於末，凶逆之臣爲千秋萬世炯戒，何以終於平帝，不爲子嬰立紀，以載王莽事？子嬰之立，雖徒擁年號，而尚未斷絶。况子嬰之末，亦光武之初，本可相接，不至國統斷絶。此處亦嫌其疏。

昨論《史記·舜本紀》『自窮蟬至於瞽瞍皆微在庶人』〔一〕，非也。《左傳》明云『自幕至於瞽瞍無遺命』，又徵之《國語》：『蟬能篤顓頊者也，有虞氏報焉。』昨日已論過，今於本書又得一證：釐降於潙汭，嬪于虞。《大明》之詩：『摯仲氏任，自彼殷商，來

〔一〕自窮蟬至於瞽瞍皆微在庶人　《史記》卷一《五帝本紀》作：『自從窮蟬以至帝舜皆微爲庶人。』

嫁于周，越嬪于京。』嬪者，諸侯嫁女之詞。何以謂『釐降』？天子女下嫁，故曰降。與『來嫁』字義固同。詩人與書之句亦相類。則降嫁侯國無疑，何以云『微』？此則太史公之誤也。

至若有人疑謂《六國年表》繼以秦楚之際月表，不曰秦漢，而曰秦楚，加楚於漢上，似史公之不察。而不知非也。蓋史公當日以秦爲無道，不欲以正統歸之，使承上三代。秦雖并六國，而父子相繼十五年遂亡，謂之秦漢，是尊秦而貶漢也。不以秦繼三代，而以漢繼三代，是尊漢，正所以抑秦也。雖混一天下，而無仁政以守之，直與楚匹也。《十二諸侯年表》不言周，尊周也。《六國表》繼以秦楚，抑秦也。陸賈大夫作《楚漢春秋》，不如史公之正『君子大居正』之義，是可爲楚并稱乎？史公是矣。

至若《漢書》作《遷傳》，力揚史公，謂『其文直，其事覈，不虚美，不隱惡，故之謂實録』。『揚雄博極群書』之言，班固引之以贊史公。

又《後漢書》班彪父子同傳，亦甚稱揚。其作贊謂：『司馬遷、班固父子，其言史官載籍之作，大義燦然著矣。議者咸稱二子有良史之才。遷文直而事覈，固文贍而事詳，贍而不穢，詳而有體，使讀書亹亹不厭。信哉！其能成名也。彪、固譏遷是非頗謬於聖人，而其議論常排死節而否正直。不叙殺身成仁之美，則賤仁義，輕守節矣。固傷遷博物洽聞而不能以智免極刑，然亦身陷大戮，知及之不能守之。古人所以置論於目睫也。』贊其文而謂其輕仁義賤守節，亦不能爲之諱。如一部大致彰善癉惡，多不没是非之公。要之，於守死善道，舍命不渝，不甚稱揚，且有微言而婉惜。如《龔勝傳》，因王莽秉政，身不仕。後王莽既篡，召龔勝，如昭帝徵韓福之儀，致開五等之爵以召。勝不出，竟爲所逼，不食而死。是其大志磊落，雖伯夷、叔齊無異。班固於其傳末尚爲之惜曰：『嗚呼！薰以香自燒，膏以明自銷。龔生竟夭天年，非吾徒也！』

又王嘉與何武傳贊謂：『當王莽之作，外内咸服。董賢之愛，疑讀擬，比也於親戚。武、嘉區區以一蕢障江河，用没其身，哀哉！』王莽、董賢，正氣焰通天，尚可與之抗，乃謂爲没其身，則《詩》之『邦之司直』，『舍命不渝』，聖人有殺身以成仁不是，如楊雄之仕王莽乃是歟？

《翟義傳》，當王莽初篡弑平帝，立孺子嬰，自稱居攝，比周公之佐成王，觀天下有貳己否。東郡太守翟義仗義而起，以爲宰相之子不可不起兵討賊。雖當此時，亦明知卒命不成，而亦見危授命之義，固謂：『義不量力，懷忠憤發，以隕其宗，悲夫！』故范蔚宗譏之，誠然也。如不仕王莽之臣逃身自存，如霍欽、聿容、曹禹等，固不爲之立傳，如薛方、李業亦一概都無傳，難免後人之譏。怪不得謂其『排死節、否正直，不録殺身成仁之美』，《漢書》之失，莫大於此。

至若其體例之稍疏，雖無關大要，如宗室天潢之祚，國姓早著，人所共知，如《荆王賈燕王澤傳》，不應稱姓，如『楚元成王交』『悼惠王肥』可也。如萬石君奮，史家應稱『四子俱二千石，世人稱爲萬石』〔二〕，傳中不應以作題目。

如楚兩龔皆見於傳中，非同一族而相善，皆彭城人，謂之『楚兩龔』，不應以爲題目。

又《史記》之爲傳，錯綜其事，彼此互見。如《陳平世家》附入王陵事，張蒼附入趙堯、任敖事，旁見例出，以見文章之妙。

至班固，陳平既有傳，王陵又有傳；張蒼既有傳，而趙堯、任敖又有傳。而陳平之事載入王陵，而《陳平傳》較少。張蒼事載入《趙堯任敖傳》，而《張蒼傳》較少。詳略失宜。

又《貨殖傳》載白圭已不合，并載入子貢等事，失於限斷。況斷代爲史，何以載及上古？

至若《古今人表》，更多人譏彈所載全無與漢事。斷自高帝，至於孝平，而《古今人表》自上世以至秦無一漢人，與題不稱。

而《古今人表》非固所作，乃其妹班昭作。固既卒，此書尚欠八表，欠一天文志，昭帝命其妹曹大家續成之〔三〕。則《古今人表》乃班昭所作，而亦不爲無功。

〔二〕史家應稱四子俱二千石世人稱爲萬石　『四子』原作『二子』，據《漢書》卷四六《萬石衛直周張傳》改。

〔三〕昭帝命其妹曹大家續成之　『昭帝』當是『和帝』之誤。

蓋以漢人自戰國以後皆以孔墨并稱，至《古今人表》所論，列夫子爲上聖，顔淵、冉子、曾子、孟子、荀卿皆爲大賢。分三等，上上聖人，上中仁人，上下知人，爲上等，列入上等者數十人。而聖人、仁人、知人亦本夫子之言『何事於仁，必也聖乎』，則聖高於仁。又『未知焉得仁』，則仁高於知。可知於身通六藝之士皆載入焉。他書所載之人，或入或不入，至夫子所論者皆載入焉。

《漢書》孔墨并稱，致謂『孔子栖栖，墨子皇皇』『墨子之席不恬，孔子之席不煖』。今其表老子列第四等，墨子列第五等，其特識與史公同。

宋人之刻《史記》《漢書》，有兩書一本，北宋盛行，仁宗之代所刻。照《史》《漢》之舊一本，徽宗以後刻。徽宗好道，自尊道君，見《史記》列傳老子不居傳首，遂升《老子列傳》爲第一，伯夷次之。老子列爲上聖，此北宋之季所刻也。

《南史·劉之遴傳》〔二〕，忽然有一僞書出，今不存，見於《劉之遴傳》，尚可以知其點竄改易之處。謂當梁武帝之世，有人得一部古本《漢書》三十八卷，獻於河陽王範〔三〕，因進

〔二〕南史劉之遴傳　『遴』原作『磷』，據《南史》卷五〇《劉之遴列傳》改。後同。

〔三〕獻於河陽王範　『範』原作『范』，據《南史》卷五〇《劉之遴列傳》改。另，『河陽王』當作『鄱陽王』。

於昭明太子，命其宮僚太子積學之人，宮中僚屬皆是，將其書交劉之遴等校。與今本不同，多有分別。原《漢書》百二十篇，即《隋書·經籍志》亦謂百十五篇。本傳謂百篇，分上中下也。今所校求不同，其一本謂『全書皆自爲次序，非十二紀之先高祖、次惠也』。又校得有『永平二年八月二十五日，著作郎班固上』一柱。又謂：『班固自紀尾作《序傳》，非班固置於末，不謂「序傳」而謂「中篇」。不見班彪之事，但云彪自有傳。』又謂：『《外戚傳》在《西域》之後，又到王莽。』後人校之，僞迹顯然。謂『爲書三十八卷』，如今本何能包羅宏大？且西漢時無紙，仍絹素乎？又謂『八月二十五日班固上』，更謬。班固時，有人告其私改國史，明帝下之獄，見其書善，命爲蘭臺令史。至章帝時，始有條貫。固卒，尚欠八表、天文志，復令其妹續成之，何有上書一事？即卒業，亦非永平之世，不知書之始末。至若《叙傳》内第四述韓信、英布、彭越、吴芮、盧綰，謂『韓信爲隸，布實黥徒，越亦狗盗，芮尹江湖，雲起龍襄，化爲侯王，割有齊楚，跨制淮梁』等語，古本《漢書》改之，應從古。而《張晏傳》亦用此數句而已。至謂『序傳』爲『中篇』更奇，古人作序俱在尾。謂『彪自有傳』，更不知史才。彪在光武時始舉孝廉，既爲東漢人，何以入於西漢？蓋六朝時多僞書，百家多言黄帝，上世已多，何有六朝〔二〕？

後人爲史皆仿班、馬，故二書多與經同。《史記》，後人改者多，故少古字。而《漢書》無改，則古字尚多。宋倪思字文志〔三〕，有一部《班馬異同》，班固之用《史記》，猶《史記》之用《左傳》，而分合之處皆有異同，不可不知。《史記》後世爲之注解者甚多，裴駰之《集解》，司馬貞之《索隱》，張守節《正義》。明朝時有一部《史記評林》，至多批語，又詳其文法，最爲詳備。至國朝，梁玉繩有一部《史記志疑》〔三〕，不論文法，但參事迹之誤。

〔二〕按，此段引《南史》卷五〇《劉之遴列傳》之文，頗多不同之處，現將《南史》相關文字摘録於此：『古本《漢書》稱永平十六年五月二十一日己酉郎班固上，而今本無上書年月日子。又案：古本《叙傳》號爲中篇，今本稱爲《叙傳》。又今本《叙傳》載班彪事行，而古本云「彪自有傳」。又今本紀及表、志、列傳不相合爲次，而古本相合爲次，總成三十八卷。又今本《外戚》在《西域》後，古本《外戚》次帝紀下。又今本高五子、文三王、景十三王、孝武六子、宣元六王雜在諸傳帙中，古本諸王悉次《外戚》下，在《陳項傳》上。又今本韓、彭、英、盧、吴述云：「信惟餓隸，布實黥徒。越亦狗盗，芮尹江湖。雲起龍驤，化爲侯王。」古本述云：「淮陰毅毅，仗劍周章。邦之傑子，實惟彭英。化爲侯王，雲起龍驤。」又古本第三十七卷解音釋義以助雅詁，而今本無此卷也。』

〔三〕宋倪思字文志　據《宋史》三九八《倪思列傳》，倪思字正甫。

〔三〕梁玉繩有一部史記志疑　『梁玉繩』原作『好梁王澄』，據《八千卷樓書目》卷四改。

至若《漢書》，顔師古集注，太子乘乾〔一〕。顔師古作注《漢書》，辨僞得真，於此書討論之。

仍有未盡者，故北宋時劉道之敞〔二〕、劉貢父攽元甫兄之子〔三〕奉世有一部《兩漢刊誤》。朱子之門人吴仁傑斗南作《補遺》，皆是詳於西漢而略於東漢。

後世史家雖多，而《史記》之通史，《漢書》之斷代，固是自開其體例，而文章之妙亦超絶千古，故杜牧之有云：『高摘屈宋艷，濃薰馬班香〔四〕。』

《後漢書》

論其書，大段綱領加密於前史，近正於前史，故其年代雖在三國之前，而著書之人實則遠出於東漢之後。而范氏之書卒勝於前，列爲正史者，蓋有由也。

〔一〕太子乘乾　此句後當有未盡之語。另，『乘乾』當作『承乾』。

〔二〕故北宋時劉道之敞　據《宋史》卷三一九《劉敞列傳》，劉敞字原父，他書有作『原甫』『元甫』者，知此處『劉道之敞』誤。

〔三〕元甫兄之子　據《宋史》卷三一九《劉敞列傳》，劉攽爲劉敞之弟。

〔四〕濃薰馬班香　此句出杜牧《冬至日寄小侄阿宜詩》，原作『濃薰班馬香』。

范蔚宗，南朝劉宋人。維時紀東漢一朝之事，不傳之書不知其數，自范史一出，而諸書遂亡。即著名之籍，至唐時猶未亡者，不下數十餘，而范史卒駕其上，可知其精也。

謂之范蔚宗《後漢書》，亦約略言之，然尤有別歷代之史。無論私修與及官書，皆同出於一時。惟有《漢書》不然，兩書合而爲一書。其紀傳九十卷，范蔚宗所作。志三十卷，晋人司馬彪所作。以少統多，故曰范氏耳。

司馬彪，晋氏之宗室宣帝之孫，字紹統，雖宗室，以文字見長。自世祖之興，下迄獻帝之廢，二百年來之載籍，未有良史。諸家之作，每多繁雜。又以順帝之後多缺失，即其所見，爲書八十卷。主意以爲繁雜，不足爲書，務爲删裁，合上下之人，不過得五十卷。又以順帝時朝事多缺，故特詳於制度。極搜羅之功，務於國政朝章力加補益，於志爲特詳。紀傳五十卷，而志已三十卷。當其時謂之《續漢書》，亦史未出之書一大部也。

又百餘年而至東晋，至宋，其中歷西晋，以至於劉宋。范氏當宋世元嘉時而後著書，去司馬紹統之時已百餘歲，非其爲書未免遺於志，但先作紀傳，而諸志尚未成，後以孔希先之事下之獄，而當其臨命時以十志稿附之。一説謝儋〔二〕。范之爲人，恃才傲物，平日意度豪放，以爲人皆可托，不謂謝儋得其稿，因而掩之以報復，不惟不與之鈔寫，且因而毁裂，竟至蠟以覆車〔三〕。古者未有油然，但用蠟於紙以書字，所謂硬黄也。

其志遂亡，不知者以爲范氏不能志，僅以紀傳傳，非也。

今附入《後漢書》志三十卷在於何時？大抵司馬彪之書，其精華皆在於志，書古人所共讀，故六朝蕭梁時劉昭取而注之。隋唐之時，兩書各行，未有合。至北宋太宗時，儒者孫奭上言於朝，謂范氏書無志，請以劉昭所注三十卷之志補入。然則補入者，自北宋始。論者疑之至今。《後漢書》尚有『梁縣令劉昭注補』，既謂之『注補』，恐補之自劉昭始。今人刻書有謂『補注』，不知所謂『補』者，補范氏之所無。所以通融言之，前人未有注過，非補注其書也。而劉昭私取司馬彪之書補入，故謂之注補。然一家之書如是，而行世之書尚仍單行。至北宋時，定爲《後漢書》，以其志合之，立爲官書，蓋出孫氏之特奏。而官書雖未有

〔二〕一説謝儋　據《後漢書》卷十下《皇后紀下》李賢注引沈約《謝儼傳》，『謝儋』或爲『謝儼』之誤。

〔三〕竟至蠟以覆車　『蠟』原作『腊』，據《後漢書》卷十下《皇后紀下》李賢注引沈約《謝儼傳》及後文改。

合成一書，而民先已通行矣。

大凡見於文字不可鹵莽，恐爲識者所笑。如言十志，當云司馬彪志，紀傳則范氏《後漢書》紀傳。

國朝始如孫北海星衍、李榕村光地，亦有學人，然尚稱范氏《後漢書》某某志，至今猶爲人所笑。其事雖小，亦不可不知。

通觀全書，已負氣不讓。范氏當下獄時，負其生平，因及《後漢書》，直有自謂：『自《循吏傳》後，議論激發，實天下奇作。』而不止此，自《光武紀》已見之。又謂：『其論贊無一字虛設，體大思精，比方班父子不但不愧之而已。』然以贊而論，不見好處。

今謂合觀其書，體密於前人，論正於前人，蓋自詡亦有由。先言其好處。

如本紀帝之後，前人如《史記·高帝本紀》繼以高后，抹煞惠帝在位七年一朝之事，不爲惠帝立紀，故班氏不從。其不從是也。先立惠帝本紀，而後繼以高后本紀。但所有諸王、公侯、藩封、外戚、恩澤、功臣、列姓、文武、佐命，下及於高蹈之士、諸生、韋布，一藝之能皆爲之立傳，而何以天子之后上配至尊，理六宮之陰教，獨將《皇后傳》附入《外戚》？不知外戚由皇后而得名，猶宗室由天子而得名。皇后可附於外戚，然則王者之傳附入宗室可乎？范氏不從，是也。亦有皇后、外戚另作一篇，以繼帝紀之後，但抽出一種以繼帝王之後，是也。但不能稱本紀謂由高后來，蓋高后當時用人行政皆吕后，故謂之本紀。

而范氏一概謂之本紀，誤也。紀者，繫日月以成歲時，書君上以顯國統，其體最尊。而所紀皇后，皇后，妻道也，地道也，地道無成，何以謂之本紀？東漢皇后臨朝者蓋有六人，而既紀於諸帝之紀，如或武后之朝用人行政皆由武后，而夫死從子，僅謂攝政而已。如周公攝政當日，周公曰『王若不能』，稱獨斷之義。

至若立皇后之紀，明而未融，有勝於《漢書》，有誤於《史記》。而其別皇后於外戚中，自范氏始，亦見其得中。

列傳亦斟酌歸於至當，如自《史》《漢》以來，於大傳之外，遂有《儒林》《循吏》《酷吏》《外戚》《佞倖》《游俠》，而未已也。何以故？聖門文學子游、子夏則有學亦有文，既立《儒林傳》，則傳經之家實學歸焉。至若文章之事，何足上擬《儒林》？不然，孔子言儒行云：『近文章，砥礪廉隅。』又謂『修詞立其誠』，更又謂『言之無文，行之不遠』。論者故謂夫子之文章。魏文侯《典論》：『文章者，經國之盛事，不朽之大業。』信然，故三代以上典謨、訓誥、誓命，皆有文章可觀。孟堅所謂『大漢之文章，炳然與三代同風』，《儒林》之外，不可無文苑，故立《文苑傳》。

自後人如《循吏》《酷吏》《佞倖》，前説所有。大凡著書之體，視其時之風，會前人所有而後人所無者，不妨刪前人所無；而後人所有者，不妨增。自西漢以來，未始無宦寺，而用事者少，故孟堅所載鄧通、董賢等，衹入《佞倖》而已。至東漢之時，宦者用事，不可勝言，至國統屢絶。蓋漢母后臨朝，不能交通於外，惟宦者是賴，故是時宦者至有口談天憲，托爲王命，凡有所作之事，皆是假重朝廷，以罔上行私，遂有流爲廢立。宦者爲功臣者，桓帝之立，以宦者而得立，故以爲功臣。如孫程擁順帝，自後權勢愈重，至於十常侍而極。則奄宦之流毒，前朝固未有如此者，如何不立《宦者傳》？

後漢之世，朝政不綱，至奸人用事，敗壞朝廷，蕩摇國政，直至敗亂天下，居中任事如十常侍者。當時亦有特立之士獨立於世，如風雨如晦，鷄鳴不已，不遇世難不知其人之骨鯁，故疾風知勁草，世亂識忠臣，則又何可不作《獨行傳》？

又有亂世之時，高舉遠引，龍德而隱，鴻飛入雲，履潔懷清，置理亂於不知，屏黜陟於不聞者。故又不能不立《逸民傳》。及其末，力持清議，以抗奸回，扶持國難，而遂三君八俊八愷八及八厨各等，以名義相高，桓靈時皆入黨錮，又立《黨錮傳》。凡此皆抑邪崇正，有益千秋萬世者也。

自聖人删《書》，首釐降傳。《詩》首《關雎》，故女子之事雖不能比於男子，千秋節烈，而有節行才德者，如劉子政創爲《列女傳》十三篇，安可或遺？又補作《列女傳》，補作者凡七類，纍世相承，不可或廢。雖因亦創也。體例之密如此。

皇后之有本紀，特范氏不能改，非其所自始。華嶠作《後漢書》九十七卷，論者以爲精當，於《帝紀》後即立《后紀》，《帝紀》八卷，《后紀》二卷。華嶠去范氏七十餘年，范氏之作因之，特不能改耳。

至若體之近正處，更非尋常之所可及者。前人紀東漢之事，多從更始，先起劉元字聖公即位於白水，後以漢兵誅王莽於宛城，後建立大號，謂之更始元年、二年、三年。光武之興，初亦劉聖公所封，其始亦北面事更始，碌碌不免爲人所惑。而劉伯升起事之首，更始之國所賴以興者，竟以無罪見殺。光武知其不足有爲，遂爲起兵於河北。後從諸將之議，即位於鄗南。而聖公遂日以就削，乃旋爲赤眉所滅。聖公與赤眉争地不勝，卒爲所弒。則更始者，亦如陳涉者耳。光武以衆人爲心即位，封更始之子爲淮陽王，又爲忘怨而厚報。後人以光武先事更始，謂立本紀應從更始，而後及光武，是何言歟？秦之後猶有義帝，竟以懷王冠高祖，可乎？不可。帝王之興，必有人爲之驅除，如日月將出，先有啓明，及月出而其星不見矣。范氏故從世祖光武起建始爲先，天經地義，不可移易。又聖人《春秋》之作，惟有孟子知之，曰：『孔子成《春秋》而亂臣賊子懼。』故杜義大明，雖莊、列之徒不能易。曰：『《詩》以道志，《書》以道事，《禮》以道節，《樂》以道和，《易》以道陰陽，《春秋》以道名分。』降及後世，其義微矣。自從陳壽作《三國志》，自以居晋之官，晋之臣也，晋之天下受之魏，雖三國并稱，未有低昂。晋之臣義尊前統，以魏爲正統，以吴、蜀爲僞。使以吴、蜀爲正統，是僞魏也，僞魏即僞晋也。於是不得已爲魏帝立本紀，吴、蜀謂之傳。雖曰三國，而魏仍作本紀，勉强行之有如此者。更有多所回護，從而曲筆，其書可燒也。

如《武帝紀》内問應當實言其事，如領冀州牧，爲丞相，加九錫，進爲魏王，至丕之篡漢，人所共知。乃陳壽爲之曲筆，謂：『天子以公領冀州牧，公讓還兖州。』於自用爲丞相，亦謂：『漢罷爲三公官，以公爲丞相。』至其後又謂：『策公爲魏王，加九錫。』至操逼殺伏皇后，殺皇后二子，陳壽乃曰：『皇后坐昔與父故屯騎校尉完書云：「帝以董承被誅，怨恨公。」辭甚惡，發聞，后以廢黜死，兄弟皆伏法。』可謂軟底徘徊。後至丕之篡漢，又謂：『天子以衆心在魏，召群公卿士告辭高帝廟，使大夫奉璽綬持節，以禪於魏。』孔子成《春秋》而亂臣賊子懼。自有此筆，而亂臣賊子喜也。自陳壽作《三國志》，而後晉、宋、齊、梁、陳，南朝皆然。北朝自魏而東、西魏，而齊而周而隋，皆是篡弑。故自晉至北宋藝祖，一概從此書法。及帶劍不跪不拜，凡十二旒，奏事不稱臣，受詔不拜，滔天罔上之事皆從此出。以爲天命所歸，竟成故事，皆《三國志》開之也。山陽、柴陵王、零陵王之類[一]，自《三國志》。當日壓於晋人，故從曲筆，以晋操、丕之故輙（如司馬睿、司馬師皆是），雖係隔一代之人，而爲晋起見，一朝之事，關涉前後，欲其一律，故謂天子以某某云。不知此等方便之門一開，自後六朝之史皆因之視爲自己藏身之固。故歐陽公謂：『作史者，明不見刑辟，幽不見鬼神，若有所迴護於其間者，其書可燒也。』

〔一〕山陽柴陵王零陵王之類　『零陵王』原作『靈陵王』，據《宋書》卷三《武帝本紀下》改。

惟范氏明目張膽言之，故《漢獻帝紀》曹操自領冀州牧，又於曹操之自廢三公爲丞相，又直書曰：『曹操自稱魏公，加九錫，後自爲魏王。』又於曹操殺皇后一事，又謂：『操逼殺皇后，滅其二子，皆鴆殺之。』至忠義之士如少府耿紀之興兵伐操，而《三國志》乃謂：『少府耿紀、司直韋晃等反〔二〕，以攻許昌，燒丞相長史王必營，必與嚴匡討斬之，夷其族。』范氏《獻帝紀》謂：『少府耿紀、丞相司直韋晃起兵討曹操，不克，夷之族。』是耿紀、韋晃等乃忠烈之事〔三〕，雖事不成，而至於夷族，千秋萬世後，凛凛如有生氣。范氏表之，可謂特筆也。又曹丕之篡漢，謂：『魏王丕自立爲天子，奉帝爲山陽公。』范氏之直言如此。陳承祚，晋人，於本朝有忌諱。范氏，宋人，亦隔兩三代，而其上紀漢魏之事，無所容其忌諱。後人修史，皆仿於陳氏，何以范氏之書如鳳鳴朝陽？范氏亦當六代昏無天日之時，而能爲此直筆，亦可謂特識矣。

范氏於班固父子傳：『司馬遷、班固父子，其言史官載籍之作，大義粲然著矣。議者咸稱二子有良史才，遷文直而事覈，固文贍而事詳。若固之叙事，不激詭，不抑抗，贍而不穢，詳而有體，使讀者亹亹而不厭，信哉！其能成名也。彪、固譏遷是非頗謬於聖人，然其議論常排死節，否正直。而不叙殺身成仁之美，則輕仁義，賤守節矣。』大凡殺身成仁之事

〔二〕司直韋晃等反　『司直』原作『司馬』，據《三國志》卷一《魏書·武帝紀》及下文改。

〔三〕是耿紀韋晃等乃忠烈之事　『晃』字原闕，據前文補。另『之事』似應作『之士』。

昭然古今，范氏既以此譏固，故於殺身成仁者，一時著論皆歸美於此。頑廉懦立，傳之千秋，而於《獨行》《黨錮》等傳又爲之極力揚誦，表正人倫。要之，史之義所以配經，而不能表正人彝，用史何爲？與班固迥別也。

東漢一代，除光武中興，無一壽考之君。光武以二十八歲起，歷更始元、二年，即位於鄗南，後改元建武，得三十二年，後改中元，得二年，通計光武之在位得三十四年，其壽得六十三歲。東漢本紀云：『帝崩於南宮前殿，年六十二。』此誤也。光武以二十八起，三十即帝位，建武三十二，中元二年，共三十三年，云六十二，誤也。

光武年僅逾一周，後來愈尾愈尖，傳一代仍甚一代，國勢甚彰之時，亦明聖相繼。今講東漢之致治，光武年六十三，子明帝四十八歲，時杜氏臨朝，章帝三十三歲，子和帝二十七歲亦不失爲中子，其少子爲殤帝，生百餘日而即位，逾年而崩，得二歲，鄧后乃迎河孝王慶之子章帝長子，是爲安帝，安帝不過年三十二歲。安帝初廢長子因讒而廢，既崩，嚴后不立其子，乃迎北鄉侯懿立之，立於三月，至十一月而崩，謂之少帝。後宦者孫程等迎順帝立之即廢立者，安帝長子，亦不過三十歲。冲帝即位，亦三歲。順帝，梁氏迎立，外藩千乘，王子遂立。質帝亦得八歲立之，二年爲梁冀所弑，不過九歲。後皇后與梁冀迎蠡吾侯子志即位，是爲桓帝。後桓帝崩，得三十六歲，無子，皇后與父竇武迎瀆亭侯子，是爲靈帝。當靈帝崩時，年三十四歲。靈帝二子，長子辯十五歲，即位，即爲董卓所廢，年十七。立獻帝名協。獻帝即位亦得二十六年，後雖爲曹丕所篡，而丕封爲山陽王，卒於魏明帝時青龍二年，蓋有五十四歲。

通計一朝，大抵開國之始，其君壽考作人，其臣天壽平格，必主明臣賢，爲日長久，子孫衆多，故其子成立以後，方繼爲君。至子少，勢必母后臨朝，其子而能長成則可矣，如不然，又要旁枝入繼。

故《後漢書》皇后傳序云：『東京以後，王統屢絶。權歸女子，臨朝者六后，外立者四君。』王統屢絶，自古皆然。君壽短促，每易無子。即有亦幼，勢必母后臨朝。其子長成便易，不成必外立以入繼。故通計東漢一朝，如安帝、質帝、順帝、桓帝，豈不是外立？

故周公作《無逸》，肆高宗之享國俱數十年，而自時厥後，或十年，或七八年，或四三年，如上所言可爲悼嘆。光武十子，明帝九子，章帝八子，和帝長，有病，故傳殤帝，實得一子。如晉自元帝渡江而後亦有百餘年，元帝號稱爲中興，而明帝亦賢君，不過得二十二歲二歲即位，至長莫過於海西公，爲桓溫所廢。又唐朝自高祖、太宗開國以來，大抵有壽者多，至元宗而後，年代亦漸促，順宗四十二，憲宗四十一〔二〕，後中唐世，穆宗三十，敬宗十八，文宗三十二，武宗三十二，宣宗稍長，四十二，懿宗尚有四十二，僖宗二十七，昭宗以後遂移於朱梁。唐祚至中

〔二〕憲宗四十一　『憲』原作『獻』，據《舊唐書》改。

唐以後，亦不見有周甲，大抵不過三十餘、二十餘，與東漢、晋一轍。所以《袁安傳》謂：『每念王室之衰，至於流涕。』故庾子山《哀江南賦序》亦云：『袁安之每念王室，自然流涕。』

至若《後漢書》，前言『著書之體密，議論之近正』，亦有疏處。其大端之失在於不立表。自《史》《漢》相傳，紀、表、志、傳未嘗或缺。至《漢書》删世家改列傳，已不是。漢未嘗廢封建，後來不立世家。唐以後俱以五等之爵皆是虚語，如食邑某十萬户之類。若漢則不然，非在朝夾輔即受藩封。今不立世家，則王子孫勳臣皆有土者，而子孫之事多於祖父，是末大於本，枝大於幹。班氏已誤，而表非自班氏始作，表之廢自范氏始。後人謂表可以無，即劉知幾《史通》，亦爲通人之蔽。

紀者，紀一朝之事，用人行政，舉其大綱。列傳，無論爲諸王，爲勳臣，如係顯有功過，始爲立傳。如其人平常無稽，無關君國，亦傳之，不勝傳而厭其繁。若其人而或在勳臣之次，或居宦者之列，無甚大勛可紀，而其人固爲宰相，爲某官，不立。《公卿表》《百官表》，則何人某月爲宰相，某月何人罷宰相，某月何人卒，令後之讀者按其年月，考其官職，細考以來就知當日某皇帝之時，某年月某人在某官職。

如《封建表》《藩鎮表》，一定必立表而後明。今《後漢書》不立表，本紀有而後知，列傳所有而後知之以紀，紀其大綱。列傳中有幾人？不立表，不亦略而無所考乎？表始於周公，非自馬、班始也。試觀齊時宰相王儉固百家之書，因而問於劉瓛，瓛曰：『按史，年表謂旁行斜上，并效周譜。』蓋周公所作也。今何以廢之？後人覩得失於某年月中，何以稽考乎？

後人以其無表，南宋時有熊方者〔一〕，作《後漢書年表》十卷，以後人追序其事，無不在本書出，因其本書之内所有者歷歷收之。至有與漢末相關，取於《三國志》，東漢之初取於《前漢》，桓靈以後兼及《三國志》、裴松之注，餘從本書，庶不必淆訛，事隔千年而無可如何。其書尚存，《四庫書》亦收入。

以後如南朝晋、宋、齊、梁、陳，北朝魏、齊、周、隋間，有爲志者，亦不立表，皆自范氏缺亡始。後代書之立表，自宋祁、歐陽修修《新唐書》而後立表。

自後宋、遼、金、元知表之不可廢，以後復得史裁之正。劉知幾《史通》於《采撰》一篇力彈記事之駁雜〔二〕，史家要慎采擇。如文人好奇，每取及異説以爲傳聞云。『至如禹生啓石、伊産空桑、海客乘槎以登漢、姮娥竊藥以奔月，如斯踳駁，不可殫論〔三〕，固難以污南、董之片簡，霑班、華之寸札〔四〕』。『而范蔚宗增損東漢一代，自謂無慚良直。而王喬鳧履

〔一〕南宋時有熊方者　『熊方』原作『洪芳』，據《千頃堂書目》卷四、《天禄琳琅書目》卷四改。

〔二〕劉知幾史通於采撰一篇力彈記事之駁雜　『采』原作『取』，據《史通》改。

〔三〕不可殫論　『殫』原作『彈』，據《史通》卷五《采撰》改。

〔四〕霑班華之寸札　『華』原作『筆』，據《史通》卷五《采撰》改。

出於《風俗通》，左慈羊鳴傳於《抱朴子》，朱紫不別，穢莫大焉。』

左慈羊鳴等共立《方術傳》，亦屬可無。如醫卜巫史之屬亦聖人之支流，聖人興物以前民用，雖小道必有可觀者焉，未嘗無補。或絶技足以濟人，載之國史，由本及末之義也。

技藝中書，其偏端亦足以佐一時，則不妨於載及，不獨後人爲然。即如《左傳》，禆社梓以及醫和等皆載，或以醫術取重而有濟於人，或以卜以相而有益民也。《史記》中龜策等列傳亦皆載及，然旁搜異聞，亦深累史裁。如《王喬傳》，漢明帝顯宗時朔望每朝，帝見其來，不見車騎，密令人伺之，言其至輒有雙鳧向東南飛來，舉網張之，得雙舄焉。命尚方詠視〔一〕，則四年中所賜尚書官履也。

又《左慈傳》謂：『慈少有神術，於曹操座上多神異之事，操欲殺之，入於壁中，霍然不知所在。後見於陽城山頭，復逐之，遂入於羊群。操知不可得，乃就羊中告之曰：「不復相殺，試君術耳。」忽有一羊羝屈前兩膝，人立而言曰：「遽如許。」即競往赴之，而群羊數百皆變爲鼠，并屈前膝，人立而言曰：「遽如許。」遂莫知所之焉。』劉知幾謂其駁雜，信然。

全書力矯班固之失，表揚節烈，秉節不回，激烈言之。存一朝之忠烈，舍命不渝者，皆

〔一〕命尚方詠視　『尚』原作『上』，『詠』原作『衫』，據《後漢書》卷八二上《方術列傳上》改。

表揚之。如陳蕃，謂其能存漢二百年之祚；《孔融傳》謂曹操不敢動其惡，孔融而在，孟德不敢動於惡。亦見褒揚正直之功。

沈約《宋書·鄭傔之傳》謂『後漢不亡，猶以爲諸家之力』，即暗指范蔚宗有可議者。張純與曹褒、鄭康成同爲立傳，以爲張純者亦議禮之儒，而不考其始末。純，張湯六世孫。張湯，酷吏也，其《傳》云：湯父張放。放，佞倖也。安世，其高祖父，并張湯書於《酷吏》之中。及再傳於其父張放，入《佞倖》。張放，西漢之末人，後因有諛王莽之功，遂入侍中。王莽時，合列侯九百二人上書於朝，請加王莽九錫，即張純也。莽篡，爲列卿，當時之人都謂之名臣，宜加於曹、鄭之上。而當漢氏之亡，純乃合列侯請加莽九錫，爲率先翼奸長篡之賊，天下之背逆人倫者，莫純若也。王莽既篡，又復靦顔以事之，若而人尚以爲名臣。范蔚宗以之與曹、鄭合傳，真所謂佛頭加糞者矣。

光武褒揚節義，不及張純，而其後乃有議禮之功。光武不治之，則亦已矣。光武時不仕王莽者甚多，亦皆有所褒揚焉。如卓茂不仕王莽，光武褒德，列於雲臺二十八將之中。不及張純，有逸罰焉。今范氏不追正其非，至與大儒同傳，誤也。

又中葉之世近漢初，時有王仲任者名充，能爲文，即作《論衡》者，同王符、仲長統同傳，韓昌黎作『後漢三賢』，見於《韓昌黎集》。其人亦有盛名，但雜而不純。范氏作《王充傳》，謂充『少孤，居鄉里，以孝聞』。而《論衡》內自辨其微賤，謂：

『祖父雖頑，已有德行，不以世累。』其悖謬之處至斯而極。又云：『母犁犢騂，不害於中牲。父惡子孝，無妨其仁。鯀黜禹興，瞍頑舜聖。伯牛有疾，仲弓結寸。顔路庸固，回軼昭倫。』〔三〕何以此等人亦謂之孝？庶人有善，歸於父母。詆謗其祖父，尚謂之孝乎？此二事皆有失。至若後人有謂鄭康成儒者，未服官於朝，如賈逵、鄭衆、伏虔、許慎之徒無功可紀，但以列入於《儒林傳》已也，何以與朝臣著爲列傳？不知鄭康成，漢之大儒，夫子之籍亦得以講論討明。范氏尊爲列傳，猶之孔子儒者而入於世家，如孔子七十二賢亦入列傳。子游習《禮》，子夏習《詩》，亦一儒者耳，而通天地人之謂儒，夫子亦以儒者自居。《莊子》云：『東魯之大，儒者一人而已。』《史記》入於世家，仲尼弟子入於列傳，所以尊聖人也。故鄭康成之不入《儒林》，而入於列傳，正見范氏之尊大賢。

故元託克託修《宋史》，力尊周、程、朱、張、邵六子，謂之《道學傳》。託克託欲尊六子，另作《道學傳》。後人譏之，謂六君子雖大功，無加儒者之上，何以不入《儒林傳》，

〔三〕母犁犢騂不害於中牲父惡子孝無妨其仁鯀黜禹興瞍頑舜聖伯牛有疾仲弓結寸顔路庸固回軼昭倫　《論衡·自紀篇》作：『母驪犢騂，無害犧牲。祖濁裔清，不牓奇人。鯀惡禹聖，叟頑舜神。伯牛寢疾，仲弓潔全。顔路庸固，回傑超倫。』

而別立一名目耶？謂《道學傳》可以不設。而亦不可入《儒林傳》，與孫奭、葉英、郭翁同類[一]。然則如之何？用古人之例入列傳，不入《儒林》。如董仲舒亦經生，而不入《儒林》，而別立一傳，以推尊也。又如《唐書》所載唐昌黎韓子，亦經生，如董仲舒、鄭康成等，別爲一傳可也。則六君子亦自爲一傳，於傳贊將六君子力爲表揚之可也。如忠孝之士有功於後世，則爲之立傳而顯其功，而子孫付焉[二]。六君子爲一傳，其門人之表表者附之便合。故後人謂鄭康成布衣，不應立傳與曹褒等，而不知作者有微意焉。

又有謂《列女傳》應於貞潔孝義之女載之可也，今不載徐淑而載文姬者，何歟？文姬，陳留董祀妻[三]，乃蔡邕之女，不過能文而已，不應載之。不知婦人有四德，節孝德也，婦言、婦功亦德也，故劉子政十四篇《列女傳》，南子亦載之。南子豈不是失節？以其聰慧，能識蘧伯玉之車輪，以其一節可取，未嘗不載入者。列女者，非如『節烈』之『烈』，如『列士』『列侯』耳。故有才高一世皆可載入。後世著書，不明此義，爲人作省志、府志、縣志等書，但使飲冰茹素、離鸞寡鵠者一一載之，而有名才文學者不及焉。如安常處順，何

〔一〕 與孫奭葉英郭翁同類　『葉英』，據《宋史·儒林列傳》，似當作『葉適』。
〔二〕 而子孫付焉　『付』似爲『附』之誤。
〔三〕 陳留董祀妻　『祀』原作『禮』，據《後漢書》卷八四《列女傳·董祀妻》改。

以節聞？如曹大家之博學，蔡文姬之捷才，皆不載。如列傳中但取殉國難守死節一類人，何以成國史？皆讀錯『列』字者也。

張衡謂更始之立，人無異望。光武嘗北面事之，則光武之先一傳更始。之後袁宏作《後漢紀》，因仍張衡之説，云應立更始本紀。光武兄弟事之，奉其節度，曾爲其臣，北面以事之。當更始之時，三王之亂，勤王之功皆由更始，乃遽設光武本紀。更始奄有天下雖不久，亦當爲之立本傳。袁宏之論是否？非也。光武之兄伯升，更始依以立國。後讒殺伯升，後更始有爲光武遷定河北，然後稱帝。迨後誅王郎，封蕭王，始貳於更始。何謂慚德？乃不料更始不旋踵而降於赤眉，尋爲其所殺，而更始遂亡。光武不以其殺兄之故，後即帝位，以其子封爲淮陽王，亦仁至義盡。光武，景帝九世孫，中興繼祀，何謂不合？倘如袁宏之説，高祖與項羽同事楚懷王，後羽殺懷王，高祖仍事之。其死也，高祖爲之發喪。後又爲之立其子以繼統，亦改爲懷王，後始改義帝，將《史記》《漢書》俱要以之冠本紀之先乎？大抵帝王之興，必有爲之驅除者。

如明太祖初亦奉韓林儀〔一〕，至從其國號曰龍鳳某年，則亦當冠太祖本紀之先乎？

〔一〕如明太祖初亦奉韓林儀　據《明史》卷一二二《韓林兒列傳》，『韓林儀』當是『韓林兒』之誤。

謂如張純不應入『名臣』之類，至與曹、鄭同傳，今細想，陽球秉正嫉邪，守身刻厲，董宣守正强悍，不爲帝屈，都爲直臣，何以置之《酷吏傳》？董宣剛正不屈，自應與宋宏等同傳。至如陽球詆觸宦官，應與李膺、杜密同傳，不應入《酷吏傳》。大凡剛直之人每多激烈，知有君國之事，不顧其他。所謂厚於仁者薄於義，厚於義者薄於仁，自古爲然。即如海忠介、包孝肅，總之，言其大者而已。其局狹寡容，亦性中帶出之處，爲史者當觀其大體。此處亦有疏處，不能爲范氏諱也。至若偶有失檢，史書體例皆要體名，如更始稱劉聖公，光武之兄稱伯升。劉玄曾舉聖公，因其曾舉大號，光武有稱臣之義，爲史者不稱名。事雖敗，仍有君臣之義。東漢開國始於伯升，《王莽傳》亦曰伯升，《齊武王傳》亦不稱名，俱尊之也。如張召與范奭〔二〕，元伯，召字，巨卿，奭字，何以獨稱元伯、巨卿？蓋先有爲之傳者，在當時文士之并世稱字，可也。後世入史書，仍稱其字，不可也。亦偶然之誤。至有因忌諱之處者亦有之。如『王允與司棣校尉鄭公業討誅董卓』，公業，鄭太之字，蔚宗父范泰，如郭泰亦改爲太。當時固一家之書，可以避，猶《史記》宦者趙談亦改爲趙同〔三〕，俱是一家之諱。自《晋書》以後，始有官書耳。後人亦有

〔二〕如張召與范奭　『張召』『范奭』，《後漢書》卷八一《獨行列傳》作『張劭』『范式』。

〔三〕猶史記宦者趙談亦改爲趙同　『趙談』原作『趙淡』，據《漢書》卷四九《爰盎傳》改。

譏其《方術傳》所載，如王喬舄履、左慈羊鳴之類，何以不載于吉？據《三國志》裴松之注引《江表傳》云，當有道士于吉自符水治疾，於是一時之人敬慕之。孫策會諸將於城樓，于吉過其下，諸將皆下樓迎拜，孫策怒，命斬，諸臣皆請救，策曰：『昔交州刺史舍前聖典訓，廢漢家法律，焚香讀道書，云以助化，卒爲南夷所殺。今于吉等惑世之事皆無益，但君未悟耳〔二〕。』斬之。後孫策出獵，爲許貢之客所射，歸治其劍，仿佛見于吉在左右，深惡之。創差，執鏡自照，見吉在鏡中，視而弗見，因撲鏡大叫，創崩裂而死。此乃建安初事，應入《方術傳》。而范氏非不載也，觀《襄楷傳》，當漢順帝，瑯琊宮崇上其師于吉於曲江陽泉水上所得神書百七十卷，皆陰陽五行，而多巫覡雜語，時以爲妖，收藏之。然則未嘗不載入。在順帝時已有于吉，下隔建安，時已六十年事，其初已能著書，至孫策時，非已百歲乎？

問，應：如于吉附《襄楷傳》就不覺，而左慈、王喬等傳便入稗官野史一流。

其於任文公、上成公、郭憲等皆載，皆涉於怪妄，不可言史才。

若劉知幾所謂『論後又作贊，過爲繁瀆』，亦然。史之有贊亦出經傳，如《左傳》記事後稱『君子曰』『仲尼曰』，《公羊傳》『子公羊』『尸子曰』之類，《穀梁傳》『子家子曰』

〔二〕但君未悟耳　『悟』原作『誤』，據《三國志》卷四六《吴書·孫破虜討逆傳》裴松之注引《江表傳》改。

之類。

古人必有論列而後著爲成論，若每處必有論贊而勉强爲之，是爲蛇足。

自史公作史，每篇皆有『太史公曰』，已嫌繁。《後漢書》繼馬、班之後，添出一贊，既有論曰，又加贊，亦從班氏來。而班固之贊即《史記》之『太史公曰』，今於論後又以四言韵語繼之，謂之贊，未免過贅。床上安床，閣下架閣，得不厭其贅乎？劉知幾云：『每卷加論，其煩已甚。而嗣論以贊，爲瀆彌甚。亦猶文人製碑，義終而繼以銘曰；釋氏演法事盡，而宣以偈言。苟撰史若斯，難以議乎簡要者矣。』不知范氏當日滿意之書，極甚得意。觀其在獄中以其生平所作，并及《後漢書》，謂：『書中論列，各有深奥。《循吏傳》後議論激發，實天下之奇作也。』又云：『至贊語，蓋吾文之竭思，遂無一字虛設。此書若行，後世必有賞音者。其體大思精，自古以來，未之有此也。』不知一仍馬、班之舊。史公作《自序》，班固作《序傳》。史公作《五帝本紀贊》，一氣至末，皆有贊語，或有韵，或無韵。某紀第一，亦猶夫子序卦明先後。班固亦是，謂自高祖至孝平、王莽之誅。史公『作某紀第一』，班固改『述某紀第一』。今范氏不過於自序分見於各卷之後耳，謂爲『自古未有』，亦嫌過詡。然句斟字酌，亦是無一字虛設。

漢時無兩字爲名者，自王莽以後，作制禁不許人作二名，二名者皆要改正。又使人諷示匈奴改名，則與以厚賂。匈奴得其賂，因上表改名，使傳於後，亦以爲蠻夷率服也。自後東漢一代相沿，無二名。王莽之言最爲不典。《家禮》云：『二名不偏諱〔一〕。』夫子之母名『徵在』，言『在』不稱『徵』，言『徵』不稱『在』。周世多二名，何以不准人用二名？趙明誠作《金石録》，至有一碑多二字名者。明誠斥其爲非，乃後人所僞撰。漢無二字名者？有之。僅竇獻族子名不幸，梁商族子名元咎，僅得二人，其餘如《方術傳》之任文公、上成公、王和平，乃道號耳。

《三國志》

自《三國志》，巴西人陳壽作以來，後世傳之，與《史》《漢》并稱，謂之四史。本傳謂：『善叙事，有良史之才。』比於史遷。史遷之傳贊云：『自劉向、揚雄博極群書，皆謂史遷有良史之才，服其善叙事理，辨而不華，質而不俚。』贊史遷之文，今於陳壽亦謂然。

通核其書，天下之書籍甚備，裴松之注多於本文數倍，删繁舉要，自來史才之潔無以尚之。而其書每爲後人所議論者，第一件以魏爲正統，不帝蜀而帝魏，失史才之正。至後世東晋時，荆州刺史習鑿齒作一部《漢晋春秋》，自光武至晋懷、愍，謂魏氏三方鼎峙，以篡得

〔一〕二名不偏諱　按，此句應出自《禮記·曲禮》。

國，未及一統，何可以正統歸之？而蜀雖一隅，乃興代帝王之苗裔，中興之業比於光武。改以先主繼獻帝之終，於先主即位蜀中，改章武元年，以蜀爲正統。至後主之亡，接以世祖，以晋人繼之。繼漢不繼魏，堂堂正正。見於《習鑿齒傳》。臨終作一篇《帝蜀文》，上疏謂：『皇晋宜越魏繼漢，不應以魏後爲三恪。』後來至司馬温公作《通鑑》，不從習鑿齒，因於陳壽。陳壽之分平三國，以魏爲先。又宋朱子作《綱目》。《綱目》之作，一因《通鑑》，故其名曰《通鑑綱目》；一依《通鑑》，但舉其大綱節目。獨至於三國，書法不依温公。又以蜀漢爲正統，而魏、吴分屬於下。

問，應：三國，習鑿齒、朱子之説，有當人心之處。蓋皇皇大義，天日爲昭，百世不易者也。而《孟子》云：『誦其詩，讀其書，不知其人，可乎？是以論其世也。』故讀書考古，又要有論世之學，離去故見，置身題外，上察古人，然後知其有欲爲之而不得者。大凡立説，當觀其微。有不得不從者，時爲之也。故曰：『時爲大，順次之，宜次之，體次之。』爲時勢所屈，須知其微處。但於《三國志》之中細察其時，不抹煞西蜀之事，細察其用意，亦足以知用心矣。

陳壽字承祚，巴西安漢人也。少師事譙周，周最器之。時當少年，事於蜀，爲觀閣令。後主之末，宦人黄皓專弄威權，大臣皆曲意附之，惟陳壽氣節自存不屈。宦人黄皓由是屢譴黜之。及中年，蜀亦亡，入於晋，司空張華愛其才，薦爲著作郎。平時之爲書，有《三國志》六十五卷。夏侯湛時著《魏書》，見壽所作，便壞己書。張華喜之，謂壽曰：『當以《晉書》相付。』平生之作有《益都耆舊傳》十篇、《古國志》五十篇，今亡。《益都耆舊傳》雖已亡失，當見於各書所引用。晉元康七年卒，年六十五。由元康七年始，數至六十五年，後主之建興十一年也。武侯薨在建興十二年。下數至國亡，三十一年。

今觀其遺書，一片惻怛低徊故國舊君之書。其作《三國志》，以魏爲首。魏武至文帝，至明帝，至禪晉之日，皆稱帝紀，如《武帝本紀》《明帝本紀》等。後以蜀繼之，以吳繼之，曰《三國志》。在陳壽當日，未有以爲正統之言。『正統』二字，始於《漢書》。成帝無子，以哀帝爲嗣入繼正統，云奉正統者，不得復顧其私親，別求宗室以繼恭王。然則正統者，乃帝王相繼，講皇家嗣續。陳壽承古史之例，乃作武、文、明帝紀，而以魏爲首，皆稱爲本紀。自後論之，隱然以魏爲正統。

壽自國亡入晉，當時相重，薦以爲官，於晉終身未之有改，乃晉臣也。既爲晉臣，不得不尊晉。晉之天下受於魏，然則魏者，晉之祖宗。陳壽所事之君，所北面事之者也。若以魏爲僞，僞魏是僞晉也，如何行得？

至習鑿齒亦晉人，何以行得？習氏，東晉人也。晉失中原，五馬南渡，而後立國江左，竄身蠻夷，非復中原也。北人謂晉是島夷，如《春秋》於莒用夷禮。魏收作《魏書》，於南人皆謂之島夷。習氏爲東晉之人，不得不力争正統，議論各持。故元帝之立國，事體相承，一依先主之舊，遂謂帝王相繼。正統之説，以人非以地，帝王之後方爲正統。而《三國志》則以中國之土、中國人民望之，中天下而立定四海之民。又周公曰：『王者居中，風會之所紀，陰陽之所和，風雨之所會，餘皆分潤。』以地爲正，謂帝王之後改玉改步，不得爲正。以人爲正者，謂帝王相承，一日其子孫未亡，即天命未絶。二説相持不下。

司馬温公作《通鑑》，北宋之人，宋之天下得於周，周得於漢，漢得於梁，梁得於唐，唐得於隋，由隋上推，得於晋、魏，皆中原之地。居中原者，即正統也。五代之外，仍有十國，人皆可帝，特以梁篡於唐，繼以李克用之子存勗之唐。李克用，本賜姓李，而亦唐之後，故曰唐。劉裕之漢〔二〕，郭威之周，皆居中原，以中原爲正，四夷爲裔。温公之以地爲正，亦主周公制禮，辨方正位。温公之居北宋，亦猶陳壽之居西晋也。

朱子時與習氏同，當日元帝渡江，一沿劉先主之舊。南宋高宗居位臨安，在今日小朝廷，其實帝王之裔。帝王相承一日，其子孫未絶，即一日未亡。以習鑿之論，朱子亦非無意也。

問，應：正統當以蜀爲正，先主，中山靖王之後，亦猶光武之中興也。陳壽之以魏爲首，猶五代時不以梁、唐，是無統也。藝祖事周，無異魏朝。習氏、朱子明目張膽，陳壽有難言，温公依之，當知其不得已也。謂千秋百世以爲良史有由，以魏爲先，壓於時勢則然，

〔二〕劉裕之漢　五代時後漢爲劉知遠建，此處『劉裕』有誤。

而其心則一以蜀漢爲主。自曹氏傳司馬，操之開基，歷有年所，至文帝之篡，至司馬炎，得五十餘年。魏晋之始，至陳壽著書，時已百餘年，尚有何人知有吴、蜀？王尋作《魏書》〔二〕，虞翻作《魏春秋》，孔衍作《魏略》〔三〕，不復知有蜀、吴。至陳壽明目張膽創言三國，地醜德齊，開千古不敢開之口，即南史、董狐之直筆不過如是而已。且觀其書稱『先主』『後主』，不稱名，正所以見其尊蜀。蜀之妃匹，謂之『甘王后』『張王后』『敬哀王后』『穆王后』。吴稱『吴主權』『吴主亮』，又『吴主權夫人』『吴主亮夫人』。先主即位武擔山南，告天之文、圖讖之書皆盡載入，如光武即位告天一樣相同。

又曹丕之篡，觀裴松之注，群臣上表稱賀者不知凡幾，壽皆不載。至武帝載一篇九錫文，文帝載一篇禪位詔而已。

又《魏書》所有册立王后、册立王子、王侯，皆不載。至蜀，則甘王后、張王后、敬哀王后載其册，王子永與劉理有册，王子璿亦然。車騎將軍張益德、驃騎將軍馬超皆載其册。又册諸葛亮爲丞相，後因敗，自貶爲左將軍，復丞相册，而陳壽於其册封之詞一一載之，而吴人無，即魏亦然。

〔二〕王尋作魏書　據《三國志》卷一《魏書·武帝紀》裴松之注，『王尋』當爲『王沈』之誤。

〔三〕虞翻作魏春秋孔衍作魏略　按，此處有誤。據史料記載，孔衍作《漢魏春秋》，魚豢作《魏略》。

至若今謂《蜀志》以前有漢在，曰『王子』『漢末』，漢之名不改。楊戲之列傳，輔臣名曰『季漢輔臣』，既引其文，又手自加注。謂陳壽能以王者之上儀、帝册之事皆與之，而其以魏爲首，亦不得已者之所爲。如上所言，所謂『微而顯』者，應謂之『善叙事，有良史之才』。

《晋書·陳壽傳》謂『有良史之才』，而張華所重，杜預推薦爲御史。治書，以憂去職。至末付兩疑，令人不可解，即劉知幾亦不免焉。或曰：陳壽作《三國志》，丁儀、丁廙有盛名於魏，壽謂其子曰：『可覓千斛米見與，當爲尊公作佳傳。』丁不與，竟不爲立傳。又壽父爲馬謖參軍，謖爲諸葛所誅，壽父亦坐被髡。即馬謖兵敗街亭之事，亮子瞻又輕壽，因而以此怨亮，爲亮立傳，謂亮將略非長，無應敵之才；亮子瞻，惟工書法而已，名過其實。議者因以此少之。

《晋書》出於唐代，乃唐房玄齡所作。唐人好異説，其書多略實行而奬浮華，忽正典而取小説。《陳壽傳》末載『或曰』二段，已非正意。况丁儀、丁廙讒諂小人也，不爲作傳。查《三國志》中，文士如鄴中七子不立傳，所載者王粲、衛覬等。王粲以其興典禮，衛覬以其多識，非取其文。傳末文人皆載入，亦未嘗遺。即丁儀、丁廙，亦未嘗不見之。

又於旁傳見之，謂其直以才見異，而丁儀、丁廙、楊修爲之羽翼。又魏武久不立太子，而丁儀、丁廙爲羽翼。至若謂武侯之將略非其所長，松之引張儼《默記》已謂然。况陳壽

《上武侯集表》，不過爲抑揚之詞。當日蜀既亡，武侯之名重於宇宙。晉武帝考其文字，詔陳壽等輯進。壽輯《武侯集》二十四篇，如《兵要軍令》上中下，皆録成書上表，勢必歸美本朝。其詞曰：

臣壽等言：臣前在著作郎，侍中領中書監濟北侯臣荀勖，中書令關内侯臣和嶠奏，使臣定故蜀丞相諸葛亮故事。亮毗佐僞國〔一〕，負阻不賓，然猶存録其言，耻善有遺，誠是大晋光明至德，澤被無疆，自古以來，未之有倫也。輒删除複重，隨類相從，凡爲二十四篇，篇名如右。亮少有逸群之才，英伯之器〔三〕，身長八尺，容貌甚偉，時人異焉。遭漢末擾亂，隨叔父玄避難荆州，躬耕於野，不求聞達。時左將軍劉備以亮有殊量，乃三顧亮於草廬之中。亮深謂備雄姿傑出，遂解帶寫誠，厚相結納。及魏武帝南征荆州，劉琮舉州委質，而備失勢衆寡，無立錐之地。亮時年二十七，乃建奇策，身使孫權，求援吴會。權既宿服仰備，又睹亮奇雅，甚敬重之，即遣兵三萬人以助備。備既得用，與武帝交戰，大破其軍，乘勝克捷，江南悉平。後備又西取益州。益州既定，以亮爲軍師將軍。備稱尊號，拜亮爲丞相，録尚書事。及備殂没，嗣子幼弱，事無巨細，亮皆專

〔一〕亮毗佐僞國　『僞國』，《三國志》卷三五《蜀書·諸葛亮傳》作『危國』。

〔三〕英伯之器　『英伯』，《三國志》卷三五《蜀書·諸葛亮傳》作『英霸』。

之。於是外連東吴，内平南越，立法施度，整理戎旅，工械技巧，物究其極，科教嚴明，賞罰必信，無惡不懲，無善不顯。至於吏不容奸，人懷自厲，道不拾遺，强不侵弱，風化肅然也。當此之時，亮之素志，進欲龍驤虎視，包括四海；退欲跨陵邊疆，震蕩宇内。又自以爲無身之日，則未有能蹈涉中原，抗衡上國者，是以用兵不戢，屢耀其武。然亮才，於治戎爲長，奇謀爲短，理民之幹優於將略。而所與對敵，或值人傑，加衆寡不侔，攻守異體，故雖連年動衆，未能有克。昔蕭何薦韓信，管仲舉王子城父，皆忖己之長，未能兼有故也。亮之器能政理，抑亦管、蕭之亞匹也，而時之名將無城父、韓信，故使功業陵遲，大義不及邪！蓋天命有歸，不得以智力争也。青龍二年春，亮帥衆出武功，分兵屯田，爲久駐之基。其秋病卒，黎庶追思，以爲口實。至今梁、益之民，咨述亮者，言猶在耳，雖《甘棠》之詠召公，鄭人之歌子産，無以遠譬也。孟軻有云：『以逸道使民，雖勞不怨。以生道殺人，雖死不忿。』信矣！論者或怪亮文彩不艷，而過於丁寧周至。臣愚以爲，咎繇大賢也，周公聖人也，考之《尚書》，咎繇之謨略而雅，周公之誥煩而悉。何則？咎繇與舜、禹共談，周公與臣群下矢誓故也。亮所與言盡衆人凡士，故其文指不及得遠也。然其聲教遺言，皆經事綜物，公誠之心形於文墨，足以知其人之意理，而有補於當世。伏惟陛下邁縱古聖〔二〕，蕩然無忌，故雖敵國誹謗之言，咸肆其辭，而無所革諱，所以明大通之道也。謹録寫上詣著作。

按，謂『衆寡不侔』『攻守異體』，是也。謂『或值人傑』，則又所以推尊本朝。而『治戎爲長，奇謀爲短』，治戎與奇謀何分？故爲掩避之詞。其後乃抑揚其詞，謂其病卒，黎民追思，至比於《甘棠》云云。又謂其文彩比於咎繇、周公，何以謂其怨亮耶？

可知二説本取於雜記，乃稗官野史之言，又非其所重。觀其傳贊，極力揚詡，謂：『終於邦域之内，咸畏而愛之。刑政雖峻，而無怨者，以其用心平而勸戒明也。』觀其所言，正如汝潁奇士〔三〕，江漢英靈，此其所以獨出一時與？謂其與班、馬同列，宜哉。

陳承祚之作《三國志》，大段微意之所在，前已振揚七八。而其用意過當，開千秋百世回護之失，不能不歸咎承祚。自以身爲晋臣，雖非晋史，不得不爲回護。晋之篡魏，一如魏之篡漢，依樣葫蘆，前後如一轍。則欲爲晋回護其篡逆，不得不先爲魏回護。同是一事，紀載不得不同，書法亦不得不同。承祚當日雖明知耻過作非，回護奸逆，亦或勉强而行之，故魏本紀見曹操之篡漢，無異司馬氏之篡魏，安得不爲此？

〔二〕伏惟陛下邁縱古聖　『縱』，《三國志》卷三五《蜀書·諸葛亮傳》作『蹤』。

〔三〕正如汝潁奇士　『士』字原脱，據《史通》卷十《雜述》補。

曹孟德奸人，技量自以爲巧奪天工，而不值正人之一哂。襲王莽之迹，極奸詐之謀，於是篡器歸鼎，托爲唐虞之讓。而曾幾何時，政自上出，僅及二代，亦不過文帝丕一代六年、明帝叡一代十二年，共得十八年，歸於司馬氏。其後司馬師、司馬炎一踵曹操之故轍，所謂君以此始，必以此終。

書法自《後漢書》始正，否則至於昏無天日。如《魏紀》云：『天子以操領冀州牧。』而范氏云：『曹操自領冀州牧。』又云：『曹操廢三公而立丞相，自爲丞相。』《魏紀》謂：『漢帝廢三公，置丞相、御史大夫。六月，以公爲丞相。』又如建安十八年，曹操自命爲魏公，而《三國志》：『天子使御史大夫郗慮持節策命公爲魏公。』建安二十一年進爲魏王，皆謂天子。《後漢書》：『曹操自進號魏王。』曹丕自立爲天子一事，《三國志·魏紀》：『漢帝以衆望在魏，乃召群公卿士，使張音奉璽綬禪位。』即爲後張本。故後來自齊王芳以司馬懿爲丞相，亦照樣『天子以公爲丞相』。司馬師之進位相國，高貴鄉公以司馬昭進位魏王，衮冕赤舄，事從豐厚。又命晋王冕十有二旒，建晋室百官。又世子稱太子，王后不稱妃，稱王后。樂舞《八佾》，設鍾簴宫縣立宗廟，如漢家事。奉帝爲山陽公，奉帝爲陳留王，使預爲張本，使首尾一律乎？

自後屢朝篡逆相承，奉爲故事。自後如《宋書》《齊書》《梁書》《陳書》，北朝自魏而至齊、周、隋，皆篡逆相承。至於初唐與五代之史，皆是爲國家諱。謂修史之道則然，必如是乃成爲史。隔代隔數代，風馬牛不相及，亦謂之諱。陳壽之作，有所忌諱，情有可原。魏晋之事，不能行其直筆。魏爲晋所奪，魏晋之間，其事相同，牽連而及，故不能不先爲之張本。至唐所修之書，事隔數代，於《晋書》亦復如是，謂隋氏之季與唐初尚有交涉，與宋、齊、梁、陳何與？以南朝而論，事隔數百年；以北朝而論，亦歷四朝矣。事隔數代，真所謂無所裁矣。

至若如逼奪主權，有所妄干，即篡弒攘奪之漸，事猶未極，至極莫過於廢主，又莫過於弒奪。欲自行其威權，必先要廢主，更至弒君弒父，更裂冠毁冕之事，人皆切齒，正『亂臣賊子，人人得而誅之』者也，乃一一從而諱之。

如司馬昭之廢齊王芳，據《魏紀》，以太后之命，謂齊王芳『耽淫内寵，沈漫女色，日延優倡，縱其醜謔。策歸藩於齊，以避皇位』。謂太后令廢之。虞秦《魏略》謂〔二〕：『司馬昭之廢帝也，使郭芝入白太后〔三〕，帝方與太后對棋坐，芝謂帝曰：「大將軍欲廢陛下，立彭城王據。」帝乃起。太后不悦。芝曰：「大將軍意已成，又勒兵於外以備非常。當順旨。」太

〔二〕虞秦魏略謂　按，《魏略》爲魚豢所著，此處『虞秦』當是『魚豢』之誤。

〔三〕使郭芝入白太后　『郭』字原闕，據《三國志》卷四《魏書·三少帝紀》裴松之注引《魏略》補。

后曰：「我欲見大將軍。」芝曰：「大將軍何可見耶？當取璽綬。」太后乃取璽綬著坐側。』廢齊王芳，非太后之意。而《魏紀》乃謂太后之令[二]。

又如司馬昭之弑高貴鄉公曹髦，據習鑿齒《漢晋春秋》，帝以威權日去，不勝其忿，乃召侍中王沈、尚書王經、散騎常侍王業，謂曰：『司馬昭之心，路人所知也。吾不能坐受廢辱，今日當與卿自出討之。』王經止之，謂：『恐禍不測。』帝乃出懷中版令，投地曰：『行之决矣。即使死，無所懼。况不必死耶！』乃升輦出，軍猶不敢動。護軍賈充曰：『大將軍畜養汝等，正爲今日耳。』於是成濟直以刃刺帝，刃出於背。然則弑帝，明明司馬昭之手，正人人所知。然昭特蔽面不出，猶曰：『弑君之罪，天下其謂我何！』

《魏紀》不載其事，乃謂太后欲廢爲庶人耳。於是書法『高貴鄉公卒，年二十』，若良死者然。

又爲司馬昭諱，謂：『公發兵向，臣猶懼。兵刃相接，敕衆不敢動，違命以軍法從事。成濟以兵傷公，至於隕命。輒收濟，行軍法。』又謂：『委身守死，惟命所從。』據所言，弑君之事，司馬昭不知，後反有討賊之功。趙盾弑君，尚謂『反不討賊』，今司馬昭之上言，乃是掩耳盜鈴之事耳，而高貴鄉公曹髦謂『司馬昭之心，人皆知之也』。

〔二〕而魏紀乃謂太后之令　『紀』字原闕，據前文補。

如此則罣誤後人，以亂臣賊子誣致其君父之罪，謂太后之命，『當以此兒爲庶人，以庶人禮葬』。若無他書以證之，不幾以亂臣賊子之事皆可解免乎？《孟子》云：『世衰道微，邪説暴行又作。』弑父與君，亂賊之事，正所謂『暴行』也。而既講『暴行』，又必兼言『邪説』者，蓋翼奸長篡，誣其君父，謂爲可廢。如以太后之命，謂爲可廢，以減免賊亂之罪，而罣誤後人，謂之『邪説』。

如曹芳、曹髦之事冤枉已甚，乃謂太后之令，而作史者且爲之表揚其説則如此。孔子作《春秋》而亂臣賊子懼。今如此書，後人效之而無所忌憚，豈不是反令亂賊喜乎？

司馬昭即晉武帝之父，不敢言，何以隔代之事，又諱莫如深？如曹操之廢伏后，謂：『皇后伏氏坐昔與父故屯騎校尉完書曰：「帝以董承被誅，怨恨公。」辭甚醜惡，發聞，后廢黜死，兄弟皆伏法。』如此書，若并非曹操所逼廢者。然并華歆之傳亦不載。如無他書，如《魏書》《魏略》以證之，何以得其實？更失之大者也。獻帝云：『曹操逼殺伏皇后及其二子。』

當日，后父完爲校尉，後爲操所殺，夷三族。又因與父完書之事泄，公遣華歆勒兵入宫收后，后閉户匿壁中。歆壞户，發壁牽后出。帝時與御史大夫郗慮坐，后披髮徒跣過，執帝手曰：『不能復相活耶？』帝曰：『我亦不知命在何時。』顧謂慮曰：『郗公，天下寧有如是耶？』遂將后付於别室。后幽崩一概不講，即《華歆傳》亦不載。

所以代代相沿，於其篡位，帝所遜讓再三，固辭，不得已而就位，奉爲某王，後不旋踵而弑之。而魏晋兩代，但廢爲零陵王囚便了[一]，初未有弑之者。如漢山陽公、魏陳留王，故主之誼尚未忘，於其死猶謚曰漢獻皇帝，曰魏元皇帝。漢魏雖篡奪，而當日如山陽公、陳留王尚以壽終。自殺其故主，戕戮宗室，自劉裕始，自後無解免者。更有不可爲訓者，如獻帝之末，董承、耿紀、韋晃、伏完欲誅曹操，史魚之直如是，壽直謂之『反』。如『董承受帝衣帶之詔，與左將軍劉備謀反，至下邳舉兵，屯於沛。遣劉岱、王忠擊之，不克』。又『少府耿紀、司直韋晃反，燒丞相長史王必營。與潁川典農、中郎將嚴匡斬之，夷其族』。欲誅曹者，皆謂之『反』。

如毌丘儉、文欽、王淩、諸葛誕等，皆謂之起兵作亂。王淩亦謂之反[二]。夏侯玄、李豐皆謂之謀變[三]。所以前後所書忠於王室，皆以反逆書之。既不敢直詞，應婉其詞，不使忠臣義士含冤於地下乎？當應謂『貳於執政』『與大將軍有違言』。討賊之臣，到轉以畔逆書乎？

[一] 但廢爲零陵王囚便了 『零』原作『靈』，據《宋書》卷三《武帝本紀下》、《晉書》卷一〇《恭帝紀》改。此句叙述當有誤。

[二] 王淩亦謂之反 『王淩』原作『王陵』，據《三國志》卷二八及前文改。後同。

[三] 夏侯玄李豐皆謂之謀變 『夏侯玄』『李豐』原作『夏侯袁』『李封』，據《三國志》卷九《魏書·夏侯尚傳》改。

嗣後奉爲玉律金科永不改，更昏無天日。

故劉知幾《史通》激昂言之，《曲筆》一篇：『蓋霜雪交下，始見貞松之操。國家喪亂，方驗忠臣之節。若漢末之董承、耿紀，晋初之諸葛、毌丘。齊興則有劉秉、袁粲，周滅則有王謙、尉迥〔二〕。皆破家殉國，視死如生。諸史皆書之曰逆，將何以激揚名教，以勸事君者乎？古之書事也，令亂臣賊子懼。今之書事也，使忠臣義士羞。若使南、董有靈，必切齒於九原之下矣。』宜乎有此激發。

《魏志》：『揚州刺史毌丘儉、前將軍文欽〔三〕，與儉矯太后詔，罪狀大將軍景王，舉兵反。』『諸葛誕屢見棄滅，懼不自安，遂反。』此忠義之士，而謂之『反』耶？

王淩之節，亦謂之『反』。淩到項見賈逵廟，曰賈梁道死而有知。王淩固大魏之忠臣也。自陳壽之作《三國志》，皆謂之『反』。與劉秉、袁粲皆忠於宋室同是一轍。沈約《宋書》作《袁粲傳》，疑之，問於梁武帝，帝曰：『袁粲自是宋室忠臣。』開後世之漸，不能不以作俑罪之。

〔二〕周滅則有王謙尉迥　『王謙』『尉迥』原作『王嗛』『尉迴』，據《史通》卷七《曲筆》改。

〔三〕揚州刺史毌丘儉前將軍文欽　據《三國志》卷二八《魏書·毌丘儉傳》，此處『毌丘儉』當爲衍字。

其中亦有微文見意之處，如袁涣、田疇、邴原、管寧同一傳，謂袁涣諸人比於前朝，有貢禹、兩龔之烈。兩龔不仕於王莽，遂至於不食而死。其意非暗指魏武帝即王莽乎？

又鍾繇、華歆、王朗同傳，謂：『歆等皆前朝名臣，帝深敬重，每退，謂左右曰：「此三公者，固一代之偉人也。」』當時鍾繇爲太傅，華歆爲司徒，王朗爲司空，於『前代名臣』四字顯然是《春秋》之筆。《春秋》有五美，微而顯，志而晦，婉而成章。

因每存迴護，故紀事不實，如魏文帝甄后之卒。文帝納后於鄴，有寵，生明帝。後郭皇后、李、陰貴人并愛幸，后愈失意，有怨言，帝怒，遣使賜死。而其死也，不獲大斂，被髮覆面，以糟塞口，不以禮葬。據《漢晋春秋》，甄后之死以郭后之寵，及殯，令被髮覆面，以糟塞口，遂立郭后，令郭后母養明帝。既長，懷忿數泣，問甄后死狀，郭后曰：『先帝自殺，何以責問我？且汝爲人子，可追讐死父，爲前母枉殺後母乎？』明帝怒，遂殺之於許昌，謂之逼殺。及其葬也，一如甄后。宫闈之實事，今不言，如尋常『夫人甄后卒』，紀事不得其實。

又如蜀事，謂『不置史，注記無官，是以行事多遺，灾異靡書。諸葛亮雖達於爲政，凡此之類，猶有未周焉』。妄也。屢見於史，如先主之南伐，先主未行，謂『先主軍秭歸，於猇亭駐營，黄氣見自秭歸十餘里，廣數十丈』，無史官載記，何以知有黄氣？《後主紀》注云：『江陽有鳥，從江南飛渡江北，不能達，墮水死者以千數。』又景耀元年有景星見，遂改元焉。有史官之奏，然後改元，何以云不立史官？又孫資與劉放在中書，讒諫小人耳，魏明帝景初二年，資、放二人力勸明帝詔司馬以綱維王室，帝即以黄紙授放作詔命爲托命，遂成篡奪之事。一言覆國，咎有難辭。始勸帝以詔召司馬懿，後又矯帝詔，以貳心於司馬氏。後司馬氏之謀奪，實自此二人始。今不載，失其實矣。

至《魏書》作《方伎傳》，如華佗之醫、管輅之卜、朱建平之相，仿於古人，亦無怪異之言，愈於《後漢書》。

至若刊除當時之繁言雜説，辨僞得真，不爲無功。體裁峻潔，後代之史鮮能及之。得裴松之注，於陳氏迴護曹操與司馬氏，一一注之，明正其罪，於《三國志》不爲無功。但許多繁文不載，亦陳壽所以刊，無關史裁。陳氏非不知，而一齊刊落。今裴松之注，比於原文多五倍，其旁搜雜引，於《魏略》《漢魏春秋》等繁詞亦多。

其論列上亦有深意，當細味而知之。如華歆、王朗，謂之『前代名臣』；於管寧，比於貢禹、兩龔。好學深思之士見微知著，得其意焉可也。至謂後主之世，謂『經載十二而年名不易，軍旅屢興而赦不妄下』，松之彈之，謂：『「赦不妄下」，誠爲可稱。至於「年名不易」，猶所未達。按建武、建安之號久而不改，未聞前史以爲美談。「經載十二」，蓋何足云？大約不知其意。』

大凡權臣秉政，帝制托言禪讓，必有所改元易號之事。白帝城托孤於諸葛，云：『嗣子可輔則輔之，如其不才，君可自取。』倘諸葛亮當日有此遺命，出於操、懿，必有籍之以篡奪者。

至古來名臣無論，不能正身率屬，固爲嗣子所窺。如梁冀之流，至功高震主。霍光參乘，宣帝以爲芒刺。周亞夫之爲相，景帝以爲泱泱非少主臣。及到其卒時，必將用人行政皆反逆前時所爲，并年號俱革。今諸葛之爲政，貞誠上達朝廷，忠義孚於衆志，故後來身没之後，後主及在朝之諸臣，如蔣琬、董允、費禕之輩，皆守其法，未有更移。『建興十二年，亮卒。』建興原十五年，云十二者，正見諸葛當日之事君貞忠炳日，無有覬覦。後主本一愚君耳，而信任至於如此。即此一事，可見後主用人之誠，諸葛事君之忠。經年十二而名不易，正爲此也。

以《後漢書》交接於三國之事，《三國志》簡而潔，《後漢書》詳而贍。《後漢書》多補入裴松之之説，而其串合具有史裁。

問，應：史家之例以嚴潔爲正，陳壽得之，故《班固傳贊》謂『遷文直而事核，固文贍而事詳』。後人以《三國志》與《史記》、前後《漢書》稱爲四史，可知文章之美等於馬班，其史裁亦復至備。

劉子政云：『亂國無紀，法亦鴟張。』昨云：『《三國志》於魏氏多背謬事，殊爲可笑。』如古帝王之興必有所自出之帝，今曹氏前後有國五十餘年，凡三易其祖，真千古所未有。其初《曹騰碑》謂曹氏出於賢帝，故來王沈作《魏書》，謂：『曹氏，蓋賢帝之後。當高陽世，陸終之子曰安〔二〕，是謂曹姓。周武王克殷，存先世之後，封曹俠於邾，爲附庸。』蓋出於《國語》。

後曹孟德作《家傳》〔三〕，曹騰子嵩，騰於桓帝時爲中常侍，無子，以嵩爲養子，今據曹嵩不知所自出。後曹操作《家傳》，又謂『曹叔振鐸，文之昭也』，又以曹爲祖。陳思王植作《魏武帝誄》，曰：『於穆武帝，孕姬育周。』然則又姬姓。及至明帝之世，高堂隆上書《大禮記圜丘》，謂：『曹氏系出有虞。』曹出於大舜之後，當以舜爲始祖。『今祀圜丘，配以帝舜。曰皇皇帝天，方丘所祭。曰皇皇后地，以舜妃伊氏配。天郊所祭曰皇天之神，以太祖武帝配。地郊所祭曰皇地之祇，以武后配。宗祀文王於明堂。』後來到陳留王遜位於司馬氏，其詔云『昔我皇祖虞帝』，又以虞爲祖。五十餘年，三易其祖，豈不令千古可笑耶？更有奇者，魏明帝青龍二年，高堂隆等上言即明帝之時，謂：『武帝撥亂反正，爲魏太祖，樂用《武始》之舞。文帝應天受命，爲魏高祖，樂用

〔二〕陸終之子曰安　『陸終』原作『陸佟』，據《三國志》卷一《魏書·武帝紀》裴松之注引王沈《魏書》改。

〔三〕後曹孟德作家傳　此句與後文『後曹操作家傳』意同，根據前後文意，似爲衍句。

《咸熙》之舞。陛下制作興治，爲烈祖，樂用《章武》之舞。』三人俱定於禮。祖有功，宗有德，文帝已無功可言，而天子七廟，三昭三穆，與太祖之廟而七。周人以文武開國，設立世室，應在不祧，謂之文世室、武世室，故有九廟。於禮又云：『祖有功而宗有德。』遂有祖契而宗湯，祖文王而宗武王之言。

當時明帝叡尚生，何以比於立廟？固不典。魏之開國，功在於操。文帝之篡，已無功可紀矣。况明但繼體守成，何以謂『烈祖』？令千古爲之可笑，不通之尤者也。

附録 《五百石洞天揮麈》一則

邱煒萲輯著

粵東近五十年，學派約分朱、陳爲二大支。蓋賁隅陳蘭浦孝廉[一]澧、南海朱子襄明府次琦也。朱、陳均有人爲之生前表章，得旨賞給卿銜，故亦稱京卿。陳講考據詞章，上接儀徵阮芸臺文達公學海堂之傳，後之搢紳子弟多出其門。南皮張香濤尚書之洞尤爲嚮往，前督粵時，至書已名作私淑弟子以拜其墓。又開廣雅書局於羊城，以刻陳氏遺

〔一〕蓋賁隅陳蘭浦孝廉　清光緒二十五年廣東刻本《五百石洞天揮麈》『賁隅』作『番隅』，『孝廉』作『廣文』。

書，故人亦稱是爲陳氏書局。稽古之榮，近世罕比。朱談經濟名理，旁及天算數學，隱居教授，不入城市。家在九江鄉，學者咸稱九江先生。兩派徒侶各尊所聞，并著時望。

朱子襄先生《讀史六首》云：『破碎群雄六駕回，甲兵土木總爲灾。可憐一炬咸陽火，不及詩書有刧灰。』『廿載深裁車服費，百金終缺露臺工。君王自惜中人産，獨有銅山賜鄧通。』『長門宮怨久煩紆，禍起泉鳩慘重誅。聞道至尊慕黄帝，不妨脱屣視妻孥。』『故劍關情竟亦忘，拚留一眚玷朝綱。宋宏儻道無心語，聞否糟糠不下堂。』『背芒驂乘久滋疑，厚毒殲旃實隱私。堪嘆分封頻晋秩，受恩即是受夷時。』『氣盡漳江七十墳，分香買履復何云〔二〕。堂堂白帝傳遺詔，天下英雄獨使君。』愚聞粤人言，先生平日無學不窺，經史百家皆有注解贊義，尤工駢散文及魯公書法〔三〕，苟非其人，不苟下筆。臨終，悉舉遺著付諸烈炬。其意殆不欲以《文苑傳》中傳也。作令有能稱，引疾，後以講學化其里人。表揚義烈，崇尚風節，巍然爲嶺外儒者之宗。殁則祭於社，今九江鄉有朱先生祠。三十歲前亦好爲詩，意識超邁，不愧作者。羊城學海堂選刻其稿，爲《是汝師齋詩録》，間多遺漏。其門人鈔存者，别有《大雅堂集》若干卷，未刻。又

〔二〕分香買履復何云　清光緒二十五年廣東刻本《五百石洞天揮麈》『買』作『賣』。

〔三〕尤工駢散文及魯公書法　清光緒二十五年廣東刻本《五百石洞天揮麈》『魯公』作『晋唐』。

《兩漢書三國志講義》，亦爲門人所筆記，而佛山人譚丙軒太守彪藏得之。丙軒嘗許交愚校刊行世。

參考書目

古籍

（先秦）《周易》，清武英殿仿宋刻本。
（春秋）左丘明撰，（西晋）杜預注，（唐）陸德明音義：《春秋經傳集解》，清武英殿仿宋刻本。
（漢）司馬遷：《史記》，北京：中華書局，二〇一三年。
（漢）劉向撰，向宗魯校證：《説苑校證》，北京：中華書局，一九八七年。
（漢）班固撰，（唐）顏師古注：《漢書》，北京：中華書局，一九六二年。
（漢）王充著，北京大學歷史系《論衡》注釋小組注釋：《論衡注釋》，北京：中華書局，一九七九年。
（漢）何休：《春秋公羊經傳解詁》，《中華再造善本》影印宋淳熙撫州公使庫刻、紹熙四年重修本，北京：北京圖書館出版社，二〇〇三年。
（魏）劉劭、王象撰，（清）孫馮翼輯：《皇覽》，清嘉慶刻本。
（魏）何晏集解，（唐）陸德明音義，（宋）邢昺疏：《宋蜀刻本論語注疏》，桂林：廣西師範大學出版社，二〇一九年。
（西晉）陳壽撰，（南朝宋）裴松之注：《三國志》，北京：中華書局，一九五九年。
（南朝宋）范曄撰，（唐）李賢等注：《後漢書》，北京：中華書局，一九六五年。
（南朝宋）劉義慶撰，徐震堮校箋：《世説新語校箋》，北京：中華書局，一九八四年。
（南朝梁）沈約：《宋書》，北京：中華書局，一九七四年。
（南朝梁）沈約訂注、（明）范欽訂：《竹書紀年》，明四明范氏天一閣刻本。
（南朝梁）皇侃撰，高尚榘校點：《論語義疏》，北京：中華書局，二〇一三年。
（南朝梁）蕭統編，（唐）李善等注：《六臣注文選》，北京：中華書局，一九八七年。
（南朝梁）蕭子顯：《南齊書》，北京：中華書局，一九七二年。
（南朝梁）蕭子顯撰，王鑫義、張欣主持校注：《南齊書》，北京：中國社會科學出版社，二〇一〇年。
（南朝梁）蕭繹：《金樓子》，影印《知不足齋叢書》本，北京：中華書局，一九九九年。

（北齊）魏收：《魏書》，北京：中華書局，一九七四年。
（北齊）顏之推撰，王利器集解：《顏氏家訓集解》，上海：上海古籍出版社，一九八〇年。
（唐）姚思廉：《梁書》，北京：中華書局，二〇二〇年。
（唐）姚思廉：《陳書》，北京：中華書局，二〇二一年。
（唐）魏徵等：《隋書》，北京：中華書局，一九七三年。
（唐）房玄齡等：《晋書》，北京：中華書局，一九七四年。
（唐）令狐德棻等：《周書》，北京：中華書局，一九七一年。
（唐）李延壽：《北史》，北京：中華書局，一九七四年。
（唐）李延壽：《南史》，北京：中華書局，一九七五年。
（唐）唐玄宗注，（宋）邢昺疏：《孝經注疏》，《中華再造善本》影印元泰定三年刻本，北京：北京圖書館出版社，二〇〇四年。
（唐）張説：《張燕公集》，清武英殿聚珍版書本。
（唐）陸德明：《經典釋文》，上海：上海古籍出版社，一九八五年。
（唐）韓愈：《昌黎先生文集》，北京：北京圖書館出版社，二〇〇六年。
（唐）柳宗元：《柳宗元集》，北京：中華書局，一九七九年。

（後晉）劉昫等：《舊唐書》，北京：中華書局，一九七五年。
（宋）王欽若等撰，周勛初等校訂：《册府元龜》，南京：鳳凰出版社，二〇〇六年。
（宋）歐陽修、宋祁：《新唐書》，北京：中華書局，一九七五年。
（宋）歐陽修：《新五代史》，北京：中華書局，一九七四年。
（宋）歐陽修：《歐陽文忠公集》，《四部叢刊》景元刻本，上海：商務印書館，一九一九年。
（宋）蘇軾：《東坡書傳》，北京：中華書局，一九九一年。
（宋）蘇轍撰，曾棗莊、馬德富校點：《欒城集》，上海：上海古籍出版社，二〇〇九年。
（宋）蔡襄：《宋端明殿學士蔡忠惠公文集》，清雍正十二年刻本。
（宋）司馬光編著，（元）胡三省音注：《資治通鑑》，北京：中華書局，一九五六年。
（宋）文瑩撰，鄭世剛、楊立揚點校：《玉壺清話》，北京：中華書局，一九八四年。
（宋）蔡絛撰，馮惠民、沈錫麟點校：《鐵圍山叢談》，北京：中華書局，一九八三年。
（宋）李綱：《梁谿集》，《景印文淵閣四庫全書》第一一二六册，臺北：臺灣商務印書館，一九八六年。
（宋）王闢之撰，吕友仁點校：《澠水燕談録》，北京：中華書局，一九八一年。

（宋）李燾撰，上海師範大學古籍整理研究所、華東師範大學古籍整理研究所點校：《續資治通鑑長編》，北京：中華書局，二〇〇四年。
（宋）王稱：《東都事略》，《景印文淵閣四庫全書》第三八二册，臺北：臺灣商務印書館，一九八六年。
（宋）葉夢得撰，徐時儀整理：《巖下放言》，《全宋筆記》第二編（九），鄭州：大象出版社，二〇〇六年。
（宋）游酢：《游廌山集》，影印《文津閣四庫全書》第三七四册，北京：商務印書館，二〇〇五年。
（宋）朱熹撰，朱傑人、嚴佐之、劉永翔主編：《朱子全書》，上海：上海古籍出版社、合肥：安徽教育出版社，二〇〇二年。
（宋）朱熹：《晦庵先生朱文公文集》，《中華再造善本》影印宋咸淳元年建安書院刻、元明遞修本，北京：北京圖書館出版社，二〇〇六年。
（宋）朱熹編：《延平答問》，影印《文津閣四庫全書》第二三二册，北京：商務印書館，二〇〇五年。
（宋）龔昱：《樂庵語録》，《景印文淵閣四庫全書》第八四九册，臺北：臺灣商務印書館，一九八六年。

（宋）黎靖德編，王星賢點校：《朱子語類》，北京：中華書局，一九八六年。
（宋）陳思：《書苑菁華》，北京：北京圖書館出版社，二〇〇三年。
（宋）馮椅：《厚齋易學》，影印《文津閣四庫全書》第四册，北京：商務印書館，二〇〇五年。
（宋）黄㽦：《山谷先生年譜》，《適園叢書》本。
（宋）曾宏父：《石刻鋪敘》，影印《文津閣四庫全書》第二二七册，北京：商務印書館，二〇〇五年。
（宋）謝維新：《古今合璧事類備要》，《景印文淵閣四庫全書》第九三九册，臺北：臺灣商務印書館，一九八六年。
（宋）羅大經撰，王瑞來點校：《鶴林玉露》，北京：中華書局，一九八三年。
（宋）梅應發、劉錫等：《（開慶）四明續志》，《宋元方誌叢刊》本，北京：中華書局，一九九〇年。
（元）馬端臨：《文獻通考》，清乾隆武英殿刻本。
（元）王應麟：《玉海》，揚州：廣陵書社，二〇〇三年。
（元）王應麟：《困學紀聞》，清嘉慶十一年江寧藩署刻本。
（元）邱葵著，黄世泰校釋：《釣磯詩集校釋》，臺北：臺灣古籍出版有限公司，二〇〇三年。
（元）陳桱：《通鑑續編》，《域外漢籍珍本文庫》第五輯·史部第一七册，重慶：西南師範大學出版社、北京：人民出版社，二〇一五年。
（元）黄仲元：《四如集》，《景印文淵閣四庫全書》第一一八八册，臺北：臺灣商務印書館，一九八六年。
（元）汪克寬：《春秋胡傳附録纂疏》，影印《文津閣四庫全書》第五六册，北京：商務印書館，二〇〇五年。
（元）脱脱等：《宋史》，北京：中華書局，一九七七年。
（元）脱脱等：《遼史》，北京：中華書局，一九七四年。
（明）胡廣等編：《四書大全》，影印《文津閣四庫全書》第四七册，北京：商務印書館，二〇〇五年。
（明）宋濂等：《元史》，北京：中華書局，一九七六年。
（明）宋濂：《宋學士文集》，清同治、光緒間刻本。
（明）黄景昉：《國史唯疑》，《續修四庫全書》第四三二册，上海：上海古籍出版社，二〇〇二年。
（明）彭大翼：《山堂肆考》，影印《文津閣四庫全書》第三二四册，北京：商務印書館，二〇〇五年。
（明）徐象梅：《兩浙名賢録》，《四庫全書存目叢書》史部第一一三册，濟南：齊魯書社，一九九六年。
（明）何喬新：《椒邱文集》，《景印文淵閣四庫全書》第一二四九册，臺北：臺灣商務印書館，一九八六年。
（明）晁瑮：《晁氏寶文堂書目》，上海：上海古籍出版社，二〇〇五年。
（明）陳第：《世善堂藏書目録》，《續修四庫全書》第九一九册，上海：上海古籍出版社，二〇〇二年。
（明）柯維騏：《宋史新編》，《續修四庫全書》第三〇八—三一一册，上海：上海古籍出版社，二〇〇二年。
（明）梅鼎祚輯：《南齊文紀》，《原國立北平圖書館甲庫善本叢書》第九四四册，北京：國家圖書館出版社，二〇一三年。
（明）李贄：《焚書》，北京：中華書局，一九七五年。
（明）王世德：《崇禎遺録》，《四庫禁毁書叢刊》史部第七二册，北京：北京出版社，二〇〇〇年。
（清）黄宗羲原著，（清）全祖望補修，陳金生、梁運華點校：《宋元學案》，北京：中華書局，一九八六年。
（清）顧炎武：《日知録》，清康熙三十四年遂初堂刻本。
（清）王士禛：《居易録》，《景印文淵閣四庫全書》第八六九册，臺北：臺灣商務印書館，一九八六年。
（清）董誥等編：《全唐文》，北京：中華書局，一九八三年。
（清）傅維鱗：《明書》，北京：中華書局，一九八五年。
（清）顧夢麟：《四書説約》，《四庫未收書輯刊》第五輯第三册，北京：北京出版社，二〇〇〇年。
（清）張廷玉等：《明史》，北京：國家圖書館出版社，二〇一四年。
（清）黄虞稷撰，瞿鳳起、潘景鄭整理：《千頃堂書目》，上海：上海古籍出版社，二〇〇一年。
（清）江藩纂，漆永祥箋釋：《漢學師承記箋釋》，上海：上海古籍出版社，二〇〇六年。
（清）梁章鉅：《退庵隨筆》，清同治十一年刻本。
（清）林滋秀著，周瑞光整理：《遲園挹翠》，福州：海峽文藝出版社，二〇一一年。
（清）倪濤：《六藝之一録》，《四庫提要著録叢書》子部第一五一—一五九册，北京：

北京出版社，二〇一一年。
（清）錢大昕：《潛研堂文集》，清嘉慶十一年刻本。
（清）錢大昕著，方詩銘、周殿傑校點：《廿二史考異》，上海：上海古籍出版社，二〇〇四年。
（清）錢大昕著，楊勇軍整理：《十駕齋養新録》，上海：上海書店出版社，二〇一一年。
（清）阮元校刻：《十三經注疏》，北京：中華書局，一九八〇年。
（清）孫岳頒等：《佩文齋書畫譜》，《四庫提要著録叢書》子部第二三—二六册，北京：北京出版社，二〇一一年。
（清）萬斯大：《學禮質疑》，影印《文津閣四庫全書》第四四册，北京：商務印書館，二〇〇五年。
（清）永瑢等：《四庫全書總目》，北京：中華書局，一九六五年。
（清）于敏中等：《天禄琳琅書目》，北京：中華書局，一九九五年。
（清）趙翼著，王樹民校證：《廿二史劄記校證》，北京：中華書局，二〇一三年。
（清）章學誠撰，葉長青注，張京華點校：《文史通義注》，上海：華東師範大學出版社，二〇一二年。

（清）王懋竑：《朱子年譜》，《四庫提要著録叢書》史部第五三册，北京：北京出版社，二〇〇一年。

（清）朱次琦編：《朱氏傳芳集》，《廣州大典》第五〇五册，廣州：廣州出版社，二〇一五年。

（清）朱次琦：《是汝師齋遺詩》，學海堂叢刻本。

（清）朱次琦：《朱次琦先生墨迹》，《清代稿鈔本》第七編第三〇三册，廣州：廣東人民出版社，二〇一五年。

（清）朱次琦：《朱次琦殿試文》，暨南大學圖書館藏影印本。

（清）朱次琦：《朱九江手迹》，《清代稿鈔本》第五編第二〇一册，廣州：廣東人民出版社，二〇一三年。

（清）朱次琦撰，李辰點校：《朱次琦集》，上海：上海古籍出版社，二〇二〇年。

（清）朱次琦撰，簡朝亮編，張啟煌注：《朱九江先生集注》，一九四一年刊本。

（清）朱次琦等修，（清）馮栻宗等纂：《九江儒林鄉志》，清光緒九年粵東省城學院前翰元樓刻本。

（清）朱次琦撰，（清）邱煒萲校：《朱九江先生論史口説》，《廣州大典》第三五四册，廣州：廣州出版社，二〇一五年。

（清）朱次琦述，劉熽芬校：《朱子襄先生講義》，《廣州大典》第三五七册，廣州：廣州出版社，二〇一五年。

（清）朱彝尊：《曝書亭集》，清康熙間刻本。

（清）朱宗琦、朱次琦等：《南海九江朱氏家譜》，清同治間刻本。

（清）嵇璜：《清朝通志》，清光绪八年刻本。

（清）丁立中編：《八千卷樓書目》，北京：國家圖書館出版社，二〇〇九年。

（清）朱次琦：《朱九江先生集》，《續修四庫全書》第一五三五册，上海：上海古籍出版社，二〇〇二年。

簡朝亮編：《朱九江先生講學記》，《廣州大典》第三五七册，廣州：廣州出版社，二〇一五年。

劉錦藻：《清朝續文獻通考》，杭州：浙江古籍出版社，二〇〇〇年。

閔爾昌編：《碑傳集補》，臺北：文海出版社，一九七三年。

徐世昌等編纂：《清儒學案》，北京：中華書局，二〇〇八年。

趙爾巽等：《清史稿》，北京：中華書局，一九七七年。

近人著作

蔡顯良：《廣東歷代書家研究叢書·康有爲》，廣州：嶺南美術出版社，二〇一二年。
陳力：《中國古代圖書史——以圖書爲中心的中國古代文化史》，北京：社會科學文獻出版社，二〇一七年。
陳永正：《嶺南書法史》，廣州：廣東人民出版社，一九九四年。
鄧苑莛：《朱九江評傳》，廣州：廣東人民出版社，二〇二二年。
鄧實、黄節主編：《國粹學報》第二册，揚州：廣陵書社，二〇〇六年。
馮天瑜、黄長義：《晚清經世實學》，上海：上海社會科學院出版社，二〇〇二年。
顧宏義：《宋初政治研究——以皇位授受爲中心》，上海：華東師範大學出版社，二〇一〇年。
關殊鈔、余敏佳等編：《朱九江先生行誼輯述》，香港：旅港南海九江商會，一九七六年。
廣東省南海市政協文史和學習委員會編：《南海文史資料》第二七輯《紀念朱九江先生誕辰一百八十九周年特輯》，一九九五年。
黄節：《蒹葭樓自定詩稿原本》，廣州：廣東人民出版社，一九九八年。

黄尊生：《嶺南民性與嶺南文化》，廣州：民族文化出版社，一九四一年。
蔣志華：《晚清醇儒——朱次琦》，廣州：廣東人民出版社，二〇〇七年。
金毓黻：《中國史學史》，北京：商務印書館，二〇一七年。
康有爲撰，樓宇烈整理：《康南海自編年譜》，北京：中華書局，一九九二年。
康有爲撰，姜義華、張榮華編校：《康有爲全集》（增訂本）第一集，北京：中國人民大學出版社，二〇二〇年。
梁啓超撰，朱維錚導讀：《清代學術概論》，上海：上海古籍出版社，二〇一一年。
梁啓超著，夏曉虹、陸胤校：《中國近三百年學術史》（新校本），北京：商務印書館，二〇一一年。
梁啓超：《南海康先生傳》，《飲冰室合集》第一册，北京：中華書局，一九八九年。
劉節：《中國史學史稿》，鄭州：中州書畫社，一九八二年。
錢穆：《中國近三百年學術史》，北京：商務印書館，二〇〇五年。
錢穆：《中國學術思想史論叢》（八），北京：生活·讀書·新知三聯書店，二〇〇九年。
桑兵：《晚清民國的國學研究》，上海：上海古籍出版社，二〇〇一年。
桑兵、關曉紅主編：《先因後創與不破不立：近代中國學術流派研究》，北京：生活·

讀書·新知三聯書店，二〇〇七年。
史小軍、羅志歡主編：《暨南大學圖書館藏珍貴古籍圖録》，北京：國家圖書館出版社，二〇一八年。
史小軍、羅志歡主編：《中國古籍珍本叢刊·暨南大學圖書館卷》第三四册，北京：國家圖書館出版社，二〇一八年。
尾崎康著，喬秀岩、王鏗編譯：《正史宋元版之研究》，北京：中華書局，二〇一八年。
蕭萐父主編：《熊十力全集》第二卷，武漢：湖北教育出版社，二〇〇一年。
謝保成：《增訂中國史學史（中唐至清中期）》，北京：商務印書館，二〇一六年。
謝光輝、劉春喜編著：《商衍鎏商承祚藏朱次琦康有爲信翰》，北京：文物出版社，二〇〇八年。
張其凡：《宋太宗》，長春：吉林文史出版社，一九九七年。
張紋華：《朱次琦研究》，廣州：廣東高等教育出版社，二〇一二年。
張昭軍：《晚清民初的理學與經學》，北京：商務印書館，二〇〇七年。
朱傑民：《嶺南名儒朱九江》，廣州：廣東人民出版社，二〇〇五年。
朱傑民主編：《中國理學一代宗師朱次琦——朱次琦思想文化與嶺南學研究文獻集》，香港：香港中華文化傳播中心，二〇〇七年。

論文

白紅兵：《中國近代文學觀念的傳承與裂變——以朱次琦、康有爲、梁啓超爲綫索》，中山大學博士學位論文，二〇〇八年。

白紅兵：《近代嶺南學術與中原學術的離合關係——以朱次琦與阮元爲中心》，《甘肅社會科學》二〇一三年第四期。

別府淳夫：《朱次琦和康有爲——晚清的朱子學研究》，《孔子研究》一九八七年第二期。

陳華新：《愛國思想家朱次琦》，《廣州研究》一九八六年第七期。

鄧芬：《南海鴻儒朱次琦》，《廣東史志》一九九五年第三期。

李辰：《漢宋兼采與經世復古——朱次琦思想研究》，中山大學博士學位論文，二〇一七年。

李辰：《朱次琦相關文獻及其門人考略》，景海峰、黎業明主編《嶺南思想與明清學術》，上海：上海古籍出版社，二〇一七年。

李辰：《指薪爲火——從朱九江『焚書』探討儒家哲學的教化特質》，《廣西大學學報（哲學社會科學版）》二〇一八年第三期。

李辰：《清代中期南北漢宋學之互動——以朱次琦與王筠學術交往爲例》，《地域文化研究》二〇二〇年第二期。
李辰：《論朱次琦對康有爲思想之影響》，《孔子研究》二〇二〇年第四期。
李辰：《近代廣東的書院與學風——以朱次琦早年從學經歷爲綫索》，《孔學堂》二〇二〇年第一期。
盛少勤、陳琦：《朱九江〈傳家帖〉卷的發現與廣東書風的再考察》，《榮寶齋》二〇一七年第九期。
臺北市廣東同鄉會編：《朱次琦學案》，《廣東文獻》第一七卷第三期，一九八七年。
唐明貴：《宋代〈論語〉研究的勃興及成因》，《東岳論叢》二〇〇七年第三期。
王明德：《試論康有爲的學術傳承》，《深圳大學學報》（人文社會科學版）二〇一〇年第一期。
楊翔宇：《朱次琦學術思想研究》，華東師範大學碩士學位論文，二〇〇五年。
朱傑勤：《朱九江先生論書》，《文史匯刊》一九三五年第二期。
朱傑勤斠録：《朱九江先生經説》，《語言文學專刊》一九三六年第二期。
朱傑勤斠録：《朱九江先生談詩》，《廣州學報》一九三七年第一期。
朱傑勤：《朱九江先生學述》，《學術研究》一九八七年第四期。